外语实践教学课程思政系列丛书　　　　总主编◎郑燕虹　蒋洪新

◎本书为湖南省教育厅学位与研究生教学改革重点项目"外语类研究生
　课程思政案例库建设探索与实践"（2022JGSZ024）研究成果。
◎本书获湖南师范大学外国语言文学学科经费资助。

U0740613

# 外语课程
# 思政案例集

主　编◎刘　白　方丽平
副主编◎杨　安　王　兰　杨雨箫

湖南师范大学出版社
·长沙·

**图书在版编目（CIP）数据**

外语课程思政案例集／刘白，方丽平主编. --长沙：湖南师范大学出版社，2024.11

ISBN 978 - 7 - 5648 - 5252 - 8

Ⅰ.①外… Ⅱ.①刘… ②方… Ⅲ.①高等学校—思想政治教育—教案（教育）—中国 Ⅳ.①G641

中国国家版本馆 CIP 数据核字（2024）第 024019 号

## 外语课程思政案例集
Waiyu Kecheng Sizheng Anli Ji

刘 白 方丽平 主编

◇出 版 人：吴真文
◇策划组稿：李 阳
◇责任编辑：李永芳 李 阳
◇责任校对：李 航
◇出版发行：湖南师范大学出版社
　　　　　　地址/长沙市岳麓区 邮编/410081
　　　　　　电话/0731 - 88873071 0731 - 88873070
　　　　　　网址/https：//press. hunnu. edu. cn
◇经销：新华书店
◇印刷：长沙雅佳印刷有限公司
◇开本：710 mm×1000 mm 1/16
◇印张：21
◇字数：380 千字
◇版次：2024 年 11 月第 1 版
◇印次：2024 年 11 月第 1 次印刷
◇书号：ISBN 978 - 7 - 5648 - 5252 - 8
◇定价：89. 00 元

# 序 言

习近平总书记指出："教育是民族振兴、社会进步的重要基石，是功在当代、利在千秋的德政工程，对提高人民综合素质、促进人的全面发展、增强中华民族创新创造活力、实现中华民族伟大复兴具有决定性意义。"一流的大学，既需立足于国内事业，也要瞄准国际舞台，通过培养具有中国灵魂、世界胸怀，能讲好中国故事的创新人才，服务好社会主义现代化建设，为实现中华民族伟大复兴的中国梦贡献智慧和力量。因此，坚持五育并举，强化当代大学生的认知发展与道德教育，是一流大学办好人民满意教育的题中应有之义。课程思政作为落实立德树人根本任务的重要抓手，迫切需要积极推进实践教学改革，提高实践教学比重，充分发挥课程育人和实践育人的协同效应。

实践教学，古已有之。古希腊哲学家亚里士多德提出在教学方法上要重视练习与实践的作用，通过实践获取智慧、成就理想。宋代诗人陆游亦云："纸上得来终觉浅，绝知此事要躬行。"实践教学通过培养学生的实际操作能力，推动学科理论知识具体运用，帮助学生在切身体验中领会沉浸式学习，通过化枯燥理论为生动感受、化教学隔阂为共同探索、化单一汲取为全面涵养，达到学以致用、知行合一的综合学习效果，多维度培养学生的创新性实践能力和综合素质。在新时代背景下推进高校外语课程思政建设，尤其需要创新实践教学，增强育人实效，寓学于行、寓教于乐，既赋予传统的思想政治教育以鲜活的生命力，又丰富外语课程本身内涵，使学生走出象牙塔，深入了解社会，全面提高大学生明辨是非的能力，以更好地构筑中国精神、中国价值和中国力量。

基于这一考量，我们湖南师范大学外国语言文学学科师生们深入三湘大地开展实践教学，从丰富的学习体验中总结课程思政实践体会，形成了这套"外语实践教学课程思政系列丛书"。丛书在以下方面做出了探索：一是寻根红色文脉，深化思政内涵。通过打卡雷锋家乡、探寻红色足迹、深入文脉源流，促进留学生及外语类学生提升国际传播能力与视野格局；二是讲好中国故事，传播中国声音。通过对国内知名儿童文学家汤素兰爱心童话集的翻译、对最美奋斗者雷锋故事的译介、对湖湘红色景点的文化包装和传播，以多种文字书写好中国精神，展现当代中国的文化形象；三是抓好思维转化，培育创新人才。帮助学生将实践成果转化为理论思考，在实践调研中开展跨文化、跨学科思维训练，指导撰写案例文章并发表在重要媒体。四是提升专业素养，彰显学科精神。通过将学生在专业学习过程中的探索、思考、体会融合成线，汇编成案例集，以此催生进一步的研究与探讨。案例集兼具专业性与实践性特征，是贯彻课程思政育人理念的重要体现。

汉乐府有诗云："阳春布德泽，万物生光辉。"希望本丛书中所涵盖的实践教学内容，能如春日暖阳一般，为课程思政教学的创新发展昭示勃勃生机，迎来万里春光！

是为序。

郑燕虹　蒋洪新
2024 年 6 月于湖南师范大学

# 目 录

## 下篇　实践操练：专业实践类课程

# 上篇　思想阐发：文学文化类课程

# "中外经典作家作品研究" 课程思政教学设计样例

## 一、课程总览

**课程名称：** 中外经典作家作品研究

**课程类型：** 比较文学与跨文化专业方向课

**教学对象与学时：** 本科三年级和研究生，32 学时

**课程目标：**

本课程立足新文科背景下外语课程建设要求，结合师范院校人才培养特色，关切新时代外语文学类复合型人才成长需求，集结多语种的教授团队，力求打造教师主导与学生主体相联动、线上教学与线下教学相融合、专业小课堂与社会大课堂相衔接的"金课"。

知识目标：通过讲授中、英、美、法、日、俄等多个国家的经典作家作品，让学生能熟悉作品的重点内容，归纳作品的风格特征，把握作者的思想变化，挖掘作品的社会背景，从而建构内涵丰富的知识谱系。

能力目标：结合哲学、伦理学、史学、艺术等多学科知识进行作品分析，培养学生跨学科研究能力；通过历史与现实的一体化研究、西方作品与中国作品的对比性研究、个人与社会关系的辩证性研究，培养学生高阶性思维能力；通过课前研讨、课中探究、课后拓展等全过程实施，培养学生科学研究能力，从而实现知行合一的能力提升。

素质目标：通过深入社会大课堂的实践教学，并且依托项目制以赛促学，让课程学习成果孵化创新创业成果，增强学生新时代核心素养创新能

力；通过善用"思政元素"进行浸润式教育，增强学生政治素养和家国情怀，从而明晰文化自信的素养旨归。

**线上资源：**

本课程的线上资源是由郑燕虹教授团队制作的"中外比较文学研究专题"。该线上课程先后被评为教育部首批课程思政示范课程和国家一流本科课程。线上课程地址如下：https：//coursehome. zhihuishu. com/courseHome/1000009362/32559/14？ state ＝1#teachTeam.

## 二、本课思政教学目标

"艾伦·金斯伯格的诗歌创作理念与诗学实践"教学聚焦教学内容的重难点、学生兴趣点、社会热点、学科前沿点，充分利用马克思主义立场观点方法分析问题、解决问题，突出以"学生为中心"、以"问题为导向"，有效实现本课思政"三位一体"教学目标。

基于充实学情的知识目标建构为前提。通过走近人物、剖析事件、阐释理论，让学生能高度凝练诗歌创作的核心理念，辩证吸收经典人物的思想观点，系统梳理诗学实践的创作要领。

突出学思悟行的能力目标提升为核心。通过挖掘作家创作理念的社会背景，启发学生辩证学习能力；通过梳理诗歌风格的转变动因，激发学生批判思考能力；通过研讨中西作品的社会意蕴，培养学生的领悟力；通过拓展中外作品的对比研究，提升学生学术创新能力。从而有效实现专业理论与实践应用相融相通。

强调协同育人的素质目标养成为目的。通过诗歌理论专业分析与马克思主义原理辩证分析，让学生坚定社会主义核心价值观，增强民族先进文化自信和制度自信，有效实现专业课程与思政课程的同向同行。

## 三、本课思政教学重点和难点

"艾伦·金斯伯格的诗歌创作理念与诗学实践"以"经典作品的整体梳理、创作理念的高度凝练、诗歌风格的发展脉络、诗学实践的突出方式"为逻辑主线，进行教学内容重构，并聚焦重点和难点思考解决措施（见图1）。

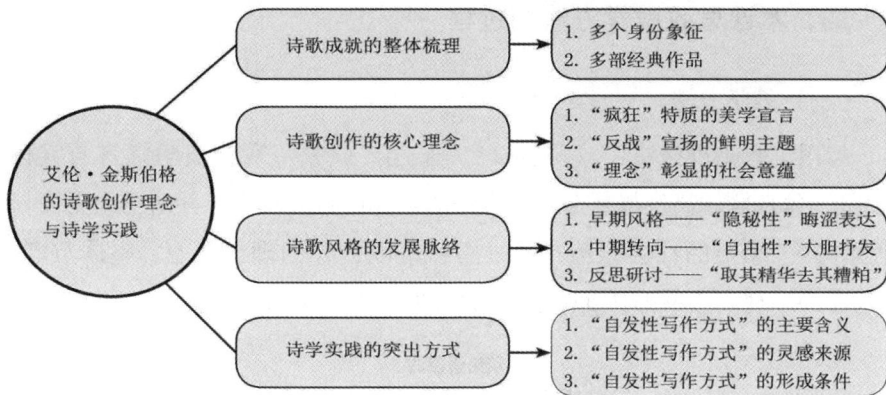

**图1　思政教学重点和难点**

**重点一**：分析"疯狂式"创作理念的深厚意蕴。运用"社会存在决定社会意识"原理，阐述文学作品创作理念是社会现实的反映，引导学生理解写作"疯狂"要从个人因素的"疯狂"表象深入社会因素的"疯狂"本质。

**重点二**：分析"自发性"实践方式的形成条件。运用"知行合一"理论，通过描述诗歌创作过程中屏蔽干扰进入冥想、反复吟诵加速冥想、精神呼吸稳定冥想的理想状态，阐释"自发性"实践方式的内化于心；通过"速记"方式捕捉生活瞬间、记录内心感知，阐释"自发性"实践方式的外化于行。

**难点一**：跨时空的情感共鸣，彰显文学作品的社会价值。通过金斯伯格诗歌作品和鲁迅文学作品的对比分析，认同"好的文学作品"应该能反映作者敏锐的社会洞察力，传递作者强烈的社会责任感，强调坚定作品创作的思想导向，增强作品影响的社会功用。

**难点二**：跨文化的观点博弈，破除作品分析的思想迷雾。运用"个人与社会关系"原理，辩证分析金斯伯格的"绝对自由"与社会主义核心价值观的"自由"。引导学生明晰现实社会关系中的个体没有"绝对的自由"；明晰"自由"不是西方独有的价值观，中国特色社会主义赋予了"自由"独特含义，我们追求的自由是"绝大多数人"的自由，是"实质"的自由，是"真实"的自由，从而坚定对社会主义核心价值观的共识、自信与自觉。

## 四、本课思政教学方法和过程

### (一) 教学方法

运用"理论讲授法"（见图2），通过"疯狂"写作美学宣言与宣扬"反战"鲜明主题高度概括金斯伯格诗歌创作的核心理念，并从三个方面勾勒创作理念彰显的社会意蕴；通过阐释诗歌创作的理想状态、整体节奏、长短布局、现实意象来高度归纳"自发性"写作的形成条件。

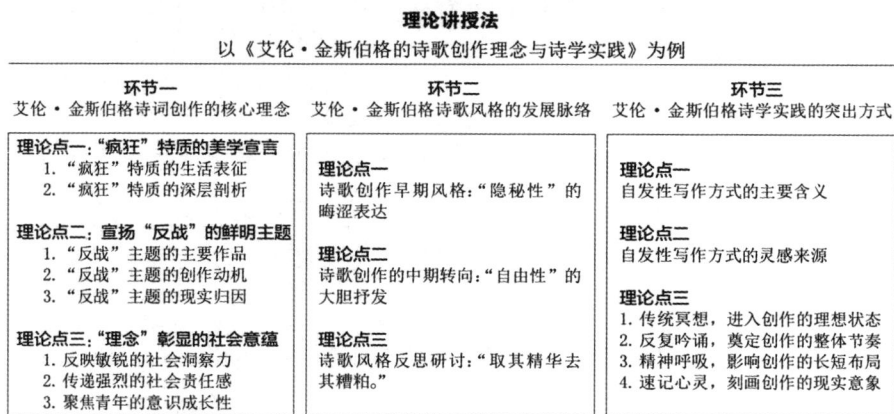

**理论讲授法**

以《艾伦·金斯伯格的诗歌创作理念与诗学实践》为例

| 环节一 艾伦·金斯伯格诗词创作的核心理念 | 环节二 艾伦·金斯伯格诗歌风格的发展脉络 | 环节三 艾伦·金斯伯格诗学实践的突出方式 |
|---|---|---|
| **理论点一："疯狂"特质的美学宣言**<br>1."疯狂"特质的生活表征<br>2."疯狂"特质的深层剖析<br><br>**理论点二：宣扬"反战"的鲜明主题**<br>1."反战"主题的主要作品<br>2."反战"主题的创作动机<br>3."反战"主题的现实归因<br><br>**理论点三："理念"彰显的社会意蕴**<br>1.反映敏锐的社会洞察力<br>2.传递强烈的社会责任感<br>3.聚焦青年的意识成长性 | **理论点一**<br>诗歌创作早期风格："隐秘性"的晦涩表达<br><br>**理论点二**<br>诗歌创作的中期转向："自由性"的大胆抒发<br><br>**理论点三**<br>诗歌风格反思研讨："取其精华去其糟粕。" | **理论点一**<br>自发性写作方式的主要含义<br><br>**理论点二**<br>自发性写作方式的灵感来源<br><br>**理论点三**<br>1.传统冥想，进入创作的理想状态<br>2.反复吟诵，奠定创作的整体节奏<br>3.精神呼吸，影响创作的长短布局<br>4.速记心灵，刻画创作的现实意象 |

**图2　理论讲授法**

运用"问题导向法"（见图3），善用"是什么—为什么—怎么样"的逻辑"问题链"，增强学生的批判性思维和转化思维。

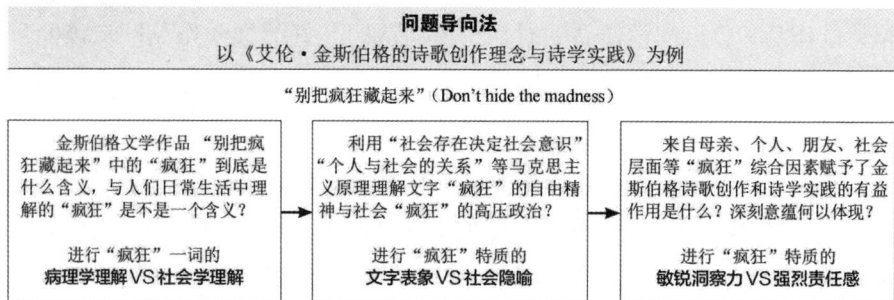

**问题导向法**

以《艾伦·金斯伯格的诗歌创作理念与诗学实践》为例

"别把疯狂藏起来"（Don't hide the madness）

| | | |
|---|---|---|
| 金斯伯格文学作品"别把疯狂藏起来"中的"疯狂"到底是什么含义，与人们日常生活中理解的"疯狂"是不是一个含义？<br><br>进行"疯狂"一词的<br>**病理学理解VS社会学理解** | 利用"社会存在决定社会意识""个人与社会的关系"等马克思主义原理理解文字"疯狂"的自由精神与社会"疯狂"的高压政治？<br><br>进行"疯狂"特质的<br>**文字表象VS社会隐喻** | 来自母亲、个人、朋友、社会层面等"疯狂"综合因素赋予了金斯伯格诗歌创作和诗学实践的有益作用是什么？深刻意蕴何以体现？<br><br>进行"疯狂"特质的<br>**敏锐洞察力VS强烈责任感** |

**图3　问题导向法**

运用"案例分析法"（见图4），通过对金斯伯格的"疯狂"书写与中国文学经典人物鲁迅的"狂人"书写进行综合分析，激荡中西文化碰撞交流，反映作者诗歌风格的灵感来源，勾勒作品反思的社会现实，增强学生的归纳思维和演绎思维。

**案例分析法**

以《艾伦·金斯伯格的诗歌创作理念与诗学实践》为例

| 环节一<br>艾伦·金斯伯格诗歌成就的整体梳理 | 环节二<br>艾伦·金斯伯格诗歌创作的核心理念 | 环节三<br>艾伦·金斯伯格诗歌风格的发展脉络 | 环节四<br>艾伦·金斯伯格诗学实践的突出方式 |
|---|---|---|---|
| 案例主人公：金斯伯格——"垮掉的一代"之父，美国当代诗坛"怪杰" | 作者经典作品：《别把疯狂藏起来》《嚎叫》<br>中国文学经典作品：鲁迅《狂人日记》 | 案例：艾略特（Thomas Stearns Eliot）、威廉斯（William Carlos Williams） | 案例：克鲁亚克的创作要领、奥尔森的《投影诗》、"曼特罗"吟诵程式、威廉斯的诗学原则 |
| **目的**<br>熟悉作者多个身份<br>熟悉作者多部经典 | **目的**<br>理解"疯狂"美学宣言<br>分析中西文学作品异同 | **目的**<br>早期风格到中期转向的原因<br>经典人物思想观点辩证分析 | **目的**<br>自发式写作方式的形成条件<br>认同诗歌创作"冥想"状态 |

**图4　案例分析法**

运用"任务驱动法"（见图5），通过课前自主学习线上课程、课中进行"别把疯狂藏起来"的作品演绎及感受分享、课后思考拓展和文学沙龙活动，提升学生学习的主动性与延展性，增强学生的求证思维和递进思维。

**任务驱动法**

以《艾伦·金斯伯格的诗歌创作理念与诗学实践》为例

| **课前** |
|---|
| 学习任务：自主学习教育部课程思政示范课程《中外比较文学专题研究》中的相关理论知识。如世界文学、比较文学的界定，比较文学中的影响研究、接受研究等。 |

| **课中** |
|---|
| 学情掌握：运用"学习通"app"主题讨论"互动——同学们对金斯伯格了解多少？并用"词云图"展示结果。<br>作品演绎：运用"学习通"app"选人"互动——同学演绎经典作品"别把疯狂藏起来"（Don't hide the madness）并谈谈演绎后的感受，引导学生理解对作品"疯狂"特质字面性认知与社会性剖析。<br>观点辨析：通过研讨诗人权力的"绝对自由"与社会主义核心价值观"自由"的辨析，引导学生善用马克思主义立场、观点、方法来看待问题、分析问题。 |

| **课后** |
|---|
| 思考拓展：将金斯伯格的"疯狂"书写与鲁迅《狂人日记》中的"狂人"书写进行比较，反思作品社会意蕴<br>阅读文献：选取聚焦教材重点难点、学界热点焦点、学生兴趣点的前沿文献 |

**图5　任务驱动法**

## （二）教学过程

### 1. 课前探究"思"起来

在线课程自主学习（见图6）。学习教育部课程思政示范课程"中外比较文学专题研究"中的相关知识，如比较文学界定、比较文学中的影响研究、平行研究等理论知识。

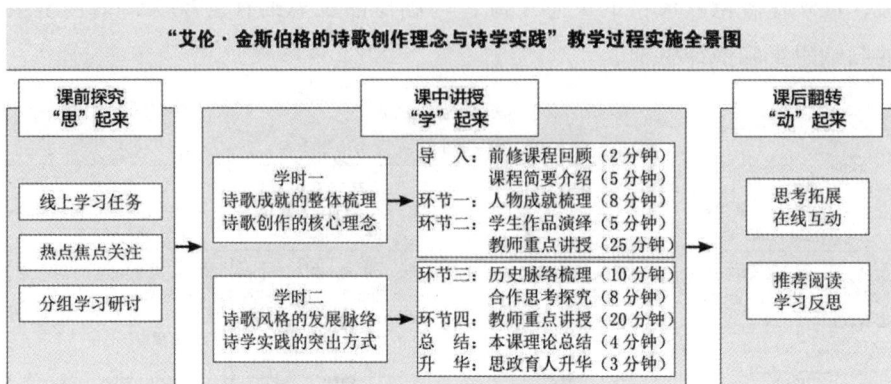

图6　教学过程实施全景图

学生学习困惑汇集。通过学情分析，充分了解学生对"艾伦·金斯伯格诗歌创作理念与诗学实践"的已知、未知、想知、能知。

**2. 课中讲授"学"起来**

课程衔接：启发学生从先修课程宏观把握西方文明发展概括、外国文学历史脉络到本课程微观聚焦经典人物、经典作品的具体性分析。

问题导向：引导思考金斯伯格何以奉为"垮掉的一代"之父，何以喻为美国当代诗坛的"怪杰"？引导学生用社会主义核心价值观评价其"怪杰"身份。

**环节一：艾伦·金斯伯格诗歌成就的整体梳理**

师生互动：通过"学习通"App中的"主题讨论"功能进行互动，并以"词云图"展示互动结果。

教师讲授：阐述作者集诗人、文学运动领袖、激进的无政府主义者和旅行家于一身的身份；梳理《嚎叫》《卡迪什及其他》《现实三明治》《星球消息》《精神气息：诗集（1972—1977）》等经典作品。

**环节二：艾伦·金斯伯格诗歌创作的核心理念**

（1）重点阐释：金斯伯格文学作品"疯狂"特质的美学宣言

【学生演绎】演绎作品"别把疯狂藏起来"并进行感受分享，思考对作品"疯狂"特质的基础认知与受众"平和"演绎间情感共鸣的矛盾。

【教师点评】引导学生从对作品书写"表象"的理解上升到作品社会性"本质"的探寻。学生认同要更好地理解作品理念，就必须走近课中的人物、了解作家的相关事件、分析作者创作理念，消除代际鸿沟，增强情感共鸣。

【教师总结】第一，从"母亲的疯言疯语、朋友的疯狂经历"来概括文学作品"疯狂"特质的生活表征；第二，从病理学视角"疯狂"的常见理解、文学作品"疯狂"的自由精神、社会环境"疯狂"的高压政治，来剖析文学作品"疯狂"特质的深层原因；并结合马克思主义理论中"社会存在决定社会意识""个人与社会的辩证关系"等理论来升华课程思政，引导学生善用马克思主义立场、观点、方法来看待问题、分析问题。

（2）知识递进：金斯伯格文学作品"反战"宣言的鲜明主题

引导学生细读作者"反战"主题的主要作品，如《嚎叫》《战争利益连祷文》等。通过文本细读发掘作者"反战"主题的创作动机，并启发学生从美国军事—工业—政治一体化富人强权体制中领会作者对美国好战原因的深刻反思，引导学生对美国世界警察身份内在原因的深刻认识。

（3）深度探究：金斯伯格独特"创作理念"彰显的社会意蕴

引导学生领悟复杂的成长环境是作品孕育的现实沃土，敏锐的洞察能力是作品创作的锋利武器，强烈的社会责任是作品成功的核心要义。

**环节三：艾伦·金斯伯格诗歌风格的发展脉络**

（1）教师讲授：诗歌创作的早期风格——"隐秘"的晦涩表达

阐述金斯伯格从学习艾略特，认为诗歌应具有"涵容性、暗示性和间接性"到决心"寻找一种真正适合自己的风格、形式和语言"的转变动因。

（2）教师讲授：诗歌创作的中期转向——"自由"的大胆抒发

阐述金斯伯格如何从惠特曼和威廉斯的诗歌中深受启发，并以作品《嚎叫》为例，阐述作者如何将复杂心理感受和情感自由大胆地在作品中抒发，进而开创美国文坛新局面。

（3）观点研讨：诗歌风格的反思研讨——"取其精华去其糟粕"

通过对威廉斯"绝对自由是诗人与生俱来的权利"观点以及金斯伯格"反传统、反权威"的做法，辩证分析"绝对自由与社会主义核心价值中的自由""反传统、反权威"的正确理解,避免学生价值观偏差。

**环节四:艾伦·金斯伯格诗学实践的写作方式**

(1)知识铺陈:"自发性写作方式"的主要含义

阐述"自发性写作"(spontaneous writing)是一种即兴发挥的写作方式,注重呈现作者最初的思想,在写作时无须斟酌字句,而是自由地、不受约束地记录内心深处的思绪。

(2)知识递进:"自发性写作方式"的灵感来源

阐述金斯伯格"自发性写作方式"的灵感来源于终身挚友克鲁亚克的"创作要领"和人生导师威廉斯的诗学原则。

(3)重点阐释:"自发性写作方式"的形成条件

分析诗人头脑中自发产生的意象在诗中合成新意义新形式的形成条件:第一,放飞心灵的冥想传统形成诗歌创作的理想状态;第二,反复吟诵的穿透力量形成诗歌创作的整体节奏;第三,精神呼吸的诗艺方法形成诗歌创作的句式长短布局;第四,速记心灵的生动捕捉刻画诗歌创作的现实意象。

**结语:新课理论总结与思政育人升华**

通过介绍对经典人物有基础认知,通过归纳对作家诗歌风格有深层剖析,通过诗学实践对影响因素有逻辑把握,通过反思讨论对人物思想有辩证对待。引导学生领悟作家身处高压的政治局面,经历的战争环境时所发出的疯狂呐喊,增进学生对资本主义社会的深刻认识,并结合当前疫情现实情况对比中国政府和美国政府的管理措施,凸显中国特色社会主义制度优势,培养学生的文化自信和制度自信。认同强大祖国和新时代赋予了我们追逐自由而全面发展的机遇,懂得不仅从作品中分析诗歌创作,更从作品外感恩现实拥有。

**(三)课后翻转"动"起来**

**思考拓展:**

将金斯伯格的"疯狂"书写与鲁迅《狂人日记》中的"狂人"书写进行比较,反思作品的社会意蕴。

**文献阅读:**

［1］Allen Ginsberg. War Profit Litany, in Collected Poems (1947—1980). New York: Harper & Row Publishers, 1984.

［2］Allen Ginsberg. Meditation and Poetics, in Deliberate Prose: Selected Essays (1952—1995). New York: Harper Collins Publishers, 2000.

［3］Allen Ginsberg. Reflections on the Mantra, in Deliberate Prose: Selected Essays (1952—1995). New York: Harper Collins Publishers, 2000.

（作者：郑燕虹，湖南师范大学外国语学院英语系教授）

# "湖湘文化传承传播"课程思政教学设计样例[①]

## 一、课程总览

**课程名称**：湖湘文化传承传播

**课程类型**：比较文学与跨文化方向课

**教学对象与学时**：英语专业本科二年级，32 学时

**课程概况**：

"湖湘文化传承传播"是一门以"中国文化概要"课程为基础，将"跨文化交际""中外文化比较""国际传播学"等课程的核心知识点、研究前沿与"中华优秀传统文化国际传播"这一时代命题有机融合、重构的英语专业比较文学与跨文化方向选修课程。该课程采取社会实践的课程形式进行教学，其中理论讲授 9 个课时，田野实践 23 个课时。

**课程目标**：

本课程立足习近平总书记对外语专业学生"有家国情怀、有全球视野、有专业本领"的殷切期许，对标《普通高校本科英语类教学指南》中对于英语专业人才、复合型英语人才培养的实际要求以及湖南省"三高四新"美好蓝图的具体内容，培养学生对湖湘文化为代表的中华优秀传统文化国际传播的认知与思考，塑造学生的家国情怀、人文精神、创新能力与实践素养。

---

① 本案例系湖南省 2024 年教改课题"数字教育背景下元宇宙场景式外语实践课程创新与应用研究"阶段性成果，获教育部英语专业教学指导委员会英语类专业课程思政教学设计案例征集活动二等奖。

**课程特点：**

本课程通过教师对"湖湘文化传承发展与国际传播"知识主线的教学，让学生对湖湘文化的定义与内涵、不同历史时期湖湘文化国际传播情况以及湖湘理学思想、文艺作品、红色文化、非遗文化等精准国际传播现状形成较为全面、清晰的认知，并引导学生从比较文学与跨文化、翻译与传播等视角对湖湘文化国际传播中的具体问题展开思考与探究。课程充分彰显社会实践课的教学特点，通过组织学生赴湖湘文化发源地、新时代湖湘文化国际传播平台开展"湖湘文化内涵理解""湖湘文化资源挖掘""湖湘文化价值传承""湖湘文化国际传播""湖湘文化创新发展"等主题实践教学，开展调研报告撰写、经典文本翻译、人物访谈视频拍摄、主题 IP 文创研发设计等具体实践，使学生领悟经世致用、实事求是的湖湘文化内涵，自觉形成马克思主义唯物史观，坚定文化自信、形成文化自觉。

课程联结历史、走进生活、面向世界，在教学过程中充分调动湖南省丰富的历史文化资源、对外传播平台和所在学校优质学科、专业资源，注重校内课堂教学·元宇宙场景式学习与校外田野实践相联动，理论知识阐释与实践技能培育相融合，专业教育与思政引领、创新创业教育的同向同行，形成协同效应和育人合力。2021 年，课程获评湖南省一流社会实践课程。

## 二、本课课程教学内容

**选取章节：**穿越长沙历史步道：从近现代湖湘名人作品译介传播中探中外文明互鉴交流之路

**内容概述：**本节课是"湖湘文化的起源、演变与传播"一章的重要组成部分。课程通过引导学生开展探究式实践，从主体、内容、途径、受众、效果等视角对近现代湖湘名人作品与思想的译介传播情况进行考察，围绕"构建人类命运共同体"视域下的中西文化互鉴等现实问题进行思辨，增强文化自觉，坚定文化自信，推动文明互鉴。

**教学时长：**120 分钟

## 三、学情分析

**已有知识分析：**学生已具备基本的英语语言表达水平和跨文化交际能

力，并在本课程的前期学习中，对湖湘文化理学思想的传衍发展、代表人物、主要观点等有了一定的认知，但普遍对于近现代湖湘名人作品与思想的译介传播等知识点缺乏了解。

**认知能力分析**：学生已掌握一定的专业问题思考、分析问题能力，能够辩证地看待中外文化差异，但对于中华优秀传统文化国际传播面临的立场定位、路径选择等深层次问题的思辨、阐释能力仍有待强化。

**心理需求分析**：学生胸怀爱国之情、报国之志，渴求通过刻苦求学来习得本领，以实际行动参与经典作家作品的译介推广，服务中华优秀传统文化国际传播，助力新时代我国国际传播能力提升。

## 四、本课课程思政教学目标

### （一）知识与能力目标

（1）了解近现代湖湘名人作品与思想的译介传播情况，深入分析海外学者译介文本中蕴含的立场视角与价值取向，引导学生树立马克思主义唯物史观，增强历史自觉、厚植家国情怀；

（2）厘清译介与传播的主体、客体、方式、影响等要素之间的联系，引导学生理解新时代倡导精准国际传播的意义，形成政治认同，担当报国之行；

（3）分析跨文化交际和国际传播中应秉持的态度原则，引导学生坚定文化自信，以辩证唯物主义思维和科学严谨的态度投身于文明交流互鉴的具体实践。

### （二）过程与方法目标

（1）通过查阅文献，分享左宗棠、郭嵩焘等近现代湖湘名人作品与思想的译介传播情况并展开探究式学习，使学生的学习兴趣强起来。

（2）通过引导学生识别译介与传播中的"西方视角"，进行发现式学习，使学生的问题意识树起来。

（3）通过实践考察、分析讨论，明晰中外文明互鉴交流的意义、原则与路径，进行启发式学习，使学生的探究能力强起来。

**（三）情感态度与价值观目标**

（1）激发学生对中华优秀传统文化的热爱之情、近现代湖湘名人作品敬仰之情、加强国际传播能力建设的奉献之情，增强文化认同意识与价值共识。

（2）引导学生在具体作品译介的文本分析中，树立正确的历史观、文化观、民族观、国家观，提升思辨意识和价值自信。

（3）指引学生将专业学习融入家国奉献、世界大同，增强中华优秀传统文化国际传播的使命感和责任感，强化担当意识和价值自觉。

## 五、本课课程思政教学重难点

重点：掌握近现代湖湘名人作品与思想的译介传播情况，明晰译介传播的主体、客体、方式、影响等要素之间的联系，引导学生通过探寻译介传播视角、分析译介传播类型，提升文明对话中的历史自觉，注重中西交流中的精准传播。

难点：基于对近现代湖湘名人作品与思想的译介传播特点的分析，引发学生对中外文明交流互鉴的理性思辨；结合中国共产党在世界大局和时代潮流中一次次把握中国发展前进方向的具体生动实践，使青年学子坚定政治认同，坚守文化自信，更好地深化认识，传承、传播中华文明。

## 六、本课课程思政教学方法

**任务驱动法**：通过课前查阅文献、开展元宇宙场景教学，课中文本细读、思考分享，课后拓展实践、延伸阅读等具体学习任务的创设，构筑多元的实践项目链，以帮助学生对近现代湖湘名人作品译介情况以及译介主体、客体、形式、影响的相关联系由感性认知转向理性思辨，筑牢跨文化交际和国际传播中应当把握的立场和原则。

**案例教学法**：通过对左宗棠、郭嵩焘等作品、思想译介情况的具体分析和对纪录片《岳麓书院》中的"书院"与"学堂"办学之争的思辨讨论，将外语语言学习运用与中国语言文化习得、跨文化交际与翻译传播原理等紧密结合，引导学生在理性思考、辩证分析湖湘文化国际传播实际问题过程中，强化历史自觉、坚定文化自信。

**实践教学法**：通过组织学生沿长沙历史步道开展近现代湖湘名人故居、活动旧址实践考察，主动设计与营造有利于课程思政教学的真切情境，促使政治认同、家国情怀、文化自信、科学精神等思政因子细腻无形地融入知识传授、能力养成之中。

## 七、本课教学过程

### （一）课前探究自学

【查阅文献】引导学生选取一位近现代湖湘名人为研究对象，通过检索、查阅中外文献，全面了解其作品和思想的译介情况，整理成为 1000 字左右的述考，深化对湖湘文化的认识与热爱。

【虚拟教学】借助元宇宙场景教学模块——"千年书院的变革之路"，启发学生分析岳麓书院与时务学堂的办学差异，探究跨文化交际和国际传播中应当把握的立场和原则。

【在线提问】组织学生在元宇宙场景教学模块上分享预习成果并进行在线提问，根据所生成的"词云"，强化教师对授课重难点的把握。

### （二）课中讲授分析

**1. 新课导入**

教师介绍长沙历史步道的基本情况，重点讲解长沙历史步道荟萃的近现代名人及其作品、思想的地位、价值，使学生建立文化认同、形成文化自信，激发对近现代湖湘名人作品译介传播之路的探索兴趣。

**2. 环节一　浸润式探究近现代湖湘名人作品译介视角，提升文明对话中的历史自觉**（40 分钟）

【背景讲授】教师邀请西园北里街区讲解人员介绍左宗棠、黄兴等近现代湖湘名人在西园北里街区的生活、学习经历，组织学生沿途参观文襄园（左宗棠祠）、西园龙府（华兴会成立地点）等地。

【问题提出】学生赴文襄园拜谒左宗棠像，参观左宗棠生平展（中英文双语），深切体悟左宗棠为国尽忠、远见卓识、军事谋略、应变之才、指挥艺术和不朽功业。教师结合学生课前预习情况指出，海外学者对近现代湖湘名人作品译介在中外文化交流互鉴中发挥着重要作用。进而提出问题：

①以左宗棠为例，其作品与思想的译介传播情况如何？②海外学者在翻译、传播左宗棠作品与思想中，侧重于关注哪些内容？

【引发交流】学生介绍柏石曼、恒慕义、黑尔、菲尔德斯、费正清、贝尔斯等海外学者对左宗棠作品与思想的译介情况并得出结论：海外学者大多聚焦于左宗棠的生平、征战和为官生涯，重点介绍和评论其在湘军平定太平天国运动、参与洋务运动、收复新疆维护中国统一等重大历史事件中的表现。

【知识递进】教师简要阐释译介主体的概念，具体分析价值观念、民族性格等影响跨文化传播的主要因素，组织学生以费正清主持编撰的《剑桥中国晚清史》中对左宗棠的若干评价为例，从译介主体的视角，探寻文本中的"西方视角"。

【引发探究】引导学生比较历史真相与文本细节，通过文本细读指出费正清在论述左宗棠收复新疆的若干问题时超出了文本翻译的层面，存在的较强意识形态偏见，未能看到这是一场中国人反对外来侵略、收复自己神圣领土的战争。

【拓展研讨】引导学生结合课前作业进一步分享、交流，重点探寻海外学者在近现代湖湘名人作品、思想的译介传播中有哪些美化西方和丑化中国的表述，明晰其原因是个别西方学者基于的国家立场、意识形态差异，立足西方中心主义立场，运用教条主义研究方法对中国历史事件和人物进行错误批判与片面评价；教师在此基础上升华课程思政，教导学生认识到译介传播离不开文本和语境，更离不开社会政治、权力关系与意识形态。我们既要鼓励海外学者参与中华优秀传统文化国际传播，也要旗帜鲜明地反对历史虚无主义，坚持实事求是，运用马克思主义分析方法，把人物和思想的评价建立在翔实准确的史料支撑和深入细致研究的基础上，更要注重打造一支专业过硬、学问深厚的中译外"国家队"，与海外学者共同书写传统文化国际传播的新篇章。

**3. 环节二　整体性考察近现代湖湘名人作品译介情况，注重中西交流中的精准传播（40 分钟）**

【背景讲授】组织学生参观位于寿星街的郭嵩焘玉池别墅旧址，了解郭嵩焘"清醒看世界"的一生。

【问题提出】结合学生课前作业，以郭嵩焘为例，梳理海外学者对其作品、思想的译介类型，提出问题、引发思考：郭嵩焘等近现代湖湘名人的作品类型多样，海外学者为何对其少有系统性译介传播，而大多是间接的、非系统的介绍？

【引发交流】教师简要阐释译介客体的概念，引导学生从译介传播主体、客体的视角对近现代湖湘名人作品的国际传播情况进行考察，使学生认识到，目前针对湖湘名人作品的译介传播多为个别作品、部分章节的摘译，细节有余而整体性、全局性不足，难以形成全面观照；并展开归因：①译介客体受译介主体的直接影响，许多海外学者将翻译作为兼职，大都依照个人志趣选取译作，工作进度与效率受限，难以开展系统性译介。加之多数近现代湖湘名人作品与思想涵盖内容广泛，篇幅结构复杂，导致翻译传播难度加大；②译介客体亦受译介主体、目标读者的价值观等影响，由于海外学者与目标读者往往带有较强的"西方文化中心主义"感，多选择自身感兴趣的部分进行译介或阅读，致使系统译介传播的可能性小之又小。

【拓展思考】从认识论、方法论和实践论等角度，结合湖南师范大学专家牵头开展的《大中华文库》《汉英对照湖湘经典》等编译实践，启发学生全面、系统地理解新时代持续做好湖湘名人作品译介传播的价值和意义。

**4. 环节三　思辨式分析文明交流互鉴应秉持的态度原则，坚守文明对话中的文化自信（40分钟）**

【背景讲授】教师介绍三贵街时务学堂旧址、潮宗街长沙文化书社旧址的基本情况，引导学生感知曾经在历史步道上掀起的一次次思想解放与文化思潮运动。

【问题提出】教师结合学生课前观看的纪录片片段和时务学堂旧址陈列的《湖南时务学堂学约》，提出问题：①时务学堂的开办，对彼时岳麓书院办学产生哪些影响？②书院与学堂办学之争的本质是什么？

【引发交流】学生在教师和时务学堂讲解人员引导下，通过思考、分析旧式书院与新式学堂的办学差异，提炼出书院与学堂办学之争具体体现在中外教育、文化理念交流互鉴过程中中国传统文化的精义是否应该保存以及怎样保存、西方教学体系是否应该接受以及怎样接受等问题上；结合故址的相关陈列，引导学生明晰时务学堂"中西兼学"的办学理念，既继承了中国古代书院的"人格修炼"等教学方法，又采用了西方大学教育的"学堂之法"等教学模式，促进了各地新式学堂的纷纷建立和传统书院的改革。

【知识递进】教师结合国家社科基金重大项目阶段性成果《全球大变局语境下的文学创作与批评之思考》一文，以近现代湖湘名人经典作品的译介传播为例，引导学生辩证分析跨文化交际和国际传播中应秉持的态度原则，即既要坚守文化自信，传承优秀传统与核心价值，又要注重开放包容，在交流互鉴中共同前进。

【拓展研讨】引导学生结合毛泽东同志在长沙文化书社、湖南第一师范学校传播新文化和马克思主义的具体实践，分析中国共产党是如何在中华民族与世界文明交流互鉴的历史积淀中博采世界文明之长、迸发中华文明强大力量的不朽成果，将马克思主义理论与中国的现实和传统相结合，开辟伟大道路、创造伟大事业、取得伟大成就。

**5. 课程结语**

教师引导学生就近现代湖湘名人作品译介情况、特点、存在的问题和解决问题的路径进行归纳总结，指出译介作为一种文化表述方式，在促进不同文化互动交流以及民族和国家形象的建构与发展过程中发挥着不可或缺的作用。结合新时代国内外新形势，分析湖湘名人经典作品译介对构建中国特色哲学社会科学、讲好中国故事、加强国际传播能力建设、实现中西文化交流和多层次文明对话的重要意义，使学生进一步坚定文化自信、明确奋斗目标、夯实专业本领。

**（三）课后拓展延伸**

**【拓展实践】**

以近现代湖湘名人为主题，分组策划、拍摄创意中英双语短视频，记录名人在长沙的学习、生活经历并展现其经典作品与深刻思想内涵，参与长沙市委宣传部开展的"乐游长沙"短视频征集活动。

**【延伸阅读】**

[1] 习近平. 深化文明交流互鉴　共建亚洲命运共同体——在亚洲文明对话大会开幕式上的主旨演讲 [EB/OL]. http：//www.xinhuanet.com/

politics/leaders/ 2019 −05/15/c_ 1124497022. htm，2019 −05 −15.

［2］习近平．把中国文明历史研究引向深入 增强历史自觉坚定文化自信 ［EB/OL］．http://www. qstheory. cn/dukan/qs/2022 −07/15/c_1128830256. htm，2022 −07 −15.

［3］尹飞舟．海外湖湘研究［M］．长沙：岳麓书社，2006.

［4］邓天文，章云东．"走进去"的翻译：近代湖湘名人著述译介述 考［J］．外语与翻译，2019（3）：39 −46.

## 八、本课教学思考

教育是价值观的传递过程，课程是教育的核心要素。一流本科课程改革背景下，社会实践课作为独立的一流本科课程类型被确立，从理念层面上突破了"社会实践辅助理论教学"的定式思维，是"以学生发展为中心"的真实呈现。将课程思政理念贯穿于英语专业社会实践课是一项系统工程，需要坚守立德树人的根本任务，对标专业人才和复合型人才的培养目标，从教学内容、教学方法、成果呈现等渠道蓄力创新。

一是找准契合点，精细打磨授课内容。英语专业课程具有人文底蕴深厚、实践应用性强等属性，在承担着向学生传授语言文化知识并开展专业职业训练目标的同时，更肩负有使学生成为汇通东西方精神、思想的博雅之士，实现知识性与价值性相统一的目标。面对专业教学与思政引领同向同行的现实需求，本课程基于湖湘文化的发展脉络、核心内容和国际传播情况等核心知识点，根据学生身心特点，一方面积极发挥思政元素对专业课教学的滋养效应，既赋予传统的思想政治教育以鲜活的生命力，又丰富外语类课程自身内涵，并以此反哺思政课体系的内容重构与教学效果，实现横向合力；另一方面以学生思维能力、跨文化能力、人文科技素养等综合实践能力的塑造为导向，推动学科理论知识的循环，立足结合国家和地方发展战略需求，同区域国别、传播、历史等学科专业的知识紧密对接，化单一汲取为全面涵养，达到学以致用、知行合一。

二是寻求落脚点，改革创新教学方式。课程的完美呈现，不仅需要教育者准备丰富的学习内容，更有赖于精湛多样的教学方法与教育能力。将课程思政理念融入英语专业社会实践课，不仅要让教学内容入眼入耳，还能够入脑入心，达到对受教育者核心素养的熏陶和塑造。为实现这一目标，就要求教师在课程思政具体实践教学中，摆脱单调而范式的以讲授法为主的教学，而是采取课堂理论讲授为辅，自主性、交互性和探究性实践为主的教学形式，讲求校内与校外、理论与实际结合，以帮助受教育者对授课内容由感性认知转向理性分析，将内化的个体意识转化为外化的具体行为。为此，本课程在教学计划设置中，划分为理论教学和实践教学两部分，各占课时总量的 25%、75%。其中，在实践教学环节，坚持问题导向原则，设计了"湖湘文化内涵理解""湖湘文化资源挖掘""湖湘文化国际传播""湖湘文化创新发展"等多个兼具专业性、思政性的实践模块。各实践模块对应课程教学大纲的不同章节，借助元宇宙场景式教学等数字教育新业态引导学生自主探究，既包括语言、文化等基础知识的培养，也包含问卷调研、脚本撰写、拍摄剪辑、设计制作、模拟创业等不同类别技能的训练。此外，将学生在模块学习中的探索、思考、体会融合成线，汇编为成果集、案例集，达到了使不同类型的学生都爱听爱学、听懂学会的良好成效。

三是激发共鸣点，有效联结教学载体。在构建全员全程全方位育人大格局的视野下，第一课堂的教学改革处于核心位置，而第二课堂也已经从以往单纯的学生校园文化活动，转变成为实现立德树人根本任务、构建高水平人才培养体系的关键环节。要想将课程思政理念较好地融入社会实践课，离不开专任教师、思政工作者对课程规划与设计以及对思想政治教育内容、平台、载体的深度合作、共同开发。相较于其他课程类型，以户外实践教学为主的社会实践课与志愿服务、学科竞赛、创业就业等第二课堂活动具备天然的结合性。本课程在具体实践教学中，授课教师不仅扎实推进第一课堂教学，确保学生按计划完成课程学习；还充分调动校内外各种实践教育资源的作用力和影响力，引导学生以课程学习为基础，根据不同模块的实践主题，招募相关专业的其他学生，组建跨院系、跨专业的实践团队，投入"挑战杯""大创""互联网+"以及志愿服务、创新创业等第二课堂项目和活动中，实现多学科思维融合、产业技术与学科理论融合、跨专业能力融合、多学科项目实践融合，有效促进了教与学模式的创新。

（作者：杨安，湖南师范大学语言与文化研究院副教授）

# "英语文学导论"课程思政教学设计样例

## 一、课程总览

**课程名称：**英语文学导论

**课程类型：**英语专业核心课

**教学对象与学时：**英语专业本科二年级，32 学时

**课程目标：**

"英语文学导论"不仅是一门传递美学价值、培养学生艺术审辨能力的课程，也是培养学生讲品格、讲格调、讲责任、讲情感的课程。这门课程的主要目的是让学生熟悉英语文学中的三大体裁：小说、诗歌、戏剧。通过对文学要素的介绍与文学文本的分析，帮助学生更好地理解作品，理解英语文学中小说、戏剧及诗歌各文类的特征，包括各文类的定义与特征、故事与情节、人物与人物塑造、背景与主题、意象与象征以及各文学流派等。引导学生进行各类英语文学文本的阅读、讨论和分析，力求使学生能够初步具备对英语文学的赏析能力，进一步提高英语阅读和写作能力，并增强跨文化理解与交际的能力。

**课程特色：**

全教授团队授课。通过线上学习文学理论，线下进行文本分析、创意写作、诗歌朗诵、莎剧表演、文学研究等，全方位地实现理论知识和实践运用的有机结合，构建了"理论学习—文本阅读—创意写作（表演）—文学研究"的教学模式，实现以文化人、以文育人的效果。2020 年"英语文

学导论"获评首批国家级一流本科课程（线上线下混合式）。

## 二、本课课程思政教学目标

"英语文学导论"通过对英语文学基本理论学习与文本赏析，让学生语言文化知识基础得到夯实，掌握好英语文学的基本理论，具备较强的文本分析与作品鉴赏水平；通过丰富的课程实践，将学生的认知、行为、情感、参与和文本体验充分结合，提高学生的创意写作能力和跨文化交流能力；通过探究中国文学与英语文学之间的交流互动，让学生具备对西方文化、文学的辩证审视和批判能力，同时坚定"四个自信"，在文学对比中增强中国文学与文化自信。

本课以诗歌部分的"诗歌中的意象"为内容，让学生掌握意象的相关理论知识，具备鉴赏意象派诗歌的能力、批判思维能力与创意写作能力。同时通过分析，让学生了解英语意象诗与中国古代诗歌之间的关系，理解英语意象派诗歌深受中国意象诗歌影响，让学生在诗歌文本鉴赏中理解西方文学对中国文学的借鉴，培养学生的文化自信。

## 三、本课课程思政教学重点和难点

### （一）本课课程思政教学重点

通过开放式的讨论，让学生探讨美国诗人埃兹拉·庞德（Ezra Pound）的意象名诗《在地铁车站》中的意象呈现方式、诗作的诗意。通过讨论让学生将对文学文本的理解、参与和体验充分结合，感受优秀的文学作品不仅可以传递美学价值，也能涵养艺术审辨能力，还能锻造个人品格。同时通过翻转课堂、创意写作与论文撰写等方式，让学生在产出中加深对意象理论、中西意象比较的运用，增强学生的批判思维能力与创意写作能力。

### （二）本课课程思政教学难点

通过《在地铁车站》可以发现，其在意象上所采用的叠加形式，在色彩上采用的明暗对比方式，在结构上将时间与空间巧妙结合的对偶句特征，都体现了较强的汉诗特质。如何深入理解该诗在形式、内容、结构、韵律上对中国诗歌的借鉴，认识中西意象派诗歌乃至中西文化的异同，领悟中国诗歌的美学价值和思想价值等问题是本课课程思政的难点。

## 四、本课课程思政教学方法

改革课程思政教学模式，线上线下有机结合。本课依托团队制作的线上课程"英语文学导论"，课前要求学生自主在线学习意象的理论知识；课堂上激发讨论，让学生以一种开放的态度解读英语意象派名诗《在地铁车站》；课后通过对比两首中英意象诗歌撰写小论文，来培养学生在学中思、思中悟、悟中研的综合能力，构建一种"理论学习—文本阅读—创意写作—文学研究"的教学模式。

重构课程思政内容，课内与课外多渠道衔接。突破传统课程在授课空间和手段上的限制，充分利用现代技术为课程赋能。运用虚拟仿真实验室、文学实践等创新课程内容，从深度和广度上提升课程内容的多维性。如在学生展示意象诗歌创作环节引入多模态元素，在意象诗朗诵环节充分利用虚拟仿真实验设备，让学生身临其境，推进课程内容由扁平化向立体化、情景化转变。

坚持成果导向教育教学理念，以文化人、以文育人为旨归。突出以学生为中心，来改变在教学中以教师为主导的教学模式。课程针对每一个环节均有学生的文学实践，如戏剧部分有莎士比亚戏剧节，诗歌部分有诗歌朗诵会。通过课堂讲授讨论、创意写作、莎士比亚戏剧节、诗歌朗诵会、文学专题讲座、工作坊等多种途径打造了文学"大课堂"，有效地促使了课堂显性教学和课后隐性教学有机结合，让学生的知识能力、情感能力、研究能力等素养全方面得到提升。

## 五、本课课程思政教学过程

### （一）课前探究自学

（1）课前在线学习意象诗的理论知识。通过在线课程了解意象诗的定义、意象的分类。

（2）根据自己对视觉意象、听觉意象、触觉意象、味觉意象等相关理论知识的理解，模仿创作一首简单的意象诗。

（3）学生疑问收集。了解学生是否能够理解各类别意象的差别，辨别诗歌中出现的各类别意象。

**（二）课中讲授分析**

**环节一　课程导入：分享诗作，复习意象理论**

教师分享自己在学校桃子湖散步捕捉的画面，进而由画面引出创作的意象诗作《湖边冬行》。同时分享元代诗人马致远的名诗《天净沙·秋思》和美国诗人埃兹拉·庞德的《诗章第四十九》（又称《七湖诗章》）的节选。

**湖边冬行**

苇丛映湖面，倦鸟未返巢。

只言秋风远，半绿挂枝梢。

**天净沙·秋思**

——马致远

枯藤老树昏鸦，

小桥流水人家，

古道西风瘦马。

夕阳西下，

断肠人在天涯。

**Excerpt of "Canto 49"**

— Ezra Pound

Rain；empty river；a voyage，

Fire from the frozen cloud, heavy rain in the twilight

Under the cabin roof was one lantern.

The reeds are heavy；bent；

And the bamboos speak as if weeping.

通过三首意象诗作，简要回顾在线课程中习得的关于意象的定义与意象的分类，如何区分视觉意象、听觉意象、嗅觉意象、味觉意象等。通过此环节，主要培养学生的自学能力与反思能力。

**环节二 名诗鉴赏：分析《在地铁车站》**

《在地铁车站》是美国诗人埃兹拉·庞德创作于 1913 年的诗作，也是他所领军的欧美意象诗派的代表作之一。在这首诗里，庞德吸收了中国古典诗词的美学经验，采用意象叠加和色彩对比的方法，有效地传达了自己的现代都市体验以及情感结构。《在地铁车站》一诗在中国广受关注，有多种译文。

**In a Station of the Metro**

—Ezra Pound

The apparition of these faces in the crowd;

Petals on a wet, black bough.

**在地铁车站**

——埃兹拉·庞德

人群中幽灵般的脸；

湿黑枝头花瓣。

围绕该诗，与学生就以下问题展开深入讨论：诗歌的意象分别有哪些？诗人主要运用了哪一类意象？第一行中的意象"脸（face）"和第二行中的意象"花瓣（petals）"之间的内在关联何在？第二行中分别运用了触觉意象"湿漉漉的（wet）"和视觉意象"黑黢黢的（black）"来形容"树枝（bough）"，这两类意象的功能是什么？第一行中的"幽灵（apparition）"可谓该诗中最难，也最具美学意义的一个词，可否用"出现（appearance）"一词替代？诗人将这首诗从最初的 30 多行缩减成最终的 2 行，成为诗歌史上最短小精悍的诗歌之一，其诗学价值何在？作者通过短短的 2 行，旨在传递怎样的诗意？

庞德曾以该诗为例来说明"单一意象的诗"（"one-image poem"），可见他本人对此诗应该是得意的。大凡论及英美意象主义，都少不了要提及《在地铁车站》。此诗不仅被认为是庞德的杰作，而且几乎成为"意象主义"的旗帜。诗中第一行中的"面庞"与第二行中的"花瓣"虽然是两个迥然不同的意象，但是这种将自然景象与人的身体部位作为简单、直接的意象并置，起到了相互映衬的作用，进而产生了心理上的叠加效果。通过这种意象叠加的技法，诗人生动、准确地再现了他走出地铁车站那一瞬间的美感体验：一个阴沉沉的雨天，地铁车站上人群熙攘，黑压压的人群中闪现出了一张张湿漉漉、年轻的、美丽的面庞。然而这些面庞只是幻影般的一闪，很快便消失在昏暗的背景中了。这些转瞬即逝的面庞让诗人联想到风雨中又黑又湿的树枝上的花瓣，它们不同样会很快凋谢和飘零吗？诗人一方面借由意象感叹现代都市生活中短暂易逝的美，另一方面也在提醒人们，即使面对机械的现代工作制度与忙碌的生活节奏，也不应忽略人世间的美好。教师可借此鼓励生活在当下的莘莘学子，即使面临学习的压力、快节奏的生活方式，也依然要有发现美、感知美的能力，这种能力也许可以帮助解决当下的心理困境。

全诗仅仅两行，寥寥 14 词，语言凝练至极，没有运用任何动词，完全通过意象呈现来体现"言有尽而意无穷"和"意在言外"的美学原则，具有激发人们想象力的冲击作用。从这首诗的意象出发，可以引发我们对与之相似或相通的许多现象的联想，如生命的短暂、美好的转瞬即逝、个人的渺小、现代性的危机等。

此环节通过诗歌鉴赏进行开放式讨论，旨在培养学生批判性思维能力，激发学生学习文学的兴趣，同时也让学生体会到文学文本是具有张力的，召唤读者参与其中，进行情感体验。

**环节三　学习启示：意象派诗歌与中国诗画**

庞德热爱中国文化，他翻译过《大学》《中庸》《论语》，也翻译过李白的诗歌。但他并不懂中文，他的翻译大多依据美国东方学者费诺罗萨的英译本遗稿所进行的。在这一"翻译"的过程中，他感受到了中国文化与中国古诗的魅力，他认为中国古代诗歌的"意象"塑造堪称经典。

　　以导入部分简要介绍的庞德《七湖诗章》为例，同样可以看出庞德的中国情缘。关于《七湖诗章》创作有三个比较权威的注释：（1）卡罗尔·特里尔的《庞德的诗章指南》中认为该诗由几部分组成：八首无名诗、皇帝的诗、一首民歌、庞德自己的创作；（2）威廉·库克苏的《庞德诗章导读本》中认为该诗由三个来源组成：前32行是基于庞德父亲留给他的有关16世纪的中日诗画，关于舜帝中国古诗的日文注释，"日出而作"诗行来源于费诺罗萨留给他的手稿；（3）克里斯丁·弗洛拉的《庞德诗选导读本》认为该诗前六部分是庞德父母留给他的一本配有画的中日诗，第七部分是他自己的声音，第八部分是皇帝的诗，第九部分是庞德根据费诺罗萨手稿所译的一首农民诗，第十部分是诗人自己的声音。

　　由此可见，西方评论家对于庞德诗歌创作的渊源其实做了不少考证。关于《七湖诗章》中多次提及的庞德父母留给他的中日诗究竟是什么？据当代知名学者叶维廉考证：庞德在意大利得到一本画册，里面画有潇湘八景（潇湘夜雨、洞庭秋月、烟寺晚钟、远浦帆归、山市晴岚、渔村落照、江天暮雪、平沙雁落），每张画上均有汉诗和日文诗。庞德自己在家信中曾记载，他请到一位来自潇湘河畔的曾宝荪女士（曾国藩的曾孙女）为他口译了八首汉诗。这些在《曾宝荪回忆录》中也同样有记载。

　　庞德研究学者蒋洪新曾在《庞德研究》中指出，庞德根据曾宝荪的口译作了不少调整与改写，其实这也是他诗歌创作的重要策略之一。蒋洪新认为从诗艺的角度看庞德创作，有一点尤其值得注意：即画可以入诗，诗可以借鉴画的视觉效果。庞德的一些诗作衍生于中国画，然后在诗里通过句法切断来提高意象的视觉性，加强读者的空间联想。这一手法也同样体现在《在地铁车站》中。

　　此环节以教师讲授为主，主要是帮助学生理解庞德对中国文化的借鉴，了解中国文学对西方文学的影响，让学生在学习西方文学的同时，增强对中国文化的认知，培养文化自信。

　　**环节四　创意写作：朗诵与评析**

　　从学生提交的意象诗作中选择两三首，要求被选中的同学提前准备好，通过音频、画面等多模态方式呈现其诗作创作的缘起、意象的运用、表达的诗意等。如有些同学运用中国古代神话创作的《河神娶妻》，有的同学回忆春节祭祖的《在墓地》等。该环节以学生为中心，通过师生互评的方式，培养学生的实践创作能力与运用能力。以下两首为学生作品。

## Marriage by Capture

I am going to meet her, now my bride;

With a warm sword and silver butterflies.

Unknown ballads haunt me, gloomy but fine.

I run and climb, fall and rise;

Can't wait to end the damned fight.


From the seas of blooded skeletons I come back;

Flames illuminate the sedan before my eyes.

Scarlet soil spreads to the still sky.

I am going to meet her.


Slight breezes lift the side flap,

An elegant and uneasy face into my sight;

Under the phoenix veil lets out a deep sign.

Oh, my daring, your life will never, ever be tied;

They have already paid the price.

I am going to meet her!


## In the Graveyard

I visited my grandfather's graveyard,

Finding a thick patch of bush there.

Long and long I stood,

Only murmur like praying one can hear.

Oh, my holy land!

Yelled my father,

It cannot be occupied

By that annoying plant!

Through the sickle holding in his hand,

I saw a sleeping pastor

Lying over the land

Of the decedent.

To hide the little yard

From that trouble maker

And the noisy world,

He dedicated his green flano vestment.

## （三）课后拓展延伸

### 1. 分析两首中英诗歌中的意象

对比英国知名作家莎士比亚（William Shakespeare）与中国古代楚国诗人宋玉描写女性的诗歌，分析两首诗在意象的运用及主题表达上的相似与相异之处。此环节侧重培养学生深入探究中西文化差异及培养学生文学研究的能力。

## Sonnet 130

—William Shakespeare

My mistress' eyes are nothing like the sun;

Coral is far more red than her lips' red;

If snow be white, why then her breasts are dun;

If hairs be wires, black wires grow on her head.

I have seen roses damask'd, red and white,

But no such roses see I in her cheeks;

And in some perfumes is there more delight

Than in the breath that from my mistress reeks.

I love to hear her speak, yet well I know

That music hath a far more pleasing sound;

I grant I never saw a goddess go;

My mistress, when she walks, treads on the ground.

And yet, by heaven, I think my love as rare

As any she belied with false compare.

## 登徒子好色赋（节选）

### ——宋玉

天下之佳人莫若楚国，楚国之丽者莫若臣里，臣里之美者莫若臣东家之子。东家之子，增之一分则太长，减之一分则太短；著粉则太白，施朱则太赤；眉如翠羽，肌如白雪；腰如束素，齿如含贝；嫣然一笑，惑阳城，迷下蔡。然此女登墙窥臣三年，至今未许也。登徒子则不然：其妻蓬头挛耳，龂唇历齿，旁行踽偻，又疥且痔。登徒子悦之，使有五子。王孰察之，谁为好色者矣。

**2. 文献阅读**

［1］白劲鹏. 庞德的"地铁车站"：意象主义的终点——兼与马致远的"天净沙·秋思"比较［J］. 外国文学研究，2003（06）：130 – 134.

［2］Tan Xiaocui. A Study of Ezra Pound's Confucianism from the Modernization Perspective［M］. Beijing：Science Press，2020.

［3］陶乃侃. 庞德与中国文化［M］. 北京：首都师范大学出版社，2006.

［4］蒋洪新. 庞德研究［M］. 上海：上海外语教育出版社，2014.

## 六、教学反思

像"英语文学导论"这样体现深厚历史文化底蕴、具有显著学术特性的课程，常常在讲授的过程中被"转换"成了一门仅仅以增强学生阅读能力为旨归的课程。但是，文学不仅仅是语言知识的载体，也涵盖品格锻造、情感涵育、价值养成、思维训练多个维度。因此，要切实落实好习近平总书记所说的"各门课都要守好一段渠、种好责任田"这一课程建设思想，就必须突破单一语言技能目标的局囿，将文学鉴赏与价值引领、知识传授、能力培养等有机融通。这也要求课程建设者和教授者在教学过程中，不能沿袭传统的精读、泛读教学方法，也不宜把它视为文学史或类似文学概况的课程，不宜只注重讲授英语文学发展的历史背景、主要阶段以及灌输一些关于作家、作品、文学思潮流派的知识性内容；而应坚持以学生为本、以学生发展为中心的教学理念，让学生在阅读、认知和反思的过程中将文本体验与批判研究结合起来。让学生在学习英语文学、吸收西方文化的同时，也能采用跨文化的角度去思考外国文学与文化；进而让学生在理论学习、阅读鉴赏、表演创作和研究反思的过程中，树立正确的世界观、人生观、价值观，成为适应新时代要求的人文主义者。

（作者：刘白，湖南师范大学外国语学院英语系教授）

# "英文名著轻松学"课程思政教学设计样例

## 一、课程总览

**课程名称：**英文名著轻松学

**课程类型：**公共选修课

**教学对象与学时：**各专业本科学生，32学时

**课程目标：**

"英文名著轻松学"作为公共选修课，无先修课程要求。本课程针对部分学生课外英语阅读量不够、听力水平不高、跨文化意识薄弱，以及阅读中存在的其他问题，力图通过生动有趣、浅显易懂的文学名著教学使学生在巩固英语语言知识，培养英语阅读习惯，增强跨文化意识的同时，对英语国家语言和文化有更深层次的理解和把握，从而提高对更多的英语语言文学作品的阅读能力。

知识目标：了解部分希腊神话典故、希腊悲剧、莎士比亚戏剧、奥斯卡·王尔德童话、英美诗歌及英美短篇小说的内容、源头及其寓意，掌握其背后蕴含的文化理念；学会叙述文学作品故事梗概，掌握一些理解作品的视角和方法，了解神话、童话、戏剧、诗歌、小说的一些基本元素和表现手法。

能力目标：课程旨在通过学习西方经典文学题材（包括神话、悲剧、童话、诗歌和小说等）培养英语综合应用能力，更加全面、辩证地理解英语文学作品所蕴含的深刻含义和人生哲理；增强文学审美情趣，影响文化

意识感知，带动阅读思考趣味，提高学生人文素养，彰显文学社会功用。

素质目标：课程内容依托文学体裁，以英美文学讲解为着眼点，涉及心理学、美学、历史学等诸多学科及领域，渗透着人文关怀、思政育人等要素和多学科语言知识。以文学与文化的普及为落脚点，注重文学与文化中的语言思维在其他学科中的表现，强调其在学生人格的养成、增强中国文化自信等方面的促进作用。

**课程特色：**

（1）文学经典，普适为主。课程彰显文学社会功用，选取世界范围内经典的文学素材，讲评结合，用文学和文化带动阅读。

（2）娓娓道来，引人入胜。授课教师具有丰富的讲授经验，其亲和力、感染力十足，讲解内容令人印象深刻。

（3）英语讲授为主，中英结合。课程所有故事情节均用英语讲授，评论分析及总结升华时使用汉语，培养学生英汉双语思维的转换能力。

（4）内容充实，覆盖面广。课程涵盖小说、戏剧、诗歌、神话、童话等多种体裁，涉及美国、英国、希腊等多个国家的文学和文化。

## 二、本课课程思政教学目标

本次教学设计以英国诗人罗伯特·赫里克（Robert Herrick）的诗歌《致少女之珍惜青春》为授课主题，提倡要"及时行乐"，是一首构思巧妙、意境飘逸、主题明晰的短诗。诗中反复吟唱的主题在于劝诫那些妙龄少女"莫负好时光"。整首诗韵律整齐，格式优美。诗的第一节以花为喻，从催促人们摘玫瑰花开始，说明青春短暂、花容易逝。第二节以太阳为喻，同样来说明时光一去不复返，从侧面催促少女要抓紧时间。抒发了作者对少女殷殷劝诫的情感。诗的后两节直抒胸臆。在诗中，玫瑰、时光、太阳等意象烘托"青春易逝，抓住时光"的主题，尤其是"含苞的玫瑰"的象征，极为贴切形象。

本课既是提高诗歌欣赏和理解的文学课，也是播种爱情观和人生观的一块田地。从学情来看，大学生正处于怀揣爱情梦想的年华，青春有如春天的玫瑰，鲜艳美丽，但是很快就会凋谢，又像早晨的太阳，很快就会下山，所以年轻人，要趁早找好心上人结婚，免得错过良机。

本课根据教学内容设立了巩固知识、提升能力、夯实素养和培养正确的爱情观和人生观"四位一体"的教学目标。

以巩固英语语言基础知识和理解诗歌语言内容为首要基础。学生需要在掌握诗歌英语语言内容的基础上，了解诗歌《致少女之珍惜青春》的基本主题特点及作者在每一小节中使用的意象化指代等修辞写作手法。

以代入感欣赏诗歌的意境、全面辩证理解诗歌主题为授课核心。通过分析、讨论诗歌意象及主题，正确理解诗歌《致少女之珍惜青春》内容及思想，能用审辨式思维理解"及时行乐"主题。

以注重中西文化对比，彰显文化自信为素养提升路径。授课环节中，教师在引用和举例上，旁征博引、博古通今，以期使学生具备和达到触类旁通、陶冶情操、文化互通和增强文化自信的效果。

以培养理性的爱情观和人生观为课程需要达成的终极目标。通过分析文本中的观点，结合案例引导学生思考正确的人生观和理性的爱情观，理解时不我待、拒绝拖延的人生观，培养理性的爱情观和婚姻观。

## 三、本课课程思政教学重点、难点

本课课程属于"英文名著轻松学"课程中英美诗歌单元的一部分，教学重点凸显在对于本次课程诗歌的理解和把握上，依据上述课程教学目标，本次课程教学重点体现在以下三个方面：

教学重点一：掌握英语诗歌的语言特点、主题呈现方式以及创作手法。通过填空练习、回答问题、寻找诗歌中的关键词、诗歌传达意境对比等教学环节，掌握相关的语言表达，主题内容，更全面地掌握英美诗歌特点。

教学重点二：基于第一个重点进一步认识中西诗歌文化体现的不同的意境。这需要授课教师具备较强的跨文化素养以及引导和培养学生跨文化意识的能力，做到学贯中西，批判性地认识不同文化中与本次课程内容关联的意象及意境。

教学重点三：基于第二个重点培养学生的美育，辩证分析什么是诗歌的意象美以及本次课程内容所传达的"及时行乐"的辩证理解。只理解和找到诗歌作品中的意象是不足以达到完整的审美效果的，学生需要结合意境阐释诗歌的"生活美"及"艺术美"。

教学难点：即教学重点三中的对"及时行乐"主题的辩证理解。

教学重点的有效完成需要师生配合如下：学生需要课前提前查阅诗歌内的生词，了解作者所处的历史年代以及相关的创作背景。课内，需要学生积极完成教师引导的任务以及配合小组活动，完成各项课内活动。课后，需要学生对所有课程进行反思和复盘，特别是对某一环节的理解欠缺以及对整体主题意境的把握上。与此同时，教师在课前需要精心准备教学设计，从语言、能力、思维、育人等多角度设计课堂活动。课内，需要由浅入深、层层递进地使用启发式、产出导向式、头脑风暴式教学方法和策略，依据学生的听课关注度及实时反映和回馈灵活地调整授课进度及教学方法。课后，教师需要发布提前设计好的开放式的问题，旨在帮助对某一环节的理解有欠缺以及对整体主题意境的把握有欠缺的学生。

在教学难点的解决方式上，教师需要综合、辩证地引导学生对《致少女之珍惜青春》中"及时行乐"的主题的理解和把握。例如，启发学生将"及时行乐"与时不我待联系起来，与当今流行的心理疾病"拖延症"联系起来，从中得到了面对"拖延症"和面对现实生活问题的一针强心剂。这针剂就是：想尽办法避免拖延，因为只有把握住了当下的时光，时不我待，只争朝夕，才能得到每天的活力与快乐。

## 四、本课课程思政教学方法

就本次课程看来，授课教师做到了寓教于乐、寓教于思、寓教于无形。学生乐于发现问题，总结规律，回答问题，通过思考过程、中西文化对比过程达到了思辨性思维培养的目的。而最难得的是教师所大量使用的引用、对比、文化自省等均渗透于整体教学设计，做到了"润物细无声"。

本次课程主要使用的教学方法包含头脑风暴式、启发式、产出导向式。

头脑风暴式：本方法是引导和鼓励更多的同学参与到小组活动中的一个行之有效的办法。教师抛出某一话题，如，此处与本意象相似的国内外诗歌大家能想到哪几首呢？全班同学头脑风暴式地回答，也可以组内先进行一轮头脑风暴，接下来再进行班级内的头脑风暴或分享。

启发式：在教学重点及难点方面，教师适时、适度地进行启发式引导，这样做有利于更好地让学生学习和掌握教学内容，掌控教学进度安排以及更加完整全面地完成既定的教学计划，例如教师尝试引导学生回答：诗歌传达的"及时行乐"主题是让我们放纵自己吗？

产出导向式：此处尝试使用文秋芳教授的产出导向教学模式，注重学生在理解本次授课内容基础上的口语表达、思想升华以及主题呈现。由于选课学生语言基础、理解能力有所偏差，教师设计了不同难度的问题，采用小组合作方式以期达到更加有效的产出导向。

## 五、本课课程思政教学过程

本课课程计划 1 个学时。教育教学方法和过程为：情境共情引入，观看 *Dead Poets Society* 片段并回答问题，批判思维讲解，思政文化拓展，学习诗歌，诗歌赏析及主题分享。思政元素渗透在所学知识以及教学环节课堂活动中，与教学目标融为一体，使学生在感受语言知识、诗歌意境的同时增强文化自信、树立家国情怀。

### （一）课前预习

选课学生依据教师发布的预习任务。提前查阅作者及作品信息，主要包括作者历史环境及创作背景，诗歌文本中生词、短语等。

### （二）课内授课

课内授课综合使用头脑风暴式、启发式、产出导向式等多种教学方法及策略，采纳诊断性评价及形成性评估手段记录和评价学生的课内表现。

#### 环节一　课程导入

观看 *Dead Poets Society* 片段并回答问题：

①What is the title of the poem Mr. Keating asks Mr. Pits to read?

②What is the Latin term to conclude the theme of the poem?

此环节引出本次课主题，视频材料贴近学生校园生活学习，通过视频赏析，激发学生学习兴趣。

#### 环节二　主题引入

依次引导学生回答问题，聚焦参考答案：诗歌名称为 "To the Virgins to

Make Much of time"以及 Carpe Diem。至于 Carpe Diem 究竟指什么？同学回答后，教师启发学生，这首诗歌学习结束后大家就能知道答案。

此环节教师设置悬念，使用头脑风暴及启发式教学，检查学生的概括能力以及辩证性思维的表达能力。

### 环节三　文本第一节赏析

Gather ye rosebuds while ye may,

    Old Time is still a-flying;

And this same flower that smiles today

    Tomorrow will be dying.

教师引导学生小组讨论和回答：此小节的具体意象是什么？古今中外的诗歌中是否有同类意象的诗句？针对该小节的问题教师可以单独提问，可以小组讨论也可以讨论后组间分享。

活动后教师呈现教学设计准备好的资源，此处注意某些内容有可能与学生汇报分享相同，教师可以重点强调，也可以稍微提及。就此处以花为主要意象的中外诗歌主要有：Robert Burns 的" My love is like a red red rose."Kahil Gibran 的"Song of the Flower"．接下来教师重点提及《题都城南庄》。这首诗也是以花为主要意象：去年今日此门中，人面桃花相映红。人面不知何处去，桃花依旧笑春风。总结：古今中外的诗人都非常喜欢用鲜花的意象来表达不同的人生感悟。

此环节注重学生的文本赏析和文学鉴赏能力，加强了文学作品中诗歌所蕴含的美的熏陶，此外，中国古代同类意象诗歌的融入，更加彰显了中国文化自信，使学生更加具备爱国主义情怀。

### 环节四　文本第一节语言点学习

"Gather ye rosebuds while ye may."这里的 ye 意思指的就是你。古英语里面，you 的表达，除此之外，还有 thou 和 thee，它们都是 you 的不同表达方式。这句话的意思即：It just means when it is the season for you to pluck the flower, don't miss the season, pluck as many flowers as you like. 那么当它是你摘花的季节时，不要错过这个季节，你想摘多少花就摘多少花。又是为什么呢？答案在下一句中：Old time is still a-flying, 因为时光飞逝啊。那同学

们可能会问，为什么在这里时间被称为 old time？这是因为时间是整个宇宙中最古老的事物。根据同名童话故事改编电影《美女与野兽》主题歌的第一句就是"Tale as old as time"，意思是与时间一样古老的故事，那就是最古老的故事。下一行诗人继续解释，"And this same flower that smiles today"。教师引导问题：大家知道一朵微笑着的花是什么样子吗？此时 PPT 中显示微笑着的花的图片，非常像一个灿烂的笑容，让人感到温暖和活力。那么接下来会发生什么呢？下一行诗为"Tomorrow will be dying"。那么死亡的花朵又会是什么样子呢？此时 PPT 显示接近死亡着的花的图片，与刚刚那么美丽的花朵形成一定反差。

第一节语言讲解时，教师将该部分的语言难点结合 PPT 组织语言输入与输出，进行深度的语言和思维训练。教师准备的问题层层深入，让学生似乎走进了诗歌真正所传达的意境中，与作者共鸣。

### 环节五　文本第一节主题总结及升华

教师总结性地提问：整个这一节的意象和作者表达的观点大家听起来是不是有些熟悉？进而引导学生欣赏唐代杜秋娘《金缕衣》："劝君莫惜金缕衣，劝君惜取少年时。花开堪折直须折，莫待无花空折枝。"同样的意象表达同样的感情，以及不同的语言、不同的文化可能使用相同的图像来表达相似的想法。世界上许多事情都是普遍的。这首诗是如此的著名，有想象力，画家 John William Waterhouse 借用了首句绘画出了"gather ye rosebuds while ye may"。

此环节再次将上述第三与第四环节升华，完全符合当下倡导的"两性一度"金课建设高标准，将文学中的诗歌与历史、绘画、哲学等不同学科门类的知识内容融会贯通，使学生具备跨学科视野。

### 环节六　文本第二节赏析

The glorious lamp of heaven, the sun,

　　The higher he's a-getting,

The sooner will his race be run,

　　And nearer he's to setting.

教师引导学生小组讨论和回答：此小节的具体意象是什么？古今中外

的诗歌中是否有同类意象的诗句？针对该小节的问题教师可以单独提问，小组讨论，也可以讨论后组间分享。

这里把太阳比喻成了天上的一盏闪耀的大灯。教师接着引导学生：其实关于太阳的诗句还有很多，头脑风暴活动分享结束后，教师举例：例如，我们最熟悉的莎士比亚的"Sonnet 18"中，太阳被称作"the eye of heaven"，还有"I see a golden disk, right above the blue sea"，这里太阳是金色的圆盘，冉冉从海上升起。而下面这首诗就很有趣了：

Busy old fool, unruly Sun,

　　Why dost thou thus,

Through windows,

　　and through curtains, call on us?

这首诗里，太阳被称为不通情达理的老傻瓜，总是透过窗户，穿过窗帘，探进头来，把我们叫醒。本小节的后两句：太阳总是越升越高，天越来越亮，也越来越温暖。但是这没有什么好开心的，因为升得越高，他的旅程结束得越快。这恰如中文名句"夕阳无限好，只是近黄昏"。

此环节注重学生聚焦文本，发现同类意象，温故知新，使学生在文学殿堂中汲取营养。

### 环节七　文本第二节语言点学习

本小节内容相对较简单，教师采用学生自主提问答疑的方式。

此环节注重学生思维的转换，发散性思维、联想性思维训练后，聚合性思维及学生暂时的独立静默时间有利于后续课程的完整，也给予学生面对面提问和解答疑惑的机会。

### 环节八　文本第二节主题总结及升华

教师总结性地提问：第一节的主题意象为花朵，第二节的是什么呢？学生回答太阳后，教师追问，中国古代诗歌里，有哪些诗歌的意象也是太阳呢？学生小组讨论分享展示后，教师提问：大家有没有发现中国古代诗歌意象的表达中，相较于"太阳"我们更多的是使用什么呢？随着答案"月亮"的引出，组织活动，学习以月亮为意象的中国古代及现当代诗歌。从这里我们可以看到，不同的语言、不同的文化可能使用不同的图像来表达相似的想法。

此环节再次将上述第六与第七环节升华，在理解文内基本语言知识基础上，加大学生对诗歌文本意象表达的理解与输出，让学生大胆地尝试自主学习、语言产出、文化意象对比，在增强语言知识、表达能力的同时，锻炼其自信表达及增强其文化自信。

### 环节九　文本第三、四节语言学习及意境赏析

这一环节，教师将最后两小节语言与文本集中在一起。原因之一为，这两小节基本无较难语言点，另外的原因在于，三四小节主题升华及逻辑更为紧凑。

That age is best which is the first,

　　When youth and blood are warmer;

But being spent, the worse, and worst

　　Times still succeed the former.

第三小节学习时，教师抛出问题：为什么年龄是最好的，哪个是第一？什么时候是一天中最好的时间？同学们一起回答：早晨。教师追问，那么哪个季节是一年中最好的季节？回答：春天。我们不是常说一日之计在于晨，一年之计在于春吗？所以人一生中最宝贵的时间，就是大家现在的时候，人们年轻的时候，血液循环总是更快的，而年老之后呢，血液循环慢了下来，血液的温度也降了下来。所以老人总会更怕冷。后来会发生什么呢，时光匆匆流逝，人们的健康状况，智力水平都会每况愈下，最后不可避免的是油尽灯枯之时。这是非常悲哀，非常悲惨的，但同学们，你们认为时间会停下来片刻，让人类得到任何怜悯吗？

答案是否定的，我们也可以从下面的第四小节找到答案。

Then be not coy, but use your time,

　　And while ye may, go marry;

For having lost but once your prime,

　　You may forever tarry.

第四小节中，教师先解释语言点 coy 意思是 shy。这节点到了我们的题目"To the Virgins"。对未婚少女来说，如果有如意郎君喜欢你向你求婚，

不要因为害羞，不要因为矜持错过了大好姻缘，如果因此错过了人生最好的年华，怕要抱憾终生吧。

此环节注重学生的整体感知，学习诗歌文本结构基础上，树立两种意识：把握青春，时不我待。在当下中国两个一百年奋进的关键时刻，学生才是祖国的栋梁，祖国的希望，此环节，在教师的引导下，学生会深刻体会到作为祖国未来建设者、接班人的责任感。

### 环节十　育人升华

在结束四小节基本内容和意象的学习后，教师带领学生回到课堂开始。电影节选中，提到了这首诗的主题，可以用拉丁语来概括：Carpe Diem。引导学生说出其传达的意思后，增强理解（在电影的以下摘录中得到了解释），欣赏这部电影的后续部分。第一遍泛听，二遍三遍完成词语填空练习。

Because we are food for worms. Because believe it or not, each one of us in this room is one day going to stop (breathing), turn (cold) and (die). If you listen real close, you can hear them whisper their legacy to you: Seize the day boys, make your lives (extraordinary).

电影中 Mr. Meek 将 Carpe Diem 解释为"seize the day"，这就是为什么 Mr. Keating 没有选择在教室里面上课的原因。在这个大厅的橱窗里，摆放着历届学生的照片，他们都曾经如同站在这里的男孩子们一样，意气风发，不可一世，相信世界是属于他们的，而现在呢，他们都已经化为灰烬，成为粪土了。

教师最后引导学生主题升华：这样的主题其实古今中外的诗句中都有所表达，例如，诗人 Philip Freneau 在他的"The Wild Honeysuckle"一诗中，把人的一世比喻成了草木短暂的一生：the frail duration of a flower is but an hour。曹操的《短歌行》中"对酒当歌，人生几何，譬如朝露，去日苦多"慨叹人生苦短，如清晨的露水般转瞬即逝。而早在战国时期，庄子就在《知北游》中告诫我们："人生如白驹过隙，忽然而已。"我们每个人都应该好好思考一下这个问题：如此短暂的一生，何其宝贵，怎么度过这一生才不算虚度呢？

本环节作为整首诗、整节课的重中之重，教师需较娴熟地处理好教学重点和教学难点的关系，一定要让学生学会跳出自我，以家国天下的情怀审视本首诗传达的意境，必要时可以使用汉语，把整首诗表达的人生哲理完整、准确、辩证地给学生讲清楚、说明白，使学生理解透、思考全。

**（三）课后思考**

本课学习之后要求学生们选择以下三项任务中的任何一个感兴趣的任务自我完成，完成后上传学习平台。

任务一：本次课程所学第二节意象中的太阳，中国诗歌更加青睐于月亮，其原因及影响因素有哪些呢？

任务二：你是如何理解本诗及所选电影 seize the day 主题的呢？它是指我们应该及时行乐，放纵自我，消沉度过余生吗？

任务三：请自我思考后回答，如此短暂的一生，何其宝贵，怎么度过这一生才不算虚度呢？

## 六、教学反思

诗歌是语言的精华，人类智慧的结晶。诗歌能带来美的享受，陶冶情操，提高人文修养。本次课程精选了罗伯特·赫里克的《致少女之珍惜青春》。这首诗唯美清新，充满哲思发人深省，立意独特，让人或颔首莞尔，或拍案叫绝，授课之余，给学生带来了美的享受和真、善的启迪。

本课程只有一学时，却让学生淋漓尽致地享受到了诗歌的美。

"自然美"：学生通过诗歌传达的意境及教师精心准备的图片、视频，感受到了花朵、太阳、清晨、春天等美好的瞬间和值得人流连忘返的时刻。

"生活美"：学生通过校园学习的视频、熟悉的朝阳图片等回忆和体会到真正的美其实就在我们每个人的身边，每时每刻，美美与共。

"艺术美"：学生通过大量的中外名诗、名画、名人的熏陶，重新焕发了其自身艺术生命力，强烈地感受到了美育的冲击力。

（作者：田忠山，内蒙古工业大学外国语学院副教授，首届"智慧树杯"课程思政示范案例教学大赛特等奖）

# "英国女性小说家漫谈" 课程思政教学设计样例

## 一、课程总览

**课程名称**：英国女性小说家漫谈

**课程类型**：英语专业选修课

**教学对象与学时**：英语专业本科三年级学生，32 学时

**课程目标**：

本课程通过对英国不同时期女性小说家生平、代表作品、艺术特色、主题思想等内容的剖析，帮助学生了解英国女性小说发展史脉络，漫谈英国女性小说家及其作品。小说在整个文学世界中属于关注度较高、读者较多的一类文学体裁，背后有其产生的思想基础与文化背景。现代信息社会中，学生具备独立阅读能力和自主性，相对缺乏深度赏析和客观评价文学作品的能力，需要在阅读过程中加以引导，助其理性看待文学作品、解读英国女性小说家思想。通过与学生共同感受英国女性小说家及其作品的文学魅力，以古喻今，思考她们对当前社会背景下的女性、特别是女大学生群体带来的启示，引导学生树立独立、积极的女性意识，共同探讨社会主义核心价值观引领下的女性力量（She-Power）。

知识目标：通过对所选英国女性小说家的作品分析，帮助学生归纳作品的写作技巧与风格特色，熟悉作品的重点内容，把握作者思想内核。

能力目标：感受英国文学魅力，培养独立阅读和客观评价文学作品的能力，提升学生对于文学作品的鉴赏能力和文学素养能力，培育思辨意识。

价值目标：培养文学学习兴趣，提高人文素养，借助文学作品主题聚焦当前热点话题，探讨社会主义核心价值观引领下的两性力量。

## 二、本课课程思政教学目标

本课程以英国女性文学为载体，教学内容兼顾英国女性文学史发展脉络及英国女性文学原著赏析，涉及西方价值观导向。学生毕业后必将投身于中国特色社会主义建设中，如缺乏引导，学生思想易与中国主流价值观相悖；如再缺乏科学有效的思政教育方法，则极易引发抵触情绪。因此，在文学知识传授中有效融入中国特色思政元素，并通过隐性思政教育提高知识和能力教学效果，是本课程思政教学的建设方向和研究重点。

本课程充分挖掘思政元素，提取教材相关社会热点话题，激发学生共情和学习兴趣，建成凸显思政特色的教学资源，通过"知高度、有广度、见深度、感温度"四度合一的"四维立体"教学模式，在隐性思政教育理论引导下，于潜移默化中达成教学目标。

## 三、本课课程思政教学重点和难点

作为英国著名意识流小说家，同时也是女性主义理论家和女性主义文学批评的先驱，弗吉尼亚·伍尔芙（Virginia Woolf）以超越同时代的先进思想闻名于世。掌握其女性观，感受其思想中对于两性的新涵义并以此引导学生思考社会主义核心价值观引导下的女性应该如何在社会各个领域中彰显不可忽视的"她"力量就显得尤为重要。

传统文学课难度高，内容庞杂。如何在教学过程中充分挖掘思政元素，并与授课内容有机结合，真正做到"盐溶于水""润物无声"是本课课程思政教学的难点。本课在介绍伍尔芙女性观的同时，引导学生思考在当今社会主义核心价值观下的女性地位及现状，通过例证、讨论等方式感知女性正在社会各个领域产生的不可忽视的力量，同时培养学生树立积极、健康的女性意识。

## 四、本课课程思政教学方法

本课程采用"四维立体"隐性思政教学模式：

（1）"知高度"：提升学术、政治高度。教师选取优质学术文献，以文学研究领域学者真知灼见培养学生文学鉴赏能力；结合国家政策方针，引导学生思考作品所涉及的相关社会性问题及应对策略。

（2）"有广度"：引导学生感受文学作品的西方社会文化背景，利用含中国元素的教学资源完成中西横向比较，对西方文化精华部分予以借鉴，对含有意识形态渗透的文化坚决舍去。

（3）"见深度"：挖掘课程内涵，引导学生透过跨文化对立表象追本溯源，培养思辨意识和批判性思维能力。学生在专业学习中，思考对当前社会背景下的女性、特别是女大学生群体带来的启示，引导学生树立独立、积极的女性意识，共同探讨社会主义核心价值观引领下的女性力量（She-Power）。

（4）"感温度"：文学作品源于生活，以语言为载体呈现。在引导学生思辨的同时，结合我国社会热点，在专业教学中注入生活温度，彰显人文关怀，实现情感交流，学生在学习英国女性文学的同时坚定对中国特色社会主义文化的认同感和自信心，勇于承担年轻一代的社会责任。

## 五、本课课程思政教学的过程

本课的教学设计与组织紧扣《普通高等学校本科外国语言文学类专业教学指南》要求，积极响应教育部有关"金课"建设的指导思想，力争达到"高阶性"、"创新性"和"挑战度"的标准。在注重提升学生的语言能力、思辨能力、学术研究能力和文化素养的同时，也要注重培养学生的家国情怀和国际视野。在教学设计理念上采用文秋芳教授的产出导向法理论，按照"驱动""促成""评价"三个阶段构成教学流程，整个过程要求教师恰当地发挥中介作用，做好脚手架。课堂教学在实施过程中紧扣本课程提出的"四维立体"教学模式，通过"知高度、有广度、见深度、感温度"四度合一，践行隐性思政教育理念，以"浸润"和"渗透"的隐性教学方法，结合文学课程特点，实现隐性思政元素的融入之道。

下面将以本课程第四章的第五小节，伍尔芙的女性观：彰显"她"力量为例，说明课程思政教学的具体过程。

### （一）课前驱动阶段：教师布置交际任务，说明教学目标和产出任务

**环节一**：学生欣赏线上教学资源有关希腊神话中双性同体神的画像及雕像，自行查阅检索双性同体的概念及背景，并将查阅内容以语音形式在线上平台的讨论区进行提交，利用"学生互评"功能，引导学生全面客观地掌握双性同体的内涵及意义。

**环节二**：课前教师线上发布访谈任务，要求学生就"当今社会背景下的女性身份和地位"这一话题收集来自不同年龄层的声音，根据访谈内容提炼被采访者观点，通过语音发送的方式进行在线提交。学生尝试完成从访谈到观点总结提炼最后转述的过程，通过亲身体验，了解该产出任务看似简单但完成起来并非易事，由此产生学习的压力和动力。与此同时，学生在访谈过程中能够听到该话题的不同声音，有利于引导学生主动思考，帮助学生从内容和思想上更好地理解后续产出任务。

**环节三**：教师说明教学目标和产出任务。学习本节有关伍尔芙女性观具体内容、代表作品，在此基础上要求学生通过所学，熟悉"双性同体"、女性观的术语表述及内容。

### （二）课中促成阶段：教师为学生提供保证产出任务顺利完成所必需的内容、语言形式和用语言表达内容的话语结构方面的输入材料

**环节一**：教师评价学生课前资料查阅的完成情况，并总结梳理双性同体的概念及意义。通过评价学生课前对于双性同体概念及背景的掌握情况帮助学生理顺相关内容及学习重点，指出双性同体在生物学和心理学中存在不同的解读方式及理解。本课程重点把握此概念在心理学范畴的意义，即同一个体既有明显的男性人格特征，又具有明显的女性人格特征，兼有强悍与温柔、果断与细致等性格，按情况需要作不同的表现。这种心理学层面的解读和内涵同时能够体现一种文艺创作心态和美学风格，不同作家在其作品中都体现了双性同体的理念，从而顺利导入本课所学：伍尔芙的双性同体思想及其女性观。

**环节二**：教师介绍伍尔芙的生平、代表作品、艺术特色等基本信息。

通过讲解，学生了解伍尔芙是英国著名意识流小说家，也是女性主义理论家和女性主义文学批评的先驱，同时掌握伍尔芙的双性同体思想及其

女性观的具体体现。伍尔芙在自己的随笔《一间自己的屋子》集中谈论其两性同体的思想，即"在我们之中每个人都有两个力量支配一切，一个男性的力量，一个女性的力量。在男人的脑子里男性胜过女性，在女人的脑子里女性胜过男性。最正常，最适宜的境况就是这两个力量在一起和谐地生活，进行精神合作。只有在这种融洽的时候，脑子才变得肥沃而能充分运用所有的官能。也许一个纯男性的脑子和一个纯女性的脑子都一样地不能创作"。通过学习，帮助学生在学习伍尔芙观点构成的过程中，感受两性的新涵义，同时也为后续的产出任务做好准备。

**环节三**：学生自主进行线上任务点学习，包括观看教学视频，完成答题及其他练习等。

Task 1：Watch the teaching video about Virginia Woolf's concept of androgyny to have a better understanding.

Task 2：Complete the exercises to strengthen what have learned.

Task 3：Assessment based on the reinforcement exercises and analysis on some difficult parts.

**环节四**：总结梳理伍尔芙的女性观。

布置小组讨论任务，学生根据所学进行自我梳理并总结伍尔芙女性观的具体体现。教师选择小组代表进行课堂发言，并根据学生表现进行生生互评和师生共评，调动学生的积极性和参与度。

通过学生讨论及教师总结，学生对于伍尔芙的女性观有了深入透彻的了解及掌握。伍尔芙发现所谓妇女"低劣""无能"的本质特征是由于她们的社会地位、经济地位的低下，被剥夺了接受教育的权利所造成的，而女人"低劣""无能"的本质认定把女人驱逐出了作家与社会历史的行列。社会不平等造成了两性差异，而性别差异又成为性别歧视的根源。所以伍尔芙追求妇女的权利，她说："一个女人如果要想写小说一定要有钱，还要有一间自己的房间。"这里所说的"房间"，既是物质上的也是心理上的，它象征了妇女独立自主的理想。

**环节五**：引导学生思考在社会主义核心价值观体系下当今社会女性的身份和地位，正确看待在经济、文化、生活等各个领域彰显的"她"力量，培养健康的女性观。

课堂展示当今社会各行各业中的新女性形象，特别是中关村女性的示例，引导学生思考，在社会主义核心价值观的引导下，女性由于得到极大的解放和自由而在经济、文化、生活等各个领域彰显的"她"力量。

学生构建学习小组，分别于课前从不同领域进行"'她'力量"的调查，并形成 PPT 文稿。教师在授课过程中选择小组代表进行汇报。通过学生的课堂发言，帮助学生感受现代社会的"她"力量，感受社会主义核心价值观引导下的女性正在社会各个领域产生的不可忽视的力量，从而引导学生思考应该如何构建客观健康的女性观。

**环节六**：回顾本节整体内容，引导学生复习所学内容。

**（三）课后评价阶段：教师对学生的迁移性产出进行延时评价**

**环节一**：学生完成线上平台学术论文阅读。通过跟随学者思路对伍尔芙的两性同体思想及女性观进行深度思考，对该主题形成一定学术深度的分析，逐渐培养学生的学术分析能力。

**环节二**：学生根据本节所学的相关词汇以及对当代社会女性"她"力量的思考完成产出任务：

近几年，在两会上人们能够看到很多优秀的女性代表委员的身影，也能看到很多关乎女性切身利益的提案。从首位问鼎苍穹的女航天员王亚平，到大山里的女校长张桂梅，越来越多的中国女性在用自己的方式谱写新时代的巾帼华章，中国当代女性的"她"力量，正在厚积薄发。

请写一篇不少于 150 字的短文，表达你对女性"她"力量的看法。

**环节三**：教师对学生在线提交的文章进行评价，选取典型样本并制定具体评价标准及说明，采用"师生合作评价"的方法为下次授课的课堂评价做好准备。

## 六、教学反思

由于本课程教学内容涉及西方价值观导向，而学生毕业后将投身于中国特色社会主义建设中，如授课过程中缺乏正确恰当的引导，学生思想易与中国主流价值观相悖；如缺乏行之有效的思政育人方法，也极易引发学生的抵触情绪。因此，在文学知识传授中有效融入中国特色思政元素，并通过隐性思政教育提高知识和能力教学效果，不仅必不可少也是本课程的思政建设方向和研究重点。

虽然传统文学课难度较高，内容庞杂，但本课程充分挖掘思政元素，提取教材相关社会热点话题，激发学生共情和学习兴趣，通过"知高度、有广度、见深度、感温度"四度合一的"四维立体"教学模式，在隐性思政教育理论引导下，于潜移默化中达成教学目标。课程设计基于女性文学视角，发挥文学课程育人功能，于知识教学中穿插时效性热点，创设问题情境，发挥文学课育德功能，由文推己、借文鉴世，引导男性学生正确看待女性的社会作用，引导女性学生勇于承担社会责任，在中国社会发展进程中发挥"她"力量。

就伍尔芙"双性同体"写作思想这节课而言，以学生课前访谈不同年龄层关于中国当代女性的社会地位和身份为导入，引导学生客观全面地看待问题并培养学生的批判性思维。课中通过"中关村女性"的例证讨论"女汉子"表象下当前社会对两性角色的定义，促使学生更加深入地了解问题。随后以具有"女性气质"的男性偶像为题布置产出任务，引导学生树立健康的两性意识。整体教学设计环环相扣，有助于本节课程价值目标的有效达成。当然，对于学生在文学课程中的思政引导和学习绝非一次课即可解决，必须经过长期有效的训练方可实现教学目标的达成。也需要任课教师不断潜心钻研，用心打磨，借助中国深厚的传统文化，结合当前时政热点，真正有效地做到四度合一，润物无声。

（作者：尹迪，山东政法学院外国语学院讲师，首届"智慧树杯"课程思政示范案例教学大赛优秀奖）

# "英美文学"课程思政教学设计样例

## 一、课程总览

**课程名称：**英美文学

**课程类型：**英语专业核心必修课程

**教学对象与学时：**英语专业本科三年级，48 学时

**课程目标：**

专业目标：第一，让学生了解英美两国文学形成与发展的过程，掌握基本文学常识。第二，通过阅读具有代表性的英美文学作品，理解作品的内容，学会分析作品的艺术特色并努力掌握正确评价文学作品的标准和方法，从而培养学生的文学鉴赏能力和思辨能力。第三，通过阅读和分析，提高学生的文人素质，拓展其知识面，增强其思想深度。

育人目标：第一，通过对英美文学史以及经典作品的解析，培养学生的国际视野，增强其在构建人类命运共同体这一宏伟目标中的使命感。第二，通过文化对比，加深学生对中国传统文化的了解，增强文化自信。第三，通过大量经典文学作品的阅读，培养学生的思辨能力，助其树立正确的世界观、人生观与价值观。

## 二、本课课程思政教学目标

本课关于英国诗人约翰·多恩（John Donne）的作品教学，课程思政育人目标包括以下几个方面。

（1）创新精神：采用项目教学法，鼓励学生仿写创造诗歌，让学生在实践中去学习、体会、践行创新精神。

（2）通过理解文学作品中蕴含的人文精神，提高个人修养和思想境界。

（3）诚信：对项目进行自评与互评，采用的是匿名评价。鼓励学生根据评价标准，不偏颇、不利己地给出客观评价，培养他们的诚信意识。

（4）增强文化自信：通过比较文学的方法，在学习英美文学的同时，更深层了解中国文学和文化，加深学生对中国优秀文化的理解，增强其文化自信。

## 三、本课课程思政教学重点和难点

本课的教学内容为前两堂课的接续，主要分为知识拓展、能力提升和思政感悟三方面：

### （一）知识拓展

（1）通过完成项目（仿写诗歌），加深对约翰·多恩作品的了解。

（2）通过自评与互评自创诗歌作品，学习如何利用相关文学批评理论对作品进行评价和赏析。

（3）通过对比自创诗歌与原作，深刻理解约翰·多恩独创的写作方法和他诗歌中蕴含的对人类、对死亡、对疫情之下人类命运与共的理解和诠释。

### （二）能力提升

（1）提高产出能力：运用相关文学知识和语言知识，完成诗歌创作。

（2）提高文学批评能力：运用相关文学批评理论对自己和同学的作品以及原作进行评价赏析。

（3）提高创新能力和合作精神：同组同学分工合作，共同完成项目作品。

### （三）思政感悟

创新精神：约翰·多恩是一位极富创新精神的诗人，他的诗歌在十七世纪开了许多先河。学生通过大胆创作诗歌作品，去学习、体会、践行创新精神。

理解个人与集体的关系：每一个人都不是一个孤立的个体，他（她）属于世界的一部分，但每一个人都有他（她）的个人价值。这是作品"No

Man Is an Island"中诠释的理念之一。学生分小组完成项目,在这个过程中学习如何分工合作,如何分析解决,如何处理个人与集体的关系,既能更好理解原作的主题,也是思想觉悟的提升过程。

诚信:对项目进行自评与互评,采用的是匿名评价。鼓励学生根据评价标准,不偏颇、不利己地给出客观评价,培养他们的诚信意识。

深刻理解"人类命运与共":作品"No Man Is an Island"写于17世纪欧洲黑死病疫情泛滥之时。最后铿锵有力的语句"for whom the bell tolls;It tolls for thee"一针见血地阐明了人类命运息息相关的理念。"覆巢之下焉有完卵""无人能独善其身",学生结合自己亲身经历的三年疫情,更能深刻理解个人与国家、一国与世界、个人与全人类的关系。

增强文化自信:十七世纪的英国诗人约翰·多恩在其作品中提出的仁爱、人类命运与共的思想,与两千多年前中国的先贤孔子提出的"仁"与"大同"思想不谋而合。儒家思想作为中国智慧的核心思想,在欧洲得到了应和。在课堂上,学生可以在老师的引导下理解中国智慧在世界文明中的地位,增强其文化自信。课后,学生若阅读老师推荐的书籍《孔子西游记——中国智慧在西方》,将能更全面地了解儒家思想对欧美文化的影响,加深其对中华传统文化的认知,也能进一步增强文化自信。

## 四、本课课程思政教学方法

(1)项目式教学模式(Project-based Learning),打破文学课堂以讲授为主的传统教学模式,采用项目导向法,将专业知识的学习、理解与运用融入一个一个的项目中。

(2)翻转课堂(Flipped Classroom),根据学生的认知水平与知识需求决定教学内容。

(3)指导发现法(Guided-discovery Method),教师将显性的讲授化为隐性的启发,学生在老师有意识的引导下进行观察、分析、假设和论证,并从中发现规律得出结论。

(4)线上线下相结合(Online and Off-line Blended Learning):学生利用线上资源进行课前预习、课后拓展学习等。主要用到的网络资源有"学习通"上的微课资源与教材配套的"爱课程网(icourse)"提供的学习资源。

课后作业、学生完成的项目、答疑等课后环节通过"学习通"、"小打卡"、微信群等进行提交。线下教学与线上学习互为补充，增加了知识容量、促进了学生主动学习、方便了师生间交流、便于老师更直观全面地了解学生的学习情况与需求。

（5）信息化教学（E-teaching）：充分发挥信息时代的优势，将先进便捷的信息手段贯穿于教学全过程。课前，向学生推荐相关网课和阅读资源。课堂中的某些教学环节使用 Newclass 系统，可实现师生间、学生间零距离互动；采用"问卷星"与"学习通"等手机程序进行提问、测试、脑力风暴等。课后，通过"学习通"、小程序"小打卡"等渠道查看学生作业和项目完成情况；采用"问卷星"收集学生对课程的评价。

（6）搭建实践平台，学以致用（Practical Teaching）：搭建适合英语专业学生的实践平台，让学生以实际行动来感受思政教育。如在公众号推送翻译的中国文学作品、在小程序展示自己的英语诗歌朗诵作品和中国诗歌英译版朗诵作品、通过视频号展示项目成果等等。

## 五、本课课程思政教学过程

### （一）本课课程思政教学理念及思路

本课采用项目教学法，旨在让学生在实践中深刻理解作品内涵，并引发思政共鸣。具体步骤如下（见图1）：

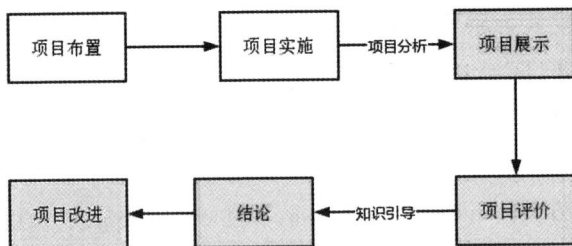

**图1 项目实施流程图**

### （二）本课课程思政教学设计实例分析

（1）项目布置（在上一堂课结束之后，学生已完成了相关专业知识的学习）

此时老师将任务布置给学生：

**Project：**

To imitate one of Donne's works and compose your own. Your project will be evaluated from the writing feature and the theme of it.

（2）项目实施

第一步：准备

自主阅读老师推荐的作品

Donne 的作品非常多，主题也丰富多彩。教材选取了他的两首代表作："The Flea" 与 "Holy Sonnet 10（Death be Not Proud）"——前者是他爱情诗的代表，富含 conceit（奇喻）的运用，后者阐释了诗人对死亡及死亡的意义的探究。在学习完教材上的两首诗歌之后，老师要求学生登录教材推荐的网站 www. luminarium. org/sevenlit/donne 阅读 Donne 的其他作品及对他作品的评论。学生将在这些作品中选择一部最喜欢的或感触最深的，进行仿写。

第二步：实施

学生分小组讨论，选取主题，集体创作。诗歌创作好之后，录制成视频作品，通过小程序"小打卡"提交。

（3）项目分析（老师在课前完成，选定本堂课的教学内容）

老师浏览学生的项目，整理归类后发现大部分小组选择了 Donne 的作品 *Devotions upon Emergent Occasions* 中的一篇，"Meditation 17"中广为传颂的一段 "No man is an island, entire of itself; every man is a piece of the continent, a part of the main; if a clod be washed away by the sea, Europe is the less, as well as if a promontory were, as well as if a manor of thy friend's or of thine own were; any man's death diminishes me, because I am involved in mankind, and therefore never send to know for whom the bell tolls; it tolls for thee."

根据学生完成的项目，老师选定本堂课教学主题为作品 "No Man Is an Island"，选择三组最有代表性的项目作品进行课堂展示，并设计好项目评价相关环节，对学生进行知识引导。

（4）项目展示

在展示学生项目之前，通过"问卷星"让学生完成一个小测试，旨在巩固学生对 Donne 及其诗歌的相关知识，为接下来的环节项目评价做准备。

展示三个组的项目作品：

### No One Is a Single Word

No one is a single word,

Speak from oneself;

Every man is an article,

Meaningful and long.

If one word is missing,

It is also dull.

（By Group One）

### No Man Is a Single Star

No man is a single star,

Can shine by itself.

Everyone is a little starlight.

If other stars are dim,

The starry sky loses its beauty.

（By Group Two）

### No Man Is a Permanent Song

No man is a permanent song,

Chanted by itself.

Every man is a dancing note,

Use their own distinctive rhythm to compose a melody.

If a note is missing,

The tune is incomplete.

（By Group Three）

（5）项目评价

①评价标准

除评价作品的语言、韵律、意境等方面，还需考虑两个硬指标：是否使用了 conceit，是否把握了作品"No Man Is an Island"的主题。

②学生自评

三个组分别派代表阐述自己作品的创作理念、创作手法、诗歌主题、作品意境等，并给自己的作品评分。

③生生互评

全班同学分组讨论后，评选出最优秀的作品，并阐明理由。

> 评价结果：作品优劣不相上下，各有长短。
> 三个组的作品都使用了 conceit，并且自然巧妙。
> 三个作品都符合原作的主题。

④教师评价——教师评价采用指导发现法，通过知识引导，启发学生得出结论：他们的作品是否把握到了 Donne 原作的"形"与"神"。"形"，乃创作手法，即是否活用了 Donne 的创作手法 conceit；"神"，乃主题思想，即是否把握了 Donne 原作中蕴含的思想和情感。

知识引导：从"形"与"神"两方面来启发学生比较自己的作品与 Donne 的原作。"形"为外，通过朗读、观察作品，不难发现，学生们的作品中都使用了 conceit，这个结论与自评与互评是一致的。"神"为灵魂，需要我们深入解读与挖掘。教师引导学生从诗歌的创作背景和诗歌诠释的几组关系中去深入理解诗歌的主题。

（6）结论

"No Man Is an Island"写于 17 世纪欧洲泛滥的黑死病疫情之下，属于祈祷文的一部分。字里行间蕴含着对每一个普通生命的大爱，以及人类命运息息相关的乌托邦"世界大同"思想。学生在老师的引导下总结提炼出几组关键词：Benevolence and Humanity，Utopian Thought，or the Thought of Great Harmony。

（7）项目改进（课后作业）

通过分析，我们发掘了 Donne 原作的深刻内涵，再对比自己创作的诗歌作品，找到其不足之处，修改作品后再提交。

①可选作业：

若对课堂中我们提到的孔子的儒家思想感兴趣，可完成演讲 "China's Wisdom Is World's Wisdom"，并上传到小程序 "小打卡"。

②课后推荐阅读书籍：

[1] 陆风. 约翰·多恩诗歌批评本 [M]. 上海：华东师范大学出版社，2021.

[2] 武斌. 孔子西游记：中国智慧在西方 [M]. 广州：广东人民出版社，2021.

## 六、教学反思

课后老师通过 "问卷星" 了解学生对课堂和学习的反馈，再结合老师的课堂观察、对学生作业情况分析、课后与学生谈话等途径，总结出本次课有以下亮点：

（1）课前的线上学习让课堂教学进行得更顺利，提升了课堂学习的效果。

（2）项目式教学模式有效提升了学生的学习兴趣，并有助于他们理解文学作品。

（3）项目式教学模式更体现知识的运用，更好地促进了学生的主动学习，锻炼了他们的动手能力。

（4）完成项目让学生很有成就感，甚至部分学生觉得自己的作品已超越了原作，产生了对文学浓厚的兴趣与对自己能力的自信。

（5）超过八成学生认为思政教育融入得很自然，并在他们心中产生了共鸣。

（6）通过这堂课的学习，学生不但产生了进一步了解 Donne 的学习兴趣，还激发了他们更全面地了解中国智慧的热情。

有待提高的地方：

（1）部分学生没有在课前进行线上学习，影响了课堂教学效果。

（2）部分学生表示，没有时间阅读老师推荐的书籍，后续拓展学习受到制约。

（3）从作业情况来看，学生并不太热衷于对项目的改进，原因是没有时间或认为自己的作品已经非常优秀。

（4）课堂中部分学生不够积极参与互动，在小组讨论等课堂活动时，表现得过于被动。

解决方案：

（1）加强对课前线上学习、课后线上复习和拓展学习的考查，通过线上作业、课堂测试等方式督促学生线上自主学习。

（2）多组织线上、线下读书分享会，师生一起分享读书心得，交流思想，提高学生阅读的兴趣。

（3）定期举办项目展，将课后修改完善的项目通过公众号、视频号等形式进行展出，激励学生在学习中完善项目，通过完善项目继续学习。

（4）通过鼓励、奖励、纳入考核等方式，促使学生积极参与到课堂活动中。

（作者：阎彦，湖南中医药大学外国语学院英语专业讲师，首届"智慧树杯"课程思政示范案例教学大赛二等奖）

# "美国历史与文化" 课程思政教学设计样例

## 一、课程总览

**课程名称**：美国历史与文化

**课程类型**：英语专业核心必选课程

**教学对象与学时**：英语专业本科二年级，32 学时

**课程目标：**

"美国历史与文化"是湖南师范大学英语专业本科二年级的专业必选课，共 32 学时，2 学分。课程依托学校英语专业学科优势，旨在培养具备较强跨文化沟通能力、思辨能力、国别区域问题研究能力、具有家国情怀与国际视野的文科应用型人才。

本课程主要讲授美国历史与文化，涵盖美国政治、经济、教育、文化、文学等内容，引入区域国别学、美国学、历史学、新闻传播学、人类学等学科最前沿的学术成果，以培育社会主义事业建设者和接班人为宗旨，围绕国家身份建构、政治认同、家国情怀、文化素养等思政内容，融入个人成长、中华优秀传统文化、社会主义核心价值观和人类命运共同体理论等中国社会文化知识，完成中西跨文化思辨能力和思政育人素养的提升。

知识目标：探讨美国的立国之本、强国之道、富国之器等；兼顾中美、中西在政治、文化、社会意识形态等方面的异同。

能力目标：借助原汁原味的语言材料，传授必要的语言知识（如词汇、语法、篇章结构），通过真实的信息交流活动，培养学生的基本语言技能和

语言表达能力；以"内容依托教学法"和语言"输入"与"输出"认知理论为指导，融技能课程知识化、知识课程技能化于一体，用双语建构对象国（区域）知识：要求每一个学生做一个专题性的PPT，阅读老师指定一定量的文献，撰写专题性论文，实现输入输出的有机切换，达到"外语理解（PPT和阅读文献）+中英文表达+专业思维"三丰收。培养学生具有较强的跨文化交际能力和国际化意识以及批判性思维能力，具备较强的思辨能力和写作能力。

素质目标：通过对美国历史与文化基础知识的传授、讲解和讨论，帮助学生更全面、深入、具体、直观地了解美国，提升他们对当今世界上所发生的重大事件的理解力和洞察力；结合中国国情和青年学生独特的学情特点，融思政元素于中西文化对比中，培养具备一定反思性、理性化、思辨性、预判性和批判性思维能力的社会主义事业的建设者和接班人。培养学生正确的人生观、价值观和世界观，成为传播中华文化、讲好中国故事的文化使者，坚定中国立场，夯实"四个自信"。

## 二、本课课程思政教学目标

中共中央、国务院印发的《深化新时代教育评价改革总体方案》中明确提出要"坚持立德树人，牢记为党育人、为国育才使命，充分发挥教育评价的指挥棒作用，引导确立科学的育人目标，确保教育正确发展方向"。2016年，习近平总书记在全国高校思想政治工作会议上也强调，"其他各门课都要守好一段渠、种好责任田，使各类课程都要与思想政治理论课同向同行，形成协同效应"。"课程思政"的概念由此衍生。课程思政的本质与核心是立德树人，是对教育的价值追求。就历史学科而言，唯物史观、时空观念、史料实证、历史解释和家国情怀等五大核心素养是实现历史课程育人的具体途径。其中，与立德树人联系最紧密的，莫过于"家国情怀"这一核心素养。所以，家国情怀的培育、立德树人的价值追求与课程思政的实现，本质上是一脉相承的。

新型外语人才培养应该以立德树人为战略核心，以"会语言、通国家、精领域"为战略支柱。"会语言"指具备深厚的人文素养、较强的跨文化沟通能力和复述能力；"通国家"即具有家国情怀和国际视野，具备国别区域知识的立体化建构与运用能力；"精领域"即精通跨专业领域知识，具备全球胜任力和参与全球治理的能力。本课程将以"立德树人"为宗旨，以"家国情怀"这一核心素养为中心，将课程思政教育理念贯穿到美国历史的教学中，有机融入社会主义核心价值观、中华优秀传统文化内容，培养学生的家国情怀与国际视野，在学习专业知识的同时，养成正确的世界观、人生观和价值观。培养学生在中西文化的对比中，尊重世界文明多样性，从历史与现实、理论与实践、中国与世界等维度批判性看待西方文化、更好地理解和认同本国文化，弘扬中国传统文化和中国特色社会主义观念。本课关于美国西进运动的教学课程思政育人目标包括以下几个方面。

**（一）系统的知识目标凝聚价值共识**

系统掌握美国西进运动的历史进程、思想渊源、美国政治、社会、历史、思想文化与美国国民特性的形成所产生的影响等相关知识和重要概念，结合中国"一带一路"倡议和西部大开发战略等中国国情，在学习借鉴西方优秀文明成果的同时，培养学生科学理性与批判精神，凝聚起弘扬中华优秀传统文化和为中国崛起而努力学习的价值共识，培育学生的家国情怀。家国情怀是学习和探究历史应具有的人文追求，体现了对国家富强、人民幸福的情感，以及对国家的高度认同感、归属感、责任感和使命感。

**（二）综合的能力目标增强文化自信**

在厘清美国西进运动的基本史实和脉络后，引导学生思考西进运动中移民潮和向西迁移的推力与拉力以及西进运动对美国国民特性的形成所产生的影响，同时进一步指引学生思考西进运动的局限性等问题，帮助学生客观公正、理性、辩证地看待美国西进运动，并引导学生培养积极乐观、开拓进取的精神，阐述中国中西部大开发以及中国发展所需重视的技术创新等，在润物细无声中指引学生探索中国的富强之路以及为中国西部大开发献计献策，鼓励学生为中华崛起、为西部大开发做出一份贡献，犹如西进运动中的美国民众一样成为创造历史的主力军。同时培养学生学会站在中西文化比较的角度来理解英语文献，分析中西文化异同，努力使自己从仅仅会听说读写译的"英语通"语言人才转变为了解对象国的"外国通"

立体型国际化人才。在与他国交往交流中能够古为今用、洋为中用、融通中外，构建人类命运共同体，同时传承中华文脉，坚定文化自信。

### （三）全面的素质目标落实行为自觉

通过对比中美文化教学模式，系统解读与美国西进运动同时期的中国文化史、重要文化代表人物、重大文化事件等，将中华民族优良传统文化融入美国文化教学中，引导学生区分中美文化差异，辩证看待中国发展现状，激发学生学习中国传统文化的热情和积极性，了解世界文化的多样性，加深对中国传统文化的理解与认知，增强对本民族文化的认同感和自信心，将社会主义核心价值观内化为精神追求，外化为自觉行动，培育具有国际视野、天下情怀的人类命运共同体意识和素养，引导学生讲好中国故事，传播中国声音，促进人类文明交流互鉴。人类历史就是一幅不同文明相互交流、互鉴、融合的宏伟画卷。

## 三、本课课程思政教学重点和难点

### （一）在英语专业课教学中实现知识讲授和价值观引领相结合的思政教育

在教学设计的理念上，从"立德树人""为党育人""为国育才"的本质出发，树立本课程思政的核心理念，既注重知识传授过程中的价值引领，也凸显价值传播中凝聚的知识底蕴，使课堂的显性教育与隐性教育融会贯通。西进运动这节课所涉内容很广，包括美国领土扩张以及向海外扩张的思想、海权论、天定命运论、自由市场与社会达尔文主义、美国国民特性的形成、美国民主的扩大、奴隶制的存废问题以及印第安人的血泪史等，当然也包括美国内战后经第二次工业革命经济的腾飞和农业社会向工业社会的转型等，尤其涉及美国西进运动对美国国民特性的形成以及美国国家意识形态与价值观等知识的学习与输入。如何培养学生理性认识中美文化的差异，如何让学生在系统掌握美国政治思想文化等专业知识的同时，培养学生的科学历史观和社会主义核心价值观，培养正确的历史唯物主义思维能力和批判性思维能力，引导学生以社会主义核心价值观为基础，以史为鉴，洋为中用，古为今用，努力学习，将自己塑造成为合格的社会主义事业的建设者和接班人，是这节课的重中之重。

### （二）英语专业课程教学中思政教育的润物细无声

充分了解当代大学生的学习兴趣、偏好和特点，兼顾中国社会热点问题，将思政元素有机融入对美国历史与文化知识的讲授中。就本节课而言，在论及美国西进运动中普通民众通过自己的勤勉务实、开拓进取、锐意创新，在日常生活中创造历史，美国政府、各州重视科技和教育，大力发展各级各类教育，为西进运动和西部发展提供职业型和创新型人才时，结合当今中国面临百年未有之大变局，富有创见地提出了"一带一路"构想、大力开展西部大开发的社会现实，在润物细无声中激发和引导学生成为社会主义建设的栋梁之材。一方面，在新文科背景下，外语学科学生的培养必须面向外部世界：在"一带一路"背景下，指导和引导学生努力培养自己成为国家急需的复合型外语人才，不断拓展知识、开拓视野，知晓目的语国家和地区的政治、思想、文化、经济、外交等，成为"外语通、国别通、区域通"人才，为中华民族复兴而奋斗，成为能够创造历史的新时代弄潮儿；另一方面，鼓励学生抓住西部大开发的机遇，发挥自身作为师范生的优势，努力学习，夯实基本功，将自己培养成全面发展的、高素质的优秀师资后备人才，到祖国最需要的大西部去挥洒青春，为大西部的建设做出自己的贡献，一如19世纪美国西进运动中的那些创造了美国西部历史的千百万普通人。要做到这一点，不仅需要授课教师具备扎实的中英文专业水平，同时还要涉猎广泛、知识渊博、思维活跃、乐于并善于学习，能够敏锐抓住授课中的知识点进行启发式、发散式教学，这是本课的难点所在。

### 四、本课课程思政教学方法

根据授课内容切入：将文化自信等中国特色理念有机嵌入内容的讲解中。

从翻转课堂中切入：利用线上线下思政教学资源，运用云课堂、智慧树等新信息技术手段，以启发式讨论、小组任务活动、展示汇报等多种教育手段与方法，动态化调整课程思政元素，在实践中提升教学效果。

从对比分析中切入：引导学生通过历史纵向对比、现实横向对比，培养学生批判性思维与跨文化思辨能力，正确看待西进运动与中国"一带一路"和西部大开发，坚定文化自信，有效激发学生开拓进取、积极向上的爱国主义情怀和民族自豪感，进一步成为具有国际视野、天下情怀的文科人才。

利用课堂提问和讨论切入：在教学中，设置问题情境，通过不断提问，引导讨论走向深入，如西进运动中普通人如何生存以及对美国国民特性形成的影响，通过分组讨论，引导和激发学生自主性和探究问题过程的创造性，加深他们对开拓进取、乐观向上、实用主义、知识产权（专利意识）、科技创新、教育兴国、追求自由与民主等精神的理解。课堂提问既包括对新概念进行辨识和描述的低层次问题，也包括通过比较、综合、应用、评价等方法对信息加工的高层次问题，如实用主义、社会达尔文主义、机会均等、印第安人血泪史等；既有聚合性问题，也有发散性问题，将思政元素有效贯通到教学中。

## 五、本课课程思政教学过程

### （一）本课课程思政教学理念及思路

"国无德不兴，人无德不立"，本课程秉承"立德树人"的宗旨，根据教材、教学内容、教学目标，依据学情，选择适宜素材，合理整合内容，巧施善导，润物细无声地融入家国情怀。家国情怀的内涵丰富，不局限于爱国主义。在当今这个百年未有之大变局中，国际视野日益成为家国情怀的重要内涵，所以，在家国情怀素养的培育过程中，本课程将遵循严谨、客观、艺术性的原则，选择真实可靠的素材，引导学生辩证理性思考，将国际视野与家国情怀有机融合，时刻牢记"培养什么人、如何培养人、为谁培养人"的根本问题，在潜移默化中积极引导学生，将"爱国主义教育元素、人类命运共同体观念元素、文化认同与文化自信建设元素以及人生观与价值观教育元素"等思政元素融入本课堂教学中。

### （二）本课课程思政教学设计实例分析

"西进运动"这堂课的主要内容包括美国领土扩张、西进运动的拉力与推力、美国边疆对美国国民特性形成的意义以及西进运动的局限性。

环节一：课前预习

利用自建线上课程资源，完成线上自主学习和课前预习；完成资料收集，对西进运动与西部大开发有基本认识；阅读老师指定材料，由学习小组共同完成"西进运动"PPT；师生经过多次交流和沟通，反复修改补充完善，确定 PPT 终稿。

**Step 1**：Preview the teaching materials about the Westward Movement and the West Development of China.

**Step 2**：Do a research about the land expansion of the United States；the definition of Manifest Destiny, social Darwinism, the significance of the frontier in American history and so on.

**Step 3**：Find words to describe the frontier heritage.

**Step 4**：Make a comparison between the Westward Movement and Western Development in China and make a slide（group work）.

环节二：课程导入

美国国旗上星星数量的变化形象生动地说明了美国国土的不断扩张，标志着美国从偏安一隅逐渐发展、日益强盛，在 19 世纪末 20 世纪初跻身世界强国之列。由此激发学生对美国西进运动的兴趣，同时引入课前要学生观看线上 App 有关中国西部大开发的话题。引导学生思考：以史为鉴，如何看待美国在 19 世纪末一跃而加入世界经济大国之列？如何理解美国西进运动与美国边疆在美国历史中的地位与作用？如何公正、客观、理性、辩证地看待美国的西进运动？如何通过对比西进运动与中国西部大开发的异同，从中吸取经验教训为我国西部大开发所用？

**Step 1**：Show the national flags of America in different periods. Guide the students to find the difference, understand the meaning of the star on the national flags and explore the reasons of change.

**Step 2**：Introduce the topic：the Westward Movement.

**Step 3**：Guide students to get inspiration from the history in building our country.

环节三：头脑风暴

通过这个环节，激发和拓展学生的思维，锻炼和培养学生的语言表达能力和反应能力。请学生根据所学知识、所读文献与影视文学作品，在老师的引导下积极思考，踊跃表达，说出与西进运动有关的单词、短语或句子。

democracy, equality, liberty, immigration, free land, free market, social Darwinism, territory expansion, innovation, inventiveness, patent, education policy, the development of transportation, railway construction, hardship, God help those who help themselves, can-do-spirits, pragmatism, cow boys, manifest destiny, sea power, the end of the frontier, diversity, gold rush, Chinese labor, the Chinese Exclusion Act, Civil War, land annexation, land speculation, agricultural development, the second industrial revolution, agricultural education, "Separate but Equal" principle, wealth, woman's suffrage rights, the trail of tears of the Indians, racial discrimination and segregation, environmental problems, etc.

### 环节四：西进运动简介、课件呈现及思政元素嵌入

引导学生对以上头脑风暴所涉及的内容进行分类总结，指导他们从以下几个方面展开对西进运动的思考：第一，美国领土的扩张；第二，西进运动中移民潮和向西迁移的推动力与拉力；第三，西进运动以及美国边疆对美国国民特性的形成所起的作用；第四，西进运动的局限性和派生物。通过对以上问题的条分缕析，帮助学生客观公正、理性、辩证地看待美国西进运动，并引导学生培养积极乐观、开拓进取的精神，阐述中国西部大开发以及中国发展所需重视的技术创新和对专利的保护等。

### Task 1　Presentation and Further Explanation of Territory Expansion

首先是大陆领土的扩张（Continental Expansion），这主要涉及以下史实：1803 年的路易斯安那购买（The Louisiana Purchase），1803 年托马斯·杰弗逊总统（第三任）以 1500 万美元的价格从法国人手中买下了路易斯安那，几乎使当时美国国土面积翻了一倍；1819 年美国与西班牙签订《佛罗里达条约》，成功兼并西属佛罗里达（Florida Annexation）；1845 年兼并墨西哥领土得克萨斯（Texas Annexation），1845 年 12 月 29 日得克萨斯通过美国国会的法定程序被接纳为合众国的第 28 个州；1846 年在"天定命运"与"扩张

主义"的喧嚣中吞并俄勒冈（Oregon Annexation）；1848 年通过美墨战争（Mexican War）签订了瓜达卢佩伊达尔戈条约，墨西哥将近一半的土地割让给了美国，包括现在的加利福尼亚州、新墨西哥州、亚利桑那州、内华达州、犹他州以及科罗拉多州和怀俄明州的部分地区；1867 年美国向沙俄购买了阿拉斯加和阿留申群岛（The Alaska Purchase），明目张胆地霸占了原住民的大片土地，将印第安人赶到了不毛之地和边远地区（Driving the Native Indians out of their Homelands）。

其次是海外扩张（Overseas Expansion），主要包括 1898 年的"美西战争"（Spanish-American War）和 1898 年对夏威夷的兼并（Hawaii Annexation）。

**Task 2　Group Discussion of the Pull and Push Power of the Westward Movement**

通过启发式提问等方式组织课堂讨论；利用雨课堂 App 关注学生讨论结果。引导学生追根溯源，探讨西进运动中移民潮的推力与拉力，从不同视角分析西进运动向纵深推进的动因。

对欧洲移民者而言，推力体现在：第一是欧洲人口众多及周期性经济危机的爆发；第二是十九世纪中期沙俄废除了农奴制，大量东正教移民美国；第三是欧洲农业歉收导致的饥荒和贫穷；第四是欧洲人热衷猎奇、冒险、经商和淘金热等。而对美国本土移民而言，下列因素推动他们向西迁移：其一，在西部有更多获得自由农田和土地的机会；其二，他们可以依据个人喜好，不受政府约束信仰自己的宗教，如犹他州的摩门教（一夫多妻制）；其三，因为触犯了法律或其他原因无法在原住地继续生活下去；其四，与生俱来的探险精神和追求幸福生活的梦想；等等。

至于拉力，首要的就是可以更轻松地在西部获得大量土地；其次，西部自然资源丰富，煤、石油、天然气、铁矿石、硫黄等矿物储量居世界前列，还富含其他矿物，如铝、铜、锌、钨等；更重要的是，美国政府的土地政策极具吸引力：早在 1780 年，邦联国会就通过了"公共土地"决议，规定从 1780 年开始，西部土地上新建的州同其他州一样享有自由和独立，为处理西部土地提供了初步原则；1785 年土地法规定将西部土地按照每块 640 英亩来进行出售，每英亩不少于 1 美元；1787 年西北土地法令进一步确定了土地国有化原则，1785 年和 1787 年这两大土地法是美国建国时期的奠基性法令，成为美国"国有土地私有化"的法律基础；亚伯拉罕·林肯总统于 1862 年 3 月 20 日签署的《宅地法》，是美国土地政策的转折点，此后，美国政府开始了免费分配土地的政策，为美国西部大开发做出了卓越贡献。

西进运动与美国交通变革是一场双向奔赴：首先是西进运动推动美国交通运输业经历了三个阶段的变革：从"税道时代"到"汽船时代"；从"汽船时代"到"运河时代"；从"运河时代"到"铁路时代"。其次，交通运输业的不断发展和革新，也为西进运动注入了活力。交通运输业在农村与城镇、生产与消费、产品与市场之间建立了纽带关系，对西进运动产生了巨大的推动作用。主要体现在以下几个方面：西部"拓荒业"不断发展、深化和加速度商品化；移民源源不断大量涌入；西部经济快速高效发展；大量资金流入从客观上解决了西部开发资金短缺问题；城镇走向现代化。

其他拉力包括美国政府对农业扩张和农业技术的投入，对发明创造、专利、教育的重视与投入，西部地区可提供更多、更平等的机会和更自由民主化的政治制度等。

（Students can share their ideas in group chat in the Rain Classroom App, and update their ideas during the process of discussion.）

**Task 3　The Significance of the Westward Movement and Frontiers in the Formation of the National Characters of Americans**

引导学生思考拓荒者们在西进运动中所面临的困难和挑战，如艰苦的环境和生存状况以及来自荒野和土著印第安人的各种挑战等对他们产生了何种影响，造就了他们何种性格特征。

最重要的就是开拓进取的精神，主要表现为：冒险精神与迁移的性格；艰苦创业勤奋工作的精神；乐观向上锐意进取的品格；追求自由与平等的精神；自力更生的精神；等等。

Self-reliance、God help those who help themselves、Can-do Spirit、Innovation Spirit、Inventive Spirit、Aggressive Spirit、Pioneering Spirit 是最常被提及的词汇。

在西部开拓过程中，拓荒者必须着眼于自然与社会的现实基础，努力摆脱原有的各种道德束缚，以生存为首要目的，努力工作，不断进取，把经验作为适应和控制现实的工具，在与自然的斗争中，讲求实效，身体力行。所以，实用主义是他们的不二哲学，他们更注重经验、行动和结果。

个人主义是美国民族价值观的核心，可以高度概括为"开拓进取、自我改善、蔑视惯例和传统"。西进运动中民众的民主观念、自由及平等意识越来越突出；民主制度得到了进一步完善，政治民主化加速发展；普选权的实施、妇女选举权的享有都是西部领先于东部，并带动东部的发展。

**Task 4　The Side Effects of the Westward Movement**

最受诟病的就是美国白种人对印第安人的"迫害"，最开始是索取土地，把印第安人驱逐出自己的家园，其次是对印第安人实施美国化。1830年的印第安人迁移法案导致多次强制迁移，包括臭名昭著的"印第安人的血泪史"（The Trail of Tears of the Indians），以至于在1831年至1838年间，近五万土著人搬迁到现在的俄克拉何马州。被美国人视为文明化的西进运动带给印第安人无尽的灾难。

西进运动中另一个伴生物就是奴隶制和美国南北战争。随着轧棉机的广泛使用，奴隶主需要大量的奴隶进行生产，奴隶制的范围越来越广泛，最终造成了民族的分裂和战争，给人们的生活带来了巨大的影响。

而美国人之所以理直气壮向西挺进的一个重要的意识形态是"天定命运论"的盛行。美国的"天定命运"是指美国边界向西向太平洋及更远的地方继续扩张的假定必然性。"天定命运"的含义有三：其一为美利坚合众国建立的必然性；其二为美国领土扩张的合法性；其三为传播民主制度的神圣性。与之相伴而行的还有社会达尔文主义思想、WASP白人优越论、扩张主义与海权论以及帝国主义思想的甚嚣尘上。

同时，西进运动使生态环境遭到严重破坏。在美国人口大规模向西迁移、开拓时，他们误以为美国的西部资源取之不尽、用之不竭，致使自然资源遭到严重破坏，森林面积锐减，使一些原本肥沃的土地开始退化、沙化，使当地环境迅速恶化。另外，野生动物资源也遭到严重的破坏，最突出的例子是野牛。大萧条时期发生的美国大草原上的沙尘暴就是恶果。

**Task 5　思政元素嵌入**

检查学生课前对中国西部大开发材料的阅读和了解情况。

国家发改委：以共建"一带一路"为引领，加大西部开放力度

中国青年报报道：《再闯新路看西部 接续奋斗开新局——习近平总书记谋划推动西部大开发谱写新篇章》

中青在线：《西部大开发：新时代 新格局》

人民日报头条：《强化举措推进西部大开发形成新格局（新思想引领新征程·时代答卷)》

习近平总书记寄语青年："要深刻理解把握时代潮流和国家需要，敢为人先、敢于突破，以聪明才智贡献国家，以开拓进取服务社会。要实学实干，脚踏实地、埋头苦干，孜孜不倦、如饥似渴，在攀登知识高峰中追求卓越，在肩负时代重任时行胜于言，在真刀真枪的实干中成就一番事业。"

结合前面有关西进运动的具体史实和对美国的影响等相关知识点，将学生分成两组进行讨论：Is the Westward Movement a disaster or a gospel？

通过启发式提问等方式组织课堂讨论；利用雨课堂 App 关注学生讨论结果。

首先，引导学生思考西进运动的启示，思考美国走上富强之道的原因：第一，美国联邦政府和州政府在土地政策、基础设施建设、教育投资等方面的政策给力；第二，对农业和科学技术的重视，对工业和农业现代化的推广；第三，美国在西部开发过程中特别注重法律的约束和强制作用；第四，以基础设施开发（尤其是交通运输业的发展）为先导，依靠教育与科技的进步，通过科技创新和教育兴国；第六，美国民众成为创造历史的主人，他们不畏艰难、敢作敢为、开拓进取、乐观向上；第五，通过廉价购买、巧取豪夺、兼并土地、发动战争等方式和手段获得了大量土地等。

其次，引导学生辩证看待美国西进运动，学习西进运动中的积极经验，同时批判地看待西进运动中所产生的消极影响，理性而辩证地思考西进运动衍生出的消极性。通过条分缕析，逐步提高文化鉴别、文化鉴赏能力，加深对美国文化的认识。第一，粗暴残忍地对待美洲大陆上的原住民——

印第安人。一部美国白人盎格鲁－撒克逊新教徒文化向西高歌猛进的历史却是一部"印第安人的血泪史"。第二，通过廉价购买、巧取豪夺、兼并土地、发动战争等方式和手段获得了大量土地，美国西进运动中的领土扩张充满着血腥战争、欺骗欺诈以及肮脏的交易等。第三，西进运动中迫切需要的劳动力问题体现了美国社会根深蒂固的、体制性的种族歧视和种族隔离思想。第四，领土扩张主义和西方帝国主义思想、社会达尔文主义和自由市场、天定命运论等甚嚣尘上，体现了美国资本主义弱肉强食、白人中心主义和西方帝国主义的本质。

通过对以上问题的分析，帮助学生客观、公正、理性、辩证地看待美国西进运动，并引导学生培养积极乐观、开拓进取的精神，阐述中国西部大开发以及中国发展所需重视的技术创新和对专利的保护等，鼓励学生为中国崛起、为西部大开发做出一份贡献，犹如西进运动中的美国民众一样成为创造历史的主力军。从家国情怀与国际视野等出发，引导学生在中国"一带一路"倡议和中国西部大开发建设中发光发热：第一，练就扎实的基本功，有所侧重地将自己培养成为复合型外语人才或学有专长的师范生技能型人才，服务国家"一带一路"倡议和西部大开发建设；第二，不畏艰难，到祖国最需要的地方去，为西部落后地区的教育事业挥洒汗水，做创造历史的拓荒者；第三，结合美国西进运动时期移民潮出现的推力与拉力，为中国西部大开发政策的制定和实施建言献策。

**Task 6  Comparison between Chinese Values and American Values**

引导学生区分中美文化，辩证看待中国发展现状，激发学生学习中国传统文化的热情和积极性；

通过对比文化教学模式，系统解读与美国文化相同时间维度下的中国文化史、重要文化代表人物、文化大事件等各种文化现象，把中华民族优良传统文化融入美国文化教学之中；

加强学生对中华优秀传统文化的全面了解和融会贯通，加强其文化自信，成为弘扬中华优秀文化传统、传播中国智慧、传递中国声音、讲好中国故事的文化使者。

**Step 1**：Discussion

American values associated with the frontier heritage

（1）Self-reliance

►Compare and contrast this philosophy of raising children with the child-raising philosophy in China.

►In America，children voluntarily move out of the family before marriage.

►Children are expected to repay the money loaned by their parents for their university education.

►Parents emphasize fostering independence from an early age.

►Children are most likely to be expected to work while they are studying.

（2）The Rugged Individualism

Inventiveness，innovation and the can-do-spirits

Equality of opportunity

►…

**Step 2**：Group Work

Discuss and explore Chinese values associated with the frontier heritage：harmony，patriotism，dedication，arduous struggle，pioneering spirit，etc.

## （三）课后拓展延伸

### 1. Online Discussion and Online Reflection

Try to find out further inspiration for the development of West China and "One Belt One Road".

扩大学生的知识外延，培养学生的文化迁移与运用能力，培养、建立和加强学生的文化自信，培养民族文化的优越感和自豪感。

### 2. 文献阅读

［1］黄仁伟：《美国西部土地关系的演进：兼论美国式道路的意义》，上海社会科学院出版社 1993 年版。

［2］杨生茂：《美国历史学家特纳及其学派》，商务印书馆 1984 年版。

［3］雷·艾伦·比林顿：《向西部扩张：美国边疆史》，商务印书馆1991 年版。

［4］贝阿德·斯蒂尔：《美国西部开发纪实：1607—1890》，光明日报出版社1988年版。

［5］李剑鸣：《文化的边疆：美国印第安人与白人文化关系史论》，天津人民出版社1994年版。

## 六、教学反思

在当今国际国内形势风云变幻的时期，作为社会主义事业的建设者和接班人，青年学生不仅要继承和发扬中华文化传统，也有必要培养自己的国际视野。从世界历史的视角看，美国毋庸置疑是世界近现代史上最重要的国家之一，其历史发展的进程及诸多文化现象，如人口流动与领土扩张、多民族国家的建立与建设、经济、教育、科技、法制与社会管理等都独具特色。学习美国历史与文化，有助于深入认识世界近现代文明史的宏观面貌和多样性特征，并形成符合历史实际的唯物史观。从中美关系的现实和未来视角看，中美关系经历了由对抗到对话，由缓和到合作，由合作与竞争兼有到竞争态势上升的发展变化。在未来相当长时期内，美国将成为中国崛起中不得不面对的竞争者和对手。学习美国历史与文化，有助于深入了解当今美国现实与历史的关系，深刻理解美国的立国之本、强国之道及霸权的逻辑，准确分析甚至预判美国的政策及影响，做到知己知彼。

所以，本课程希望使学习者掌握美国历史的基本线索、阶段性特征、社会经济发展的动因、政治制度的演变、社会结构的变迁和文化发展等基本问题，进而在整体上形成对美国历史和社会相对完整的认识，同时培养学生独立思考和分析的能力、培养学生的唯物史观和家国情怀，提高学生的人文素养，以马克思主义唯物史观和洋为中用的原则，启发学生的批判性思维能力，在了解美国历史发展进程的同时，助力学生思考中国现在的发展与未来的腾飞。本门课将着力打造语言课程技能化与知识化的有机结合，坚持以学生为本、以学生发展为中心的教学理念，让学生在专业知识的大量阅读、解读与反思中学习英语，吸取西方文化，培养学生树立正确的世界观、人生观、价值观，成为适应新时代要求的人文主义者。

就美国西进运动这节课而言，通过对美国西进运动的缘起、发展和深入的进程，结合中国"一带一路"、西部大开发等战略，引导并培养学生对美国领土扩张、社会达尔文主义、对印第安人政策的残酷性等问题的批判性思维，对西进运动所取得的成就以及对美国国民性格的形成所产生的肯定性作用形成客观公正的认知，并引导他们形成积极向上、开拓进取、为中华崛起而奋发图强的世界观、人生观和价值观。关于这方面的思政教育任重而道远，远非一次课可以解决，需长期坚持，不断强化，但"美国历史与文化"课程毋庸置疑是一门培养合格大学生、培养社会主义事业接班人非常重要的课程，也是任课教师需不断打磨、借助中国悠久而深厚的传统文化、结合中国及国际现实情况，于润物细无声中进行思政教育的一门课程。思政教育明理入心至关重要，而"理"必须随着中国实践的步伐不断提炼总结，充分具备对现实的阐释力。要做到专业课与思政课在互通中"传道"，教师要努力让自己知识面广阔，同时努力实现科研和教学间的相互转化、各类知识间的相互转化，把价值引领、知识传授、能力培养有机融入课程教学，增强课程的知识性、人文性，提升引领性、时代性和开放性，形成课程思政的特色和亮点。

（作者：谢文玉，湖南师范大学外国语学院美国研究中心教授）

# "法国文学史与作品选读（二）"课程思政教学设计样例

## 一、课程总览

**课程名称**：法国文学史与作品选读（二）

**课程类型**：法语专业核心课程

**教学对象与学时**：法语专业本科四年级，32 学时

**课程目标**：

本课程立足学生学情，围绕重点和难点，结合社会热点，激活经典文本的人文性和审美性，从概念性知识、方法性知识、价值性知识等多层次深入解读文学作品，引导学生运用马克思主义的立场、观点与方法看待问题、分析问题、解决问题，培养学生辩证思维和批评性思维能力，有效实现知识的多维传递。

**课程特色**：

通过文本阅读、背景介绍、文本分析、延伸讨论等，全方位地实现法语语言、法语文学与历史文化、现实观照的有机结合，构建了"语言学习—文本阅读—文本分析—延伸讨论"的教学模式，实现以文化人、以文育人的效果。

## 二、本课课程思政教学目标

### （一）知识目标

通过整体梳理，了解夏多布里昂的生活经历、政治生涯、文学创作及其代表作品；通过文本阅读，从抒情特质、景物描写、宗教美学、修辞手

·

段等角度，把握作者的核心创作理念；通过深入分析，以整体把握作品表达的感情基调、思想内涵和社会意蕴。

## （二）能力目标

通过剖析作品，深入挖掘作品的美学、宗教和伦理道德问题；结合作者生活的时代背景和家庭出身以及个人经历，综合分析作品中主人公勒内"情感的失落"（"世纪病"）的形成原因及影响；运用历史唯物主义和辩证唯物主义的方法客观评价夏多布里昂及其作品的进步性和局限性。

## （三）素质目标

通过对比分析西方文学中"世纪儿"与中国"五四"时期经典文学中的"零余者"形象，揭示其相似精神表现下的不同特质。结合当前中国青年的迷惘彷徨，明确新时代青年的社会担当，坚定社会主义核心价值观，树立文化自信和文化自觉，有效实现专业课程与思政课程的同向同行。

## 三、本课课程思政教学重点和难点

以作家作品的整理梳理、夏多布里昂的情感书写特征、"世纪病"问诊、"世纪病"的蔓延为逻辑主线，进行教学内容重构，并结合本课程的教学重点和难点，引导学生运用马克思主义相关原理深入分析问题、解决问题，见表1。

表1 "夏多布里昂的《勒内》与'世纪病'的文学书写"课程思政教学板块设计表

| 夏多布里昂的《勒内》与「世纪病」的文学书写 | 环节一：夏多布里昂文学成就的整体梳理 | 1. 多重身份<br>2. 多部经典 |
|---|---|---|
| | 环节二：夏多布里昂"世纪病"的情感书写 | 1. 直抒胸臆<br>2. 寓情于景<br>3. 宗教美学<br>4. 文体修辞 |
| | 环节三："世纪病"问诊 | 1. "世纪病"的含义<br>2. 社会历史原因<br>3. 家庭环境因素<br>4. 个人性格经历 |
| | 环节四："世纪病"的蔓延 | 1. "世纪病"的传播<br>2. 勒内与"零余者"<br>3. 新时期的"世纪病" |

重点一：分析夏多布里昂创作的核心理念。通过经典文本阅读，把握夏多布里昂的核心创作理念：直抒胸臆、寓情于景、宗教美学和修辞特色；引导学生深入分析文本背后揭示的困扰当时一代法国青年的"世纪病"。

重点二：分析"世纪病"产生的深层原因。运用社会存在决定社会意识原理，阐释文学艺术作为上层建筑的一部分，作为人们的思想意识形态，是社会现实的能动反映。引导学生结合作者生活的社会历史背景、个人身世、经历等揭示勒内"世纪病"产生的深层原因，从个人因素的"情感失落"表象深入整个社会的"情感失落"本质。

难点一：归纳总结夏多布里昂文学创作的美学思想。运用历史唯物主义、辩证唯物主义观点客观公正地看待作家及其作品中体现的创作理念和美学思想，明晰其进步性和局限性，"取其精华，弃其糟粕"。

难点二：运用矛盾的普遍性和特殊性原理，对比分析19、20世纪世界文学中出现的"世纪儿"形象，重点分析中国"五四"时期"零余者"形象形成的特殊原因。联系目前青年一代的现状，引导学生看清时局，走出迷惘，坚定社会主义核心价值观，勇于担当时代重任。

## 四、本课课程思政教学方法

"理论讲授法"：运用"理论讲授法"，从"直抒胸臆""寓情于景""宗教美学""修辞手法"四个方面对夏多布里昂"世纪病"情感书写的核心创作理念进行剖析；从"世纪病"的定义、社会、家庭、个人因素深入剖析"世纪病"形成的深层原因；介绍"世纪病"的传播地图，重点对比勒内与中国五四时期的"零余者"现象，揭示不同历史时期、不同地域下的"世纪病"特质，并结合当下现实，引导讨论如何面对新时期的"世纪病"，见表2。

"问题导向法"：运用问题导向法，引导学生由表及里，层层深入地分析夏多布里昂的"世纪病"书写的核心创作理念，探究诱发"世纪病"的各种因素，结合当前青年的精神现状，叩问新时期青年一代应该何去何从，引导学生坚定社会主义核心价值观，见表3。

**表2　"理论讲授法"设计表**

| 理论讲授法 | | |
|---|---|---|
| 环节一<br>"世纪病"的情感书写 | 环节二<br>"世纪病"探因 | 环节三<br>"世纪病"的蔓延 |
| 理论点一：直抒胸臆<br>理论点二：寓情于景<br>理论点三：宗教美学<br>理论点四：文体修辞 | 理论点一："世纪病"含义<br>理论点二：社会历史诱因<br>理论点三：家庭环境因素<br>理论点四：个人性格经历 | 理论点一："世纪病"的传播<br>理论点二：勒内与"零余者"<br>理论点三：新时期的"世纪病" |

**表3　"问题导向法"问题链设计表**

| 问题导向法 | |
|---|---|
| 环节一 | 作品表达了主人公怎样的情感？作者是如何将难以言表的内心情感表达出来的？<br>找出文中的自然景物描写，思考作者是如何建立人的情感与自然景物之间的联系的？<br>列举文中表达作者宗教美学思想的因素，分析作品表达出了作者怎样的宗教观？<br>列举作者使用的修辞手法，达到了怎样的效果？体会作品因何被认为是真正的抒情散文。 |
| 环节二 | 列举勒内"世纪病"的症状，分析勒内的情感发展走向。<br>为什么《勒内》被认为是作者本人的自传？<br>思考"世纪病"产生的原因。 |
| 环节三 | 郁达夫《沉沦》中的"他"表现出怎样的"世纪病"病症？与勒内有哪些共通之处？<br>"零余者"的"世纪病"产生的深层原因是什么？<br>新时期一代青年的迷惘和困惑是什么？ |

　　"案例分析法"：通过对勒内的"世纪病"与中国"五四"时期的"零余者"的情感书写进行比较分析，引导学生从矛盾的普遍性与特殊性出发，深入挖掘相同精神表现下的不同特质，把握文学作品反映社会现实、表达时代心声的功能，见表4。

**表4 "案例分析法"设计表**

| 案例分析法 | |
|---|---|
| 环节一 整体梳理 | 案例主人公：夏多布里昂<br>目的：了解作者的多重身份、多部经典 |
| 环节二 作家的情感书写 | 案例：Du vague des passions<br>目的：掌握作者的情感书写特征和美学理念 |
| 环节三 "世纪病"探因 | 案例主人公：勒内<br>目的：从"世纪病"的个人表象深入发掘其社会本质 |
| 环节四 "世纪病"的蔓延 | 案例主人公：零余者<br>目的：对比勒内和零余者，深入分析其相同表象下的不同特质 |

"任务驱动法"：运用"任务驱动法"，通过课前自主阅读作品、作者作品资料整理，课后思考拓展和延伸阅读，充分调动学生学习的积极性和主动性，培养学生的求证思维和递进思维，见表5。

**表5 "任务驱动法"设计表**

| 任务驱动法 | |
|---|---|
| 线上自主学习 | 自主学习教育部课程思政示范课程"中外比较文学专题研究"和"外国文学研究方法"中的相关知识。 |
| 课前预习准备 | 课前搜索作者生平、著作等资料，阅读夏多布里昂的法文小说 René，撰写读后感，并制作PPT，准备课堂报告。 |
| 课后反思拓展 | 课后反思：结合自己的思想状况，反思新时期青年的时代担当。<br>拓展阅读：阅读夏多布里昂的其他著作《阿达拉》《墓外回忆录》《夏多布里昂精选集》，深入体会作者的创作理念和作品的社会意蕴。 |

## 五、本课课程思政教学的过程

本课程的思政教学过程贯穿课前、课中和课后的各个环节。课前，通过任务驱动的方法，引导学生主动预习新课程以及相关理论知识，并关注当下的热点问题，结合自身实际进行思考；课中，通过教师理论讲授、师生共同探讨，进一步加深对知识的理解和掌握；课后，通过拓展阅读，深入了解和把握夏多布里昂的文艺美学思想，反观新时期蔓延的"世纪病"，反思自身，思考如何避免感染这种"世纪病"，勇于承担起时代赋予的重任，见表6。

表6　"夏多布里昂的《勒内》与'世纪病'的文学书写"教学过程概览表

| 教学过程概览 | | | |
|---|---|---|---|
| 课前知识探究 | 课中理论讲授 | | 课后反思拓展 |
| 线上学习任务<br>课前知识预习<br>热点焦点关注<br>分组学习探讨 | 学时一 | 整体梳理 | 热身：已学知识回顾<br>本次课程简介<br>学生课堂报告<br>教师点评补充 | 课后反思<br>在线互动<br>拓展阅读<br>深入探究 |
| | 学时二 | | | |

**（一）课前知识准备**

（1）线上自主学习教育部课程思政示范课程"中外比较文学专题研究""外国文学研究方法"中的相关知识。

（2）线下阅读法文小说《勒内》，并搜集整理作者的生平、背景、著作等资料，制作 PPT，准备课堂演绎。

**（二）课中知识讲授**

**1. 课程导入**

引导学生回忆先修课程"法国文学史与作品选读（一）"，宏观把握法国文学的发展脉络。从 17 世纪的古典主义到 18 世纪末 19 世纪初的浪漫主义，从崇尚理性、克制个人情欲到感情至上、强调个性发展的重大转变。微观聚焦本课内容"浪漫主义先驱"夏多布里昂的美学思想和实践。

**2. 问题导向**

引导学生思考夏多布里昂何以被称为"年轻的浪漫主义教父""浪漫主义的先驱"，《勒内》"情感的失落"（du vague des passions）的描绘为何引起社会的强烈反响和共鸣，以致后来被称为"世纪病"（le mal du siècle）的最早书写者。

**环节一　整体梳理**

（1）翻转课堂：学生代表讲述夏多布里昂的生平、背景、著作等，分享《勒内》读后感。

（2）教师点评：教师对学生的报告进行客观公正的点评，并针对其疏漏和误读进行补充和点拨。

（3）教师总结：阐述夏多布里昂的文学家、政治家、外交家多重身份；世纪之交动荡的社会背景；梳理其经典作品：《论革命》《基督教真谛》（包括《阿达拉》《勒内》《殉教者》《从巴黎到耶路撒冷》《墓外回忆录》等）。

**环节二　夏多布里昂"世纪病"的情感书写**

（1）问题导向：17世纪的法国古典主义崇尚理性和自然，主张客观与平静，以此作为创作的主导思想。作家们抑制自己的感情，不愿表白内心的真实想法。与古典主义不同，浪漫主义作家崇尚感性，强调感情至上，在作品中充分抒发人物的情感，将人物的内心直接暴露于读者面前。

①作品表达了主人公怎样的情感？作者是如何将难以言表的内心情感表达出来的？

②找出文中的自然景物描写，思考作者是如何建立人的情感与自然景物之间的联系的？

③列举作者使用的修辞手法，达到了怎样的效果？体会作品因何被认为是真正的抒情散文。

（2）重点阐释：夏多布里昂"寓情于景"的创作理念

通过问题导向，引导学生发现作者的情感书写特征：作者借助大自然的景物抒发自己的内心情感，向大自然吐露心声。夏多布里昂笔下的大自然已不是客观存在的自然景象，而是人物心灵的外化。

（3）知识递进：夏多布里昂别具特色的修辞表达

通过问题导向，引导学生发现作者创作中使用的修辞手段，如叠句、对比、隐喻、关系从句，为作品创造了铿锵有力的音乐效果和诗情画意的文学景象。

（4）深度探究：夏多布里昂美学思想中的宗教观念

引导学生深入挖掘作品中体现出来的宗教观念：基督教是夏多布里昂

美学理论的基石。他把基督教的创世说、救赎说、天堂地狱说和神秘主义，融合于自己的美学理论和美学实践中，这是夏多布里昂浪漫主义美学的根本特征。在夏多布里昂的美学思想中，宗教的美是与宗教的神秘主义紧密联系在一起的。而夏多布里昂美学思想中的神秘主义又是与宗教的悲观主义相互联系的。从这种悲观主义的思想出发，夏多布里昂认为，忧郁是文学创作的重要因素，在任何国家，人类的自然的歌声都是悲伤的，即使它想表达幸福时，也如泣如诉。

**环节三　"世纪病"问诊**

（1）问题导向：

① 列举勒内"世纪病"的症状，分析勒内的情感发展走向。

② 为什么《勒内》被认为是作者本人的自传？

③ 思考"世纪病"产生的原因。

（2）生生互动：分组讨论上述问题，得出一致意见，学生代表阐述对勒内"世纪病"的初步认识。

（3）教师点评：引导学生运用马克思基本原理"社会存在决定社会意识""个人与社会的关系"等理论，从社会历史、家庭、个人等角度出发，分析勒内个人的"情感失落"何以演变为一代欧洲青年的"世纪病"，体会文学作品能动地反映社会现实的功用。

（4）教师总结："世纪病"探因

"世纪病"具有鲜明的时代特征，它的产生与当时的社会历史政治背景有着紧密的关系。十九世纪政局风起云涌，社会动荡不安，遍布硝烟和血腥。时代的风云变化使一代知识青年无所适从，无法找到出路，他们孤独、苦闷、彷徨。同时人物的家庭环境、个人性格及经历等因素也是"世纪病"的诱因。

**环节四　"世纪病"的蔓延**

（1）知识铺陈：跨越时空的"世纪病"传播

阐述"世纪病"并非勒内所独有，而是几乎跨越了两个世纪的时间距离，感染了德、法、英、俄、中等各国知识分子，在这些作家的笔下纷纷出现忧郁、孤独、苦闷的"世纪儿"形象，如歌德的《少年维特之烦恼》、塞南古的《奥培曼》、贡斯当的《阿道尔夫》、缪塞的《一个世纪儿的忏悔》、拜伦的《恰尔德·哈洛尔德》、俄国文学的"多余人"、中国"五四"时期文学的"零余者"。

（2）知识递进：中国经典文学作品郁达夫《沉沦》中的"零余者"形象

在五四时期，"零余者"往往同现实社会势不两立。他们不愿与黑暗落后的旧势力同流合污，而是选择了痛斥社会或表现出种种变态行为来表达自己的不满和抗议。当五四运动发展到高潮时，一批先觉的青年知识分子怀揣着改造社会的巨大热情，冲出封建腐朽家庭的牢笼，寻求个人价值的实现。然而，随着五四运动的落潮，理想与现实的巨大落差使他们陷入了迷惘和彷徨。受到西方的感伤浪漫主义和"世纪病"的忧郁颓废思潮的影响，中国文坛涌现出了诸多的"零余者"形象。

（3）重点阐释：勒内与"零余者"的比较

与勒内以个人为中心的消极厌世、逃避现实的颓废态度不同，中国的知识分子虽然有其自身的性格弱点，但他们始终保持着对国家前途的担忧、对民族命运的关注和对理想生活的追求，他们表现出欧洲颓废派无法比拟的真诚与热情，尽管与先行的革命者相比，他们是稍显落后，但他们终究是向前的。

（4）价值升华：警惕新时期的"世纪病"

【师生探讨】新时期的"世纪病"

"世纪病"并非偶然现象，那些内心激情澎湃、性格敏感的个体极易受到外界环境和社会剧变的刺激和影响，从而容易受到这种心理疾病的感染。在当今社会，这种病症变异为一种新时期的"世纪病"。"躺平""网抑云""emo"反映出新时期青年一代的精神困惑：莫名的忧郁与苦闷，对未来的茫然和无所适从，讨厌现实而沉迷于网络上的虚拟世界……通过师生探讨，引导学生看清时局，走出迷雾，坚定社会主义核心价值观，勇敢地搏击人生，超越自我，肩负时代的重任。

**3. 结语：新课理论总结与思政育人升华**

引导学生运用马克思历史唯物主义和辩证唯物主义理论客观地评价夏

多布里昂：在评价夏多布里昂时，不能孤立地看问题，而是应该把他放到具体的历史环境中，通过一定的比较方法，对他进行历史的美学的评价。我们要承认夏多布里昂在法国文学史上的地位，但也不能忽视他的美学思想中的贵族主义倾向和宗教美学思想所产生的消极作用。

作为新时代的青年，我们处于一个相对和平稳定的国际国内环境之中。祖国正在日益强大，为我们提供了成长的沃土和广阔的发展空间。作为社会主义事业的接班人，我们应当珍惜这来之不易的和平环境，勇于担当起时代的重任，坚定社会主义核心价值观，为实现祖国的繁荣富强而努力奋斗。

**（三）课后知识拓展**

**1. 课后反思**

新时期的青年一代面对"躺平""emo""网抑云"等丧文化，如何走出迷惘彷徨，树立积极的世界观、人生观、价值观，实现自我的人生价值？

**2. 拓展阅读**

[1] 陈振尧. 法国文学史 [M]. 北京：外语教学与研究出版社，2018.

[2] 郭绪权. 基督教中找美学——评夏多布里昂的美学理论与实践 [J]. 暨南学报（哲学社会科学），1994（2）：112－126.

[3] 夏多布里昂. 夏多布里昂精选集 [M]. 许钧，编选. 济南：山东文艺出版社，2000.

（作者：张弛，湖南师范大学外国语学院法语系教授）

# "朝鲜－韩国文学史"课程思政教学设计样例①

## 一、课程总览

**课程名称：**朝鲜－韩国文学史

**课程类型：**朝鲜语专业必修课

**教学对象与学时：**朝鲜语专业本科三年级，64学时

**课程目标：**

这门课的课程目标是通过对朝鲜－韩国历代文学发展状况的讲解学习，使学生掌握朝鲜－韩国文学发展的基本脉络；通过对朝鲜－韩国历代优秀作家和代表作品的介绍，使学生了解朝鲜－韩国文学发展水平和艺术特色，提高学生的审美能力；通过对朝鲜－韩国文学作品和中国文学作品在形式、内容、思想内涵等方面的联系进行比较研究，培养学生的思辨能力；通过对于朝鲜－韩国优秀文学作品的赏析，升华学生的内在情感，在潜移默化中培养学生高尚的道德情怀和正确的价值取向。

**课程特色：**

这门课的课程特色有两个方面。一是依托于省级一流课程教学团队，适应时代发展要求更新教学理念，拓宽教学视野，将朝鲜－韩国文学教学与思政理念相融合，既注重培养学生的文学、史学素养，也注重培养他们

① 本文是2021年湖南省教育厅一般项目"一流专业建设视角下的'朝鲜－韩国文学史'课程思政探索与实践"（21C0009）的阶段性成果。

的人文情怀。二是坚持科研反哺教学，坚持阶段性地优化教学内容，在课程教学中精准地补充朝鲜－韩国文学研究的新成果、新观点，引导学生开拓域外文学研究的新视野。

## 二、本课课程思政教学目标

"朝鲜－韩国文学史"课程思政教学的目标是：逐步改变文学史类课程的传统教学模式，重新阐释这门课程在"教书育人"方面的真正价值。通过本课程的学习，不断提高学生的文学审美能力、思辨能力，以提升学生的人文素养为己任，进一步引领学生树立正确的世界观、人生观和价值观。

本课以朝鲜韩国文学史古代部分的"高丽前期的汉诗"为教学内容，通过对高丽前期汉诗发展的社会背景及基本状况、代表诗人郑知常及诗作《大同江》的讲解分析，使学生了解高丽前期汉诗的发展状况，掌握其发展特点，同时也将其与同主题中国古诗进行比较，使学生在了解高丽汉诗的独特气质的基础上，把握我国古诗对于朝鲜－韩国汉诗创作的重要影响，从而进一步认识我国古诗在域外的流传状况，增强学生的文化自信。此外汉诗作为我国与朝鲜半岛古代文化交流的重要途径之一，我们也可通过研读此期与其相关的创作实践，探寻中国与高丽文化、文学交流的证据。

## 三、本课课程思政教学重点和难点

### （一）本课课程思政教学重点

本节课的主要内容是高丽前期汉诗的创作，既有关于高丽前期汉诗发展的历程及特征等理论部分的讲解，又有对于高丽前期代表诗人郑知常诗作的分析。本节课的思政教学重点是在高丽前期汉诗创作及代表作家作品的相关内容中挖掘思政元素，将专业知识与思政内容加以融合。通过本节课的学习，让学生感受高丽前期汉诗所传达的丰富情感，从而对高丽汉诗作品有进一步理解；通过讨论与诗文分析等方式，让学生在对高丽前期汉诗的赏析中加深对古典诗歌理论的感悟、了解中国古诗对于高丽汉诗创作的影响，增强学生的文学鉴赏能力和文化自信。

### （二）本课课程思政教学难点

本课课程思政教学的难点是如何将思政内容自然地融入高丽前期汉诗的讲解，如何能够将提问、讨论、启发等多种方式方法灵活运用到本课的讲解。通过本课学习，使学生能够深入理解郑知常汉诗《大同江》在结构、韵律、意象选取等方面与中国古代送别诗的关联，体会古典诗歌创作所表达的人类普遍情感，领悟中国古典诗歌理论"诗言志"的深刻内涵，自觉弘扬中国古代优秀传统文化。

## 四、本课课程思政教学方法

（1）任务教学法

为了使学生充分发挥主观能动性，课前给学生布置自主学习任务，内容与本课学习紧密相连，如：高丽何时开始实施科举考试？科举考试的内容有哪些？中国古代具有代表性的送别诗有哪些？中国古代送别诗中的典型意象有什么特点？这些任务的完成有助于学生深入了解新知识。

（2）讨论教学法

教师定好主题与讨论时间，让学生就该主题展开分组讨论。本课所讨论主题围绕"高丽汉诗"展开，鼓励学生积极参与其中。讨论结束后，由各组代表陈述各方观点，教师对学生在此过程中的表现进行总结。这种教学方法旨在改善教师"一言堂"的传统教学模式，调动学生的积极性。

（3）启发教学法

本课引入中国古代文学批评理论中的"知人论世"去解析高丽前期代表诗人郑知常。启发学生在分析郑知常诗歌艺术成就的同时，对其所处时代背景也要做认真细致的考察，以此加深对郑知常的了解，进而更加深入理解其诗歌作品的内涵。

## 五、本课课程思政教学过程

### （一）课前完成对相关背景知识的自主学习

（1）课前学生应了解相关历史背景知识。学生需要自主学习中国大学慕课"科举与中国文化""科举与唐诗"等课程，以此了解诗文创作与科举制度的关联。

（2）课前学生应了解中国古代送别诗相关知识。高丽前期汉诗代表诗人郑知常的诗作《大同江》是一首送别诗，学生预先查找中国古代送别诗的相关资料，总结中国古代送别诗的意象特征，有助于深入理解送别诗的基本特征。

**（二）课中具体的教学过程**

**环节一　课程导入：回顾朝鲜半岛汉诗的创作历程**

首先，教师就汉诗的定义及汉诗在朝鲜半岛的发展过程进行提问。引导学生对新罗留唐诗人崔致远在朝鲜半岛汉诗领域的成就进行梳理。此环节中可将崔致远的代表诗作《秋夜雨中》拿来进行赏析，启发学生去体会这首诗的艺术特色。同时也可通过对于高丽以前汉诗创作状况的回顾，深入了解高丽汉诗创作对前代汉诗创作的继承与创新，这有助于学生梳理汉诗文学在朝鲜韩国的发展脉络。

**环节二　讲解高丽前期汉诗发展的社会背景并进行主题讨论**

此环节采用讲解与小组讨论相结合的方式进行。背景讲解立足于高丽前期的社会政治状况，其中包括高丽建国初期的基本国策、强化中央集权的一些具体措施、首次设立科举制度等。教师讲解完高丽前期汉诗发展的时代背景之后，以"高丽前期汉诗的发展动力"为主题，组织学生进行分组讨论，每组讨论的结果由所在小组选出一名代表来展示，当所有小组的展示结束后，授课教师将对各个小组的表现进行点评。

**环节三　讲解高丽前期汉诗代表作家郑知常及代表作品《大同江》**

高丽前期最具有代表性的诗人是郑知常。《高丽史》曾高度评价郑知常的汉诗成就，指出："知常为诗得晚唐体，尤工绝句，词语清华，韵格豪逸，自成一家法。"① 可见郑知常在汉诗创作方面的深厚造诣。他的诗歌在布局谋篇、表现手法等方面都展现出较高的艺术造诣，这首《大同江》更被后世文人评价为"千古绝唱"。以下为《大同江》的原文及对应的汉字韩语读音版。

---

① 郑麟趾，等.《高丽史》标点校勘本（卷127）［M］. 北京：人民出版社，2014：38 - 64.

《大同江》原文：

雨歇长堤草色多，

送君南浦动悲歌。

大同江水何时尽，

别泪年年添绿波。

《大同江》汉字韩语读音版：

우헐장제초색다

송군남포동비가

대동강수하시진

별루년년첨록파

此环节以教师讲授为主、学生回答问题为辅。主要讲授内容包括郑知常的生平经历及代表作，《大同江》这首诗在格律、遣词造句、修辞手法等几个方面的特征。通过以上内容的讲解使学生进一步把握郑知常汉诗创作的风格，更好地体会他的汉诗所达到的艺术境界。

首先，介绍郑知常的生平部分，自觉融入思政元素。运用中国古典文学批评中的"知人论世"理论，将郑知常人生经历与时代背景结合起来进行讲述，借此使学生领悟个人的发展与国家的紧密关系，鼓励学生在追求国家发展与社会进步中努力实现自身的人生价值。

其次，解析郑知常的诗作《大同江》。主要从格律、遣词造句、修辞方法等几个角度展开。

格律：《大同江》为七言绝句，如果按照绝句的标准押韵方式去分析这首诗，那么这首诗很显然并非完全遵循古诗的标准押韵法。而值得我们注意的是本诗如果用韩语的汉字读音去读，那么情况就会有所不同。一、二、四句的最后一个字"多，歌，波"用汉字韩语读音的方式去读，则为"다，가，파"。正如我们所观察到的那样，这三个音节押同一个"아"韵。这一发现可以使学生了解到郑知常作为非母语的汉诗作者，在运用汉字、创作汉诗时押韵的特点。这一点我们在鉴赏外国人创作汉诗作品的韵律时要具体情况具体分析。

遣词造句：这首诗为一首送别诗，抒发的是离别之情。因原文是汉文，中国学生在对诗意的理解方面不存在问题，这里需要强调的是，诗人为了表达离别之情在遣词造句方面所下的功夫以及诗人要表达的深刻意蕴。如：启句（第一句）中"雨歇"与"草色多"的使用与承句（第二句）"送君"与"动悲歌"的氛围形成强烈反差，启句中表达的是雨过天晴，草色清新的轻快氛围，而承句中却是与爱人（友人）痛苦离别的沉重氛围。这一明一暗的对比，凸显了离别的苦痛，也展现了诗人在遣词造句方面的独具匠心。

修辞方法：在《大同江》这首诗里，郑知常用了对比、倒置、夸张等修辞手法。对比法体现在启句（第一句）和承句（第二句）对氛围所进行的反差描写，而倒置则体现在转句（第三句）和结句（第四句）中，本来要表达的意思是大同江边年年都有因离别而落泪的人，因而大同江水也因为这些悲伤的泪水而永不会枯竭，即大同江水是怎么流也流不尽的。诗中却将"大同江水何时尽"前置，此处用了倒置法，"别泪年年添绿波"一句则运用了夸张法。这些修辞方法在分析讲解的过程中，授课教师主要以启发引导学生的方式展开，让学生在思考回味中增加对于作品的感悟能力。

**环节四　与中国送别诗赋的比较：赏析同类题材诗篇，体会别样的深情送别**

为了使学生进一步了解送别诗的特点，体会中国古诗对于高丽汉诗创作的深远影响，课前给学生布置任务，让他们查找中国古代具有代表性的送别诗作，在此环节中将郑知常的送别诗与中国的送别诗赋作比较。该环节主要以学生为中心，依然以小组为单位，在认真比较分析两国的送别诗后，一一点评中国古代送别诗与郑知常《大同江》的异同点。这一过程旨在培养学生的诗歌审美及鉴赏能力，也希望通过此环节让学生体会离别之情是人类所拥有的共同情感，而以诗歌这种文学形式表达离愁别绪时，两国诗人所选取的意象"有同有异"，这样的比较也使学生更深入理解两国的文学关联及文化差异。

中国古代的送别诗赋名篇名句数不胜数，此环节中仅以王维《送元二使安西》、李白《黄鹤楼送孟浩然之广陵》、白居易《南浦别》、江淹《别赋》等四篇送别诗为例进行简要说明。通过对郑知常《大同江》与上述四篇送别诗中所使用意象的比较，我们发现"南浦"这个地名出现的频率较高，在中国古代诗歌中，南浦往往喻指送别。很显然，郑知常的《大同江》在"南浦"这个送别意象的选择上是受到了中国送别诗赋的影响。此外，《大同江》这首诗中还出现了"雨""草""绿波"等意象，而所选的几首中国送别诗中也分别出现了这些意象，由此我们能够推断出郑知常所作的送别诗在意象选择方面与中国送别诗赋有着极为密切的关联。此外，王维的送别诗中还出现了"柳"，这也能够体现中国文化特有的浪漫，"柳"在汉字中与"留"谐音，象征了诗人对离别之人的依依不舍和深深的挽留之意。而郑知常诗中则出现了"大同江"这个意象，这是朝鲜半岛古典诗词中离别之地的象征，源于《西京别曲》等高丽俗谣，也是具有朝鲜－韩国特色的意象运用。对于郑知常诗作中的意象分析，我们既要看到受中国诗歌影响的一面，也要看到受朝鲜－韩国特色文化影响的一面，这样我们对其诗歌的分析才会更加全面与客观。

**（三）课后撰写相关主题诗歌或感想文**

文学史的学习从作品出发，最终还是要回归到作品。在对高丽前期汉诗的理论及诗人的创作实践进行解析后，需要学生进行相关的创作，学生可以仿写送别诗，也可以送别为主题写感想文，享受文学创作的乐趣。

这一教学环节的设计是要学生通过自己的实际创作，进一步体会离别这种情感，升华自己的情感认知，在这样的学习模式中，学生们收获到的不仅是文学知识，还有"送别"这种人类最为普遍的情感体验，可以说是"润物细无声"地达到传播知识的目的。

课后相关文献阅读：

［1］李岩．韩中文学关系史论［M］．北京：社会科学文献出版社，2003．

［2］刘强．高丽汉诗文学史论［M］．厦门：厦门大学出版社，2008．

［3］李岩，徐健顺．朝鲜文学通史［M］．北京：社会科学文献出版社，2010．

［4］池水涌，裴圭范．高丽时期汉文学研究［M］．延吉：延边大学出版社，2013．

## 六、教学反思

"朝鲜－韩国文学史"作为一门外国文学史类课程，其具有"文学""历史""外语"等诸多特征。在探讨这门课程思政教学的过程中，既要清楚这门课程进行思政教学的优势，也要看清问题所在，深入探寻思政教育融入文学史教学的实践策略，以此实现专业课教学与思政教学的有机结合，使这门课在对学生的知识积累和思想成长及人文情怀的塑造中发挥积极作用。

这门课程的思政教学要勇于且善于运用比较的方式，在对朝鲜－韩国文学的基本知识进行讲解分析的基础上，引入中韩、中朝相关比较。比较的对象可以多种多样，可以对同一种文学现象出现的原因及其表现进行比较，也可以对同种文学体裁的不同流变进行比较，还可以就相近或相同主题的不同表达方式进行比较。在比较中加深对于朝鲜韩国文学相关知识点的理解，也通过比较深刻理解中国文学的内涵，树立文化自信，更通过比较去发现捕捉文学发展的普遍规律，把握区域或世界文学的发展趋势。

（作者：丁莹，湖南师范大学外国语学院朝鲜语系讲师）

# "文化差异与跨文化交际"课程思政教学设计样例

## 一、课程总览

**课程名称**：文化差异与跨文化交际

**课程类型**：通识课

**教学对象与学时**：本科生，32 学时

课程简介：

"文化差异与跨文化交际"是国家级首批精品在线开放课程和国家级一流本科课程线上线下混合式一流课程，是郑州大学面向本科生开设的一门文化素质教育校任选课程，共 32 学时，2 学分。课程内容共十章，蕴含丰富的中国传统文化等课程思政元素。主题涉及中西方文明起源、文化交流、文化差异、语言差异、非语言差异、跨文化交际障碍、实践、原则、策略以及经验分享等，课程在智慧树教育平台已开设 16 个学期，选课人数累计达 15.37 万人，选课学校累计 763 所。本课程连续六年被智慧树网评为"混合式精品课程 TOP100"和"十万金课"。

课程秉持"寓道于教、寓德于教、寓教于乐"的教育原则，融入中国传统文化、家国情怀、文化自信等课程思政元素，旨在培养大批既有专业知识，又具有国际视野和跨文化交际能力的高素质人才，讲好中国故事，服务国家战略。

**课程目标**：

知识目标：熟悉并掌握有关文化概念、文明起源、文化传承以及跨文化

交际等方面的专业知识。

能力目标：培养学生的跨文化交际意识、批判性思辨能力，提高他们的跨文化交际实践能力。

思政目标：培养学生的家国情怀、引导学生树立社会主义核心价值观以及社会责任感，讲好中国故事，树立中国形象。

**课程特色：**

（1）学科知识丰富。内容涉及语言学、传播学、历史、文学、建筑、服饰、艺术等学科，有助于提升学生的人文素养。

（2）教学手段多样。依托智慧树平台提供的现代信息技术开展线下翻转课堂与线上同步直播的跨校互动教学，利用视频、图片等直观教学方法融入课程思政元素，提高学生的课堂参与度，达成育人目标。

（3）教学成果丰硕。"文化差异与跨文化交际"获批国家级首批精品在校开放课程和首批认定的一流本科课程、线上一流课程和线上线下混合式一流课程，荣获河南省高等教育教学优秀成果奖特等奖和河南省高校课程思政样板课程。

## 二、本课课程思政教学目标

### （一）教学设计

本教学设计以"文化差异与跨文化交际"第一次见面课"文明互鉴与文化传承"为主题，课程思政围绕下列问题开展课堂讨论：

（1）学习一门外语为什么要学习该国的历史文化？

（2）历史上四大文明古国为什么只有中华文明是唯一没有断流的？

（3）请说出几个为东西方文化传播做出杰出贡献的代表人物及其主要贡献。

（4）作为一名大学生，你如何讲好中国故事？

采用问题式教学，旨在通过讨论培养学生的逻辑思维能力、批判性思维能力、语言表达能力以及社会责任感和历史使命感。

### （二）学情分析

从学情来看，大部分理、工、农、医等专业的学生对中西方历史文化方面的知识了解较少。本课通过利用有趣的案例和视频进行教学，能够极大地激发学生的学习热情，通过问题和角色扮演能够提高学生的参与度和体验感。

**（三）教学目标与教学内容**

本节课根据"知识传授、能力培养和价值引领"三位一体的目标设计教学内容。

（1）以文化概念和跨文化交际知识为基础。

通过对人类文明的起源、发展、文明成果和文化传承为主线，了解东西方文明互鉴的意义；掌握文化的概念知识和跨文化交际技巧、原则及策略。

（2）以文明互鉴与跨文化交际能力为核心。

通过分析中西方存在的差异、讨论主题中涉及的文明互鉴与冲突问题，正确理解跨文化交际能力在处理国际事务和国际关系中的重要性。

（3）以国际视野、家国情怀为育人目标。

通过分析当前面临的复杂的国际形势，结合现实社会生活中的实际案例引导学生深入思考作为一名大学生将来如何成为一名高素质的国际化人才，树立文化自信，为中西方文明互鉴做出积极贡献。

## 三、本课课程思政教学重点、难点

课程思政教学主要围绕以下三个方面展开：

（1）中西方对待文明所持的不同态度；

（2）学习和传承中华优秀传统文化的必要性和重要性；

（3）坚定文化自信、弘扬中华优秀传统文化。

教学重点一：了解中西方文明的起源、文明的定义、所创造的主要文明成就，对比中西方对待文明的态度有何不同。

教学重点二：对比中西方对人类文明进步所做出的重大贡献，讨论为什么中华文明能够延续至今。

教学难点：如何做好树立文化自信、讲好中国故事和弘扬中华优秀传统文化等。

课程思政元素与跨文化交际实践有机结合起来，帮助中国学生在跨文化交际中树立中国青年良好的国际形象。

由于学习者来自不同专业、不同年级，学生的认知水平、文化素养、思辨能力、综合分析能力以及跨文化交际能力等方面存在很大差异，课前教师会给学生布置线上学习内容、讨论话题，以确保学生的课堂参与度和互动效果。

为了解决教学中的重点和难点问题，教师提前将设计好的讨论话题、辩论话题和部分课件上传到智慧树平台，供学生预习。课中教师利用蕴含课程思政元素的视频、图片，开展翻转课堂教学。例如，通过观看反映人类历史文明进程的视频，让学生讨论为什么要学习历史和党史；通过观看习近平总书记在亚洲文明对话大会上讲话的视频，直观了解中西方文明互鉴的过程，中国为人类文明进步做出的巨大贡献；利用问题引导和启发学生思考，培养学生的观察能力、分析判断能力以及语言表达能力。教师采用任务式、交际式、体验式、情境式等多种教学方法，依靠信息技术实施翻转互动教学，将中华优秀传统文化中的课程思政元素有机融入教学，达到"寓教于乐"的育人目标。课后教师布置学生设计能够宣传中华优秀文化的海报、演讲、情景剧等形式的任务，培养学生的应用实践能力。

## 四、本课课程思政教学方法

本课程秉持"立德树人"的教育宗旨和"以学生为中心"的教育理念，利用多种教学方法开展线上线下相结合的混合式教学，依托现代信息技术开展多模态教学，将课程思政做到"入耳、入眼、入心"，并且贯穿整个教学过程。

### （一）提问式教学法

采用以问题导向为主的启发式和探究式教学策略和方法：提出有深度、有意义的问题，组织学生开展讨论，鼓励学生从多视角、多维度看待和分析一些热点话题，培养学生的创新思维能力。

### （二）体验式教学法

设置情景教学，使学生有身临其境的感觉，有助于培养学生的应用能力、合作能力以及沟通能力。

### （三）案例分析法

采用案例分析教学法，能够生动有效地进行教学，培养学生将理论与实际相结合的能力。

### （四）融入课程思政

挖掘课程思政元素，将课程内容与立德树人有机地结合起来，通过课堂教学达到既教授知识，又教书育人的目的，做到全面育人。

### （五）依托信息技术

利用信息技术与智慧树平台开展跨校直播互动，扩大受众群体，及时将党和国家的大政方针有效地传达到学生，培养学生成为具有家国情怀、社会担当以及国际视野的国际化高素质人才。

## 五、本课课程思政教学过程

本次见面课授课计划 2 个学时（90 分钟），采用线下翻转课堂 + 线上直播 + 跨校互动等多种形式面向校内外开展教学。教学过程主要分为课前、课中和课后三个环节。

### （一）课前准备

为了确保教学质量与教学效果，课前需要准备大量工作，如设置讨论话题和角色扮演主题，提前一周在智慧树网上发布。

（1）请问我们为什么要学习历史？

（2）四大文明古国为什么只有中华文明是唯一没有断流的？

（3）"丝绸之路"在中西方文明互鉴与交流史上发挥了哪些作用？

（4）作为一名大学生，你如何讲好中国故事？

### （二）课中互动

课中以能力培养和价值引领为主，通过翻转课堂形式，培养学生的高阶思维能力和跨文化交际能力。采用视频播放，利用问题式、启发式、探究式、案例分析等教学法开展互动式翻转课堂教学，达到"寓道于教、寓德于教、寓教于乐"的教学目的。

**1. 课程导入**

首先请同学们观看习近平总书记在亚洲文明对话大会上的一段讲话视频，然后请同学们说出视频中展示的中华文明成果，例如，交通工具由马车变为汽车，然后变成高铁和飞机；支付方式由传统的珠算变为计算器，然后到现在的支付宝和微信支付。帮助学生树立文化自信，增强民族自豪感。

**2. 课中互动**

通过本课学习，使学生了解中西方古代文明的发展史，从而能够更好地领会习近平总书记所讲的"文明因交流而多彩，文明因互鉴而丰富，文明交流互鉴是推动人类文明进步和世界和平发展的重要动力"这句话的含义。

教学内容：

（1）文明概述

介绍文明的定义和标准；介绍东西方文明古国的起源、文明标志以及主要文明成就；

（2）文明互鉴

介绍东西方文明互鉴的几个重要时期（汉朝、唐朝、元朝、明朝）、历史人物（张骞、玄奘、马可·波罗、利玛窦）、重大事件以及历史意义（丝绸之路）；

（3）文化概述

介绍文化的基本概念和特性，文化对人的成长具有重大的影响作用；

（4）文化传承

介绍文化传承的方式及其重要意义。

讨论话题：

问题讨论一：学习历史可以使我们（1）知道我们从哪里来，我们是谁；（2）知道我们的先人如何征服自然、劳动创造和生活；（3）了解人类社会发展和科技进步的进程；（4）了解人类社会发展过程中发生的重大历史事件，事件产生的原因、结果，以及所产生的重大影响；（5）学习借鉴前人成功的经验，汲取前人失败的教训，避免重蹈覆辙；（6）保护和传承人类优秀的文化遗产；（7）预测社会未来的发展趋势。

帮助学生深刻领会学习党史的重要意义，"学史明理、学史增信、学史崇德、学史力行"。

问题讨论二：通过对四大文明古国兴衰历史的对比，使学生明白一个道理，即若要保持一个民族和国家的文明永不断流，必须继承和弘扬自己优秀的传统文化。正是因为中华民族有自强不息、生生不息的精神、沿用了几千年的中国汉字、以孝道为核心的传统价值观的传承，才使中华文明没有断流。通过分析增强学生民族自豪感和中华民族伟大复兴的责任心。

问题讨论三：学习和了解"丝绸之路"在中西方交流史上发挥的政治、经贸和文化作用，以及历史上为中西文明互鉴做出重大贡献的人物如张骞、玄奘以及西方代表人物马可·波罗和利玛窦等，有助于学生更好地理解我国建设"一带一路"的重要意义，培养他们的社会责任感和历史使命感，将来成为具有国际视野、家国情怀和社会担当的国际化人才，更好地参与国际事务，贡献中国智慧和中国方案。

问题讨论四：作为当代大学生，不仅要了解和热爱自己的传统文化，而且要积极弘扬和传播中华优秀传统文化，如中国的饮食文化、建筑文化、服饰文化、艺术文化、中医文化、体育文化等，为中西方文明互鉴搭建桥梁，成为一名文化使者。

角色扮演：

情景剧一：假如你马上要出国留学，你会给外国朋友带什么礼物？为什么？

通过学习丝绸之路在中西方文化交流中所发挥的作用，学生们会想到代表中国文化符号的茶叶、丝巾、手工艺品如剪纸、中国结、书法、刺绣等等。教师会提醒同学们在国际交流时应注意中西方文化差异，不要送贵重礼品，注意送礼的礼节和禁忌，培养学生的跨文化交际意识。

情景剧二：假如你是一位文化使者，你会给外国朋友讲什么方面的中国文化？为什么？

中华优秀传统文化和现代取得的各项成就都可以成为讲好中国故事的主题。传统文化中有十大国粹：刺绣、剪纸、围棋、瓷器、茶叶、丝绸、京剧、中医、武术和书法。中国近几年在航天领域、科技领域、高铁和建筑等方面所取得的辉煌成就是讲好中国故事的重要素材。让世界了解中国曾经创造过光辉灿烂的文明并且如今还在继续创造文明。

### （三）课后知识拓展

（1）中国古代为人类文明曾经做出过哪些重大贡献？

（2）中国历史上出现过几次中西方经济、文化繁荣时期？代表人物有哪些？

## 六、教学反思

### （一）高校教师的责任与使命

本课从人类文明交融互鉴中寻求智慧、汲取营养，只有文明互鉴方能实现共同发展、共同繁荣以及中华民族伟大复兴。作为"文化差异与跨文化交际"课程的教师，有责任和义务将文化与文明的知识传授给广大学生，尤其是宣传好中国传统文化，培养学生的跨文化交际意识、社会主义核心价值观，提高他们的人文素养和跨文化交际能力，为将来参与国际事务贡献中国智慧、中国方案，为构建人类命运共同体发挥重大作用。

### （二）教师的人文素养与教学能力

本课思政载体主要运用了"学习强国"和中央电视台等权威节目视频素材，采用直播加录播的方式在智慧树平台进行全国直播授课，受众广。通过挖掘课程思政元素，教师的政治立场更加坚定，人文素养和信息素养得到显著提升，教学能力得到提高，取得了良好的课程思政教学效果。

（作者：曾利娟，郑州大学外国语与国际关系学院公共外语部教授，首届"智慧树杯"课程思政大赛示范案例教学大赛优秀奖）

# "跨文化交际"课程思政教学设计样例

## 一、课程总览

**课程名称**：跨文化交际

**课程类型**：通识必修课

**教学对象与学时**：非英语专业本科二年级高水平学生，48 学时

**课程目标**：

本课程是一门大学英语拓展课程。立足于我校地缘特点及发展定位，结合人才培养方案及国际工程专业认证对学生跨文化交际能力的要求，确立了以学生为中心、文化产出为导向、培养跨文化交际人才为宗旨的课程目标。

知识目标：使学生熟悉中西语言、教育、哲学、医药、艺术、饮食、礼仪、节庆等文化的基本差异及深层根源。引导学生了解中西文化的同时，培养学生的英语语言综合运用能力。

能力目标：使学生能观察、分析和解决跨文化交际问题，克服跨文化交际中的语言障碍和文化障碍，提升传播中国文化的语言能力和未来工作生活中的跨文化交际能力，培养学生用英语表述中国文化的能力。

素养目标：使学生学会分析跨文化交际案例，提升学生跨文化思辨能力；能实施跨文化实践项目，提升团队协作能力；建立国际视野，加深民族文化的认同感，增强"四个自信"，自觉传播中华优秀传统文化。

## 二、本课课程思政教学目标

依据《高等学校课程思政建设指导纲要》的指导精神，本课程立足于立德树人的根本任务，课程的重点在于中华优秀传统文化的传承与推广。

课程以中西文化为主线，以课程思政为抓手，依据内容教学法、项目教学法和产出导向法，重塑教材内容和线上课程内容，补充了中国文化、东南亚文化和广西文化等方面的内容，拓宽学生的国际视野，使学生更加系统地了解中国文化知识，为我校学生将来工作、生活所需要的跨文化知识打下坚实的基础。此外，本课程通过构建"一核四翼"的混合式闭环教学模式，开展多样化的文化实践活动，锻炼学生的英语语言产出能力，让学生体验和感受中国传统文化；通过课程微信公众号"GUET 英语秀"、哔哩哔哩等国内外交流平台进行文化展示和文化传播，锻炼学生传播中国优秀文化的能力，服务中国优秀民族文化对外传播。同时，在课前、课中、课后三大环节中全程贯穿立德树人理念，通过线上与线下相结合、语言与育人相融合、目标与考核相契合、课内与课外相整合的全方位协同模式，在实现语言文化知识传递、技能传授的同时，以文化人，以德育人，引导学生传承中华文脉，增强学生民族文化的认同感，提升学生的中国文化自信。

## 三、本课课程思政教学重点和难点

### （一）重塑课程教学内容，使知识增长与思政意识提升同向同行

本课程将社会热点话题、科技发展前沿成果引入课程，引导学生对复杂跨文化沟通问题进行探究性思考，使知识增长与思政意识提升同向同行。鉴于我校的地缘特点和学生毕业发展定位，本课程坚信民族的就是世界的，在各个主题中增加了东南亚文化和广西少数民族文化内容，旨在服务于"一带一路"建设和讲好广西故事。

### （二）优化产出任务设计，使产出成果与育人效果合二为一

产出任务设计始终紧扣单元的学习目标和核心价值目标，从课堂活动

开展、课堂任务展示、期中实践活动、期末实践成果展示等产出任务设计，培养学生批判性思维、提升学生的民族文化认同感、培养学生传播中国文化和正能量的意识与能力，教会学生讲好中国故事，增强文化自信，使产出成果与育人效果合二为一。

### （三）搭建学生作品展示平台，使能力培养与思政教育无缝融合

本课程创设了课程微信公众号及开展各种学科竞赛，用于展播学生多样化的文化产出作品和综合运用学生所学的知识。同时利用哔哩哔哩、抖音等国内外交流平台进行更为广泛的国内外传播，实现了跨文化传播能力培养与思政教育的无缝融合。

## 四、本课课程思政教学方法

### （一）基于内容的教学（CBI）

将英语语言学习与中西文化知识学习有机结合在一起，使学生学习中西文化知识的同时，可以习得英语语言，增强学生学习动力和提升学习兴趣。

### （二）项目教学法（PBL）

采取"以项目为主线、教师为引导、学生为主体"的模式开展项目式文化实践活动，即项目由学生自主实施，过程中教师予以必要引导，充分调动学生学习的主动性和创造性。

### （三）产出导向法（POA）

学生已通过大学英语四级考试，能对 SPOC 内容进行选择性学习。在此基础上，设计产出活动，从内容、结构、语言等方面搭建产出脚手架，提升学生的英语语言输出能力。

## 五、本课课程思政教学过程

以第一单元"语言"线下课程第 1 次课（45 分钟）为例，阐明本单元教学的四大过程。学生已经在线上学习了汉英语言的特点和发展史、汉英

语言的浅层对比等，对汉英语言的表层差异有了基本的认识，但是缺乏了解汉英语言的深层次差异及如何去表达学习语言过程中所遇到的问题和如何提出建议的能力，并且对于家乡语言的现状缺乏系统的了解。

**Part 1　Cultural acquisition**（文化学习）

首先设计 2 道有关英语语言历史的多选题，检测学生是否对英语语言的发展史有所了解。接着设计 2 道有关汉语语言的单选题和判断题，检测学生对于汉语语系的了解。

设计目的：激活学生已学的中英语言文化知识，进一步梳理英语和汉语语言发展的历史和基本特点，为这一小节的文化对比、文化沟通和文化传播模块内容教学做好准备。

**Part 2　Cultural comparison**（文化对比）

首先展示一封来自外国学生写给中国老师的信件。接着对比英语的树式句子结构和汉语竹式结构，讲解两者的特点，并通过实例，画图生动阐明英语的树式结构和汉语的竹式结构的特点。紧接着对比英语的显性连接和汉语的隐性连贯，通过对比关于方言的句子，清楚明了展示汉英句子的差异，英语重形式，汉语重意义。最后，了解了汉英语言差异之后，进行关于方言的句子翻译练习，并进行师生合作评价。

设计目的：展示一封来自外国学生写给中国老师的信件，信件中处处都是英式的中文表达，激起学生了解汉英语言差异的兴趣和好奇心。之后进行英汉语言差别的深层次对比，举例分析英语句子的树状结构和汉语句子的竹状结构；之后举例讲解英语句子之间的显性连接和汉语的隐性连贯。

**Part 3　Cultural communication**（文化沟通）

首先简单提问学生在英语学习中遇到什么问题，接着听一小段关于描述英语学习的问题及提出建议的对话，让学生找出问题是什么，建议是什么。最后针对听力材料进行讲解，如何详细描述问题和给出意见之后如何让人信服，从 why、how 和 effect 三个方面进行证明所给建议的可行性。

设计目的：通过听力练习切入口语技巧，教会学生如何描述英语语言学习中的问题和给出如何克服这些问题的建议，为下一环节活动作好准备。

在了解了如何描述英语学习的问题和给出建议的基础上，设计角色扮演的产出活动，让学生讨论留学生汉语学习遇到的哪些问题和如何给出有效的建议。从英语过渡到汉语，有利于推广汉语、建立语言文化自信。

**Part 4　Cultural transmission**（文化传播）

设计 2 个问题，让学生讨论自己家乡的方言的现状。

设计目的：在了解了汉英语言的基础上，设计 2 个问题让学生讨论自己的方言及方言的现状，促使学生了解语言的多样性，培养学生养成关注家乡方言的意识，提升学生保护家乡语言的责任与担当，并为最后的文化实践活动作出铺垫。

作业布置：

根据上述所讨论的家乡方言，布置学生分组以项目形式开展对家乡方言的调查，并根据自己小组的实际情况，选择适合自己小组的产出方式。

（1）布置三种形式的文化产出作业

①绘制家乡方言的思维导图

②撰写家乡方言与普通话差别的调查报告

③撰写家乡方言的推文或制作微视频

（2）学生分组进行调查，团队合作完成该项目

设计目的：通过对家乡方言的调查，了解中国方言的现状。绘制思维导图，可以让学生充分了解中国语言的多样性；撰写调查报告，对比家乡方言和普通话的差别，让学生学会欣赏和尊重语言的多样性，意识到方言和普通话同样重要，需要保护和推广家乡方言；撰写关于家乡方言的推文或制作微视频以推广家乡的方言，讲好中国故事，提升语言文化自信。

## 六、教学反思

本节课设计依据产出导向法，以产出为导向，以汉语语言和英语语言的差异为主线，利用雨课堂作为辅助工具，实施线上线下混合式教学，形成"文化学习—文化对比—文化翻译—文化沟通—文化传播"一条线，步步铺排，层层推进，点线面相结合。学生在课前完成线上 SPOC 低负荷的中

西文化知识学习之后，线下则是高阶的文化产出活动，讲解中英语言的深层次差异之后让学生进行翻译练习，发现学生基本学会运用所学的知识进行汉英语言的转换。接着进行批判性思维的培养，了解汉语水平考试的意义。接下来是口语技巧的产出支持，针对学习语言中遇到的问题，如何描述问题及给出相应的建议。从英语学习过渡到汉语学习，有利于汉语语言的推广和提升学生的跨文化交际能力。最后拓展到家乡方言，让学生学会关注家乡的语言文化，促使学生分组去调查家乡的语言，并完成相关的文化产出作业。

在教学讨论和调查中发现，学生对民族语言的传承意识淡薄，很多学生已经不会说自己的家乡话，因此，在教学过程中，不仅要强调推广汉语、传播汉语，更要强调对少数民族语言及家乡方言的保护。

（作者：温露，桂林电子科技大学英语系副教授，首届"智慧树杯"课程思政大赛示范案例教学大赛优秀奖）

# "中国与世界：文化理解"课程思政教学设计样例

## 一、课程总览

**课程名称**：中国与世界：文化理解

**课程类型**：公共选修

**教学对象与学时**：本科生，32 学时

**课程目标**：

课程以英语语言为媒介，基于全方位育人和中国故事有效传播的理念和需求，将课程思政建设目标与金课的"两性一度"（高阶性、创新性、挑战度）深度融合。课程思政的"高阶性"着力于传播好中国故事，培养学生的交际意识和明辨能力。"创新性"寻求思政资源供给与时代需求相结合，让学生主体成为资源共享者。"挑战度"体现在聚焦文化受众，重视社会实践，培养学生的跨文化传播能力和职业素养。

知识目标：学生能够记忆中外文明，特别是中华优秀传统文化的英语表达；能够理解中外价值理念，尤其是社会主义核心价值观。

能力目标：学生能够分析文化受众，进行合乎逻辑的判断，服务中国文化传播；能够应用文化传播方式，有效地进行描述、说明和论证；能够提高自主学习能力和职业素养。

素质目标：提升学生的家国情怀和国际视野，树立社会主义核心价值观。提高人文素养尤其是美育素养。培养具备一定反思性、理性化、思辨性、预判性和批判性思维能力的社会主义事业的建设者和接班人。培养学

生形成正确的世界观、人生观、价值观，成为传播中华文化、讲好中国故事的文化使者，坚定中国立场，夯实"四个自信"。

## 二、本课课程思政教学目标

本课程将思政教育贯穿到中西文化的对比中，有机融入社会主义核心价值观、中华优秀传统文化内容，培养学生的国际视野与天下情怀，养成正确的世界观、人生观、价值观。以"中国走向世界，世界倾听中国"为基本点，将思政元素融入教学目标、内容、组织流程和评价反馈，实现全过程、全方位育人，助力培养具有国际视野和家国情怀的复合型人才。

课程思政建设坚持"以学生发展为中心、以学科属性为引导、以学校特色为依托"的方向。重点聚焦以下三点：一是能力提升，以文化交际意识和学科素养全过程培养为中心；二是价值引领，秉持"人类命运共同体"理念，强调文化的双向传播，彰显语言与意识形态紧密关联的学科属性；三是依托本校山东－东盟研究中心，支持学生走入社会实践。最终打造"慧（知识）、强（能力）、敏（思辨）、德（情怀）"四位一体的思政链，对接本校应用型人才培养目标。

## 三、本课课程思政教学重点和难点

本课程拟解决跨文化课程思政教学中"教师教"和"学生学"两个方面中的关键问题：

一是教师教学局限于课堂思政融入，忽视了课程的全方位、全程育人。传统的文化课程注重在课堂教学中挖掘家国情怀与文化传承、世界多元文化、时代精神等思政元素，缺乏课前和课后的教师示范作用和学生学科素养、职业能力与健全人格等核心思政元素的培养。

二是学生学习欠缺"交际"意识，难以满足国家文化传播和学生文化交际的需求，影响思政教学的实践性和时效性。学生局限于静态知识的输入，缺乏分析文化背景的意识和实践输出的能力。从而影响跨文化交际和本土文化输出效果。

## 四、本课课程思政教学方法

基于文秋芳（2021）提出的课程思政实施框架，创建由内容链、管理链、实践链及教师言行链四个维度构建的矩阵图，打造教学环境系统整体净化模式，将立德树人的理念有机融入外语课堂教学各个环节中。

在内容链维度，本课程的思政范围立足于跨文化教学资源，主要任务是挖掘多元文化，特别是中华优秀文化与时俱进的育人元素，主要采用潜移默化的融入策略；在管理链维度，课程的思政范围聚焦于混合式教学模式的优化，主要任务是通过混合式教学提升学生自主学习和终身学习的意识和能力，主要采用团队合作、过程管理的策略；在实践链维度，课程的思政范围主要落实在地方特色实践方面，主要任务是明确文化受众、提高文化交际传播能力，主要采用项目式实践的策略；在教师言行链方面，思政范围主要体现在师生交流中，主要任务是教师以身作则来激发学生的职业能力提升，主要采用言传身教的策略。

## 五、本课课程思政教学过程

针对教师全方位育人的局限性问题，教师团队打造了与混合式教学模式相适应的"四点三段式"思政教学管理环境生态系统。即教学过程分为文化阅读、语言输入、文化思辨、语言实践四个环节，贯穿于课前、课堂、课后三个阶段，使整个学习过程从课堂向校园活动、社会实践层面拓展，体现宏观微观互通的"大思政"理念。

课前，教师使用智慧树教学平台线上发布混合式教学规范与要求。包括课程学期目标、教学大纲、课堂规章制度和学习行为规范、在线讨论行为准则、学习效果奖惩原则等。每周定期线上发布周学习任务清单。学生根据任务单进行线下预习和小组分工收集思政资源。思政点聚焦于培养学生良好的学科素养和职业规则意识（以创新性为主）。

课中，教师线下把学习任务进行细分和拆解，学生线下提出疑惑与建议，教师给予点评或解答。依据传播学"5W模式"，教师引导学生构建"讲述中国"叙事的五个维度，即：为何讲（Why）、讲什么（What）、谁

·

来讲（Who）、给谁听（Whom）、如何讲（How）。部分课堂管理权下放给学生是课堂课程思政的重要一环，致力于培养学生的思辨能力和文化自信（以高阶性为主）。

课后，教师线上发布测试，学生确认学习成果和差距，撰写并上传反思日志。教师设置"山东－东盟语言文化建设项目"任务，小组线下确定主题并分工合作。学生和小组定期提交作业，教师线上提供针对性的指导和点评，帮助提升学生的文化传播受众意识和讲好中国故事的语言、交际能力。

## 六、本课课程思政教学设计实例

### （一）教学基本情况

#### （一）课程概况

| （一）课程概况 | | | |
|---|---|---|---|
| 课程名称 | 中国与世界：文化理解 | 授课对象 | 本科一、二年级 |
| 课程类型 | 文化素质通识课 | 授课学时 | 线上1学时（45分钟）<br>线下1学时（45分钟） |
| 授课地点 | 05－0201 | 授课形式 | 线上线下结合 |
| 课例名称 | Beijing *Siheyuan*（庭院深深－北京四合院） | | |
| 参考教材 | 《中国与世界－跨文化交际阅读教程》（上海交通大学出版社） | | |
| 在线课程网址 | https：//coursehome.zhihuishu.com/courseHome/2054525#onlineCourse | | |
| （二）教材分析 | | | |
| 基本情况 | 主编：马应心、袁颖、蔡静<br>出版社：上海交通大学出版社<br>本教材立足大学英语工具性和人文性的双重定位，基于布鲁姆教育目标在认知领域的识记、理解、运用、分析、综合和评价六个层次，将成果导向教育、以内容为依托的理念与大学外语教学紧密结合，内容兼具学术性与生活性，涵盖了价值观念、文化哲学、风土人情、艺术形态、国际交流等内容。 | | |

（续表）

| | （三）学情分析 |

本课程为通识教育课程，本次授课对象为会计、教育学等专业的一年级和二年级的学生。他们通过多年的英语学习具备了一定的跨文化知识，对跨文化沟通与学习有很强的求知精神和探索兴趣，同时能够熟练应用信息化技术。

但是他们对于中外建筑主题尤其是中国建筑的英语语言知识了解不多，而且所了解的仅仅局限于一些表层现象，对中国传统建筑文化及其体现的和谐核心价值观知之甚少，同时多数学生依赖于教师课堂上的知识传授，缺乏实践机会。因此，本次授课旨在使学生能够讲好中国建筑故事，树立社会主义核心价值观，提升合作学习的责任意识。

| | （四）教学内容分析 |
|---|---|
| 教学内容 | 本节课为第七章《建筑》主题的第一节，主要讲解中国传统建筑代表北京四合院的建筑格局及文化。使学生能够用英文讲解中国传统建筑精华，以及传统建筑的当代发展。为学生深刻体会社会主义核心价值观提供依托。 |

| | 素质（思政）目标 | 知识目标 | 能力目标 |
|---|---|---|---|
| 教学目标 | 1. 通过建筑英文知识的学习，提高学生讲好中国故事的意识和能力。<br>2. 通过建筑格局的欣赏，提升学生的美育素养和人文素养。<br>3. 通过传统建筑的当代发展，增强学生的爱国情怀和文化自信。<br>4. 通过线上线下的小组合作，提升学生的团队合作能力和创新精神。 | 1. 学生能够用英语介绍中国代表性建筑的特点及文化。<br>2. 学生能够有逻辑地阐述不同建筑的区别。 | 1. 学生能够提高自主学习能力和信息整合能力。<br>2. 学生能够提高中华文化传播意识和能力。 |

（续表）

| 教学重点 | 北京四合院格局的英文介绍<br>指导学生能够根据自己的知识储备进行自主的个性化选择和阅读 |
|---|---|
| 教学难点 | 1. 传统建筑知识迁移到现代建筑介绍中<br>2. 线上讨论互动和场景式任务的评价 |

**（五）教学策略**

| 教学方法 | 产出导向法；项目式教学法 |
|---|---|
| 教学资源 | **自建教学资源**<br><br>教师指导学生共同整理相关资源，并上传智慧树共享。资源包括视频资源（微课程资源、思政案例资源、学生优秀作品资源、中国文化英文纪录片等）、图片资源及文本资源（国内权威英文网站等）。<br><br>**校内资源**<br><br>课前学生利用校园网络、手机、电脑等信息设备查阅资料，登录智慧树平台进行学习和互动讨论；课堂使用智慧教室和多媒体设备，师生互动完成学习。 |
| 课程思政融入手段 | 对思政元素开展"线上＋线下"以及课前、课中、课后有机融入授课全过程。<br>1. 课前线上发布"中国建筑中的天人合一"、"梁思成保护中国传统建筑"等思政案例，学生线上学习并互动讨论。<br>2. 课中学生深入理解建筑体现的古代和谐思想和现代和谐社会主义核心价值观。<br>3. 课中全方位、多角度融入思政元素：通过深入学习英文版《红楼梦》中的四合院元素，全方位感受中华优秀传统文化，通过案例分析提升学生的人文情怀和团队理念。<br>4. 课后线上与线下的场景式任务，培养学生讲好中国故事的意识和能力。 |

## （二）教学流程

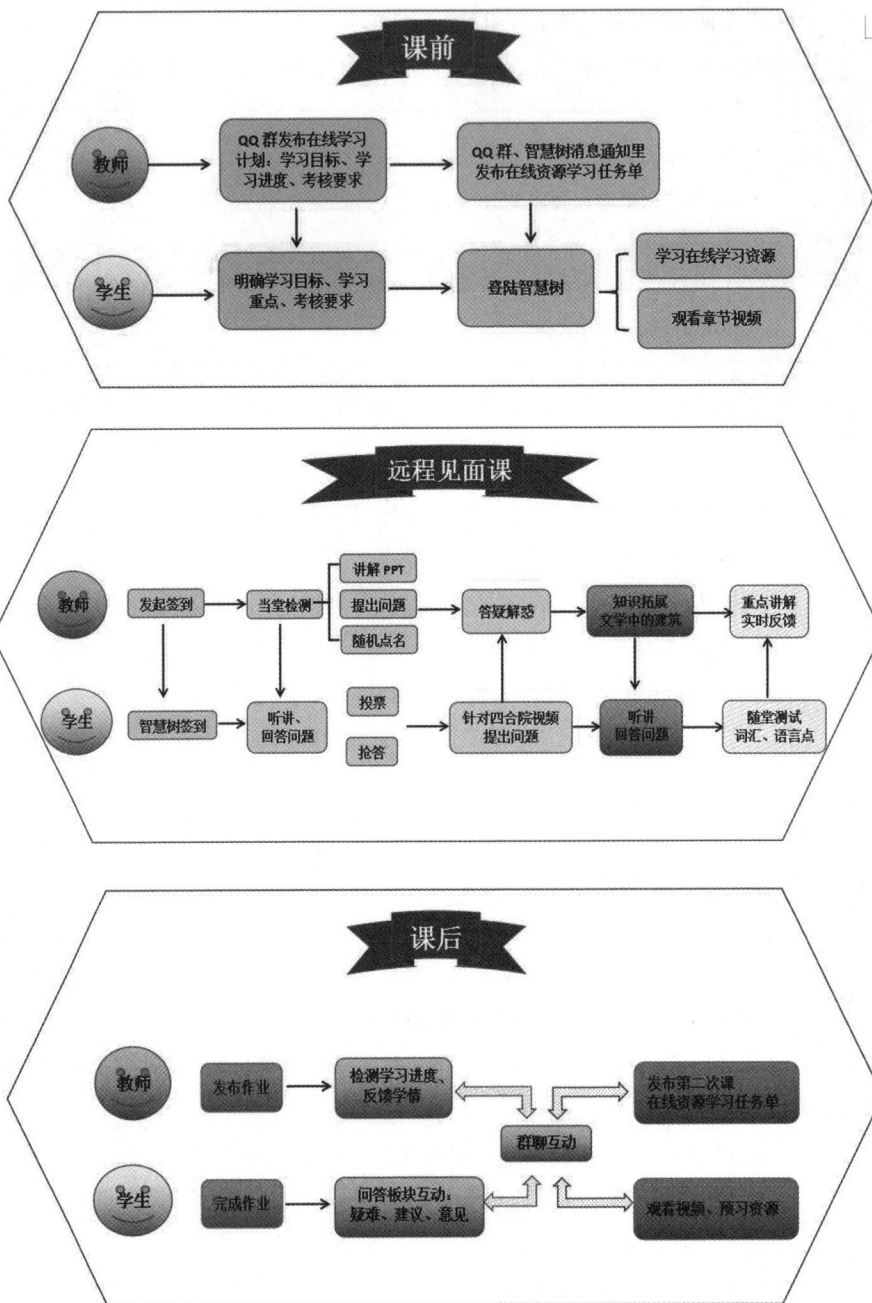

## （三）教学实施过程

| | | 课前阅读 | | |
|---|---|---|---|---|
| 教学环节 | 教学内容 | 教师活动 | 学生活动 | 设计意图 |
| 课前 | 根据任务单自主阅读和学习<br>1. 看视频(见图1)<br>2. 学习检测<br>3. 互动讨论(见图2) | 1. 教师制作学习任务单<br>2. 根据慕课重点内容提出思考题<br>3. 制作文件包,上传智慧树共享 | 1. 学习慕课,完成章测试。<br>2. 在智慧树论坛区与同学和老师讨论疑难之处。<br>3. 分组制作文件包,上传智慧树共享。<br>如:"中国寺庙建筑""王澍建筑特色"等 | 1. 学生能够在教师指导下自主完成慕课学习。培养自主和责任意识。<br>2. 学生能够围绕主题进行主动阅读,能够整合信息并进行资源共享,感悟文化内涵。 |

**图1　线上视频片段**

**图2　线上讨论**

（续表）

| 教学环节 | 教学内容 | 教师活动 | 学生活动 | 设计意图 |
|---|---|---|---|---|
| 课堂 | 1. 学习检测(见图3)<br>2. 知识拓展(见图4)<br>3. 逻辑归纳<br>4. 案例思辨 | 1. 四合院布局英文知识检测<br>2. 四合院蕴含的儒家文化内涵答疑解惑。<br>3. 知识拓展<br>4. 提供案例：<br>(1)梁思成保护北京建筑<br>(2)合村并居 | 1. 抢答和投票<br>2. 归纳文章的逻辑框架和语言表述<br>3. 分组，案例分析(见图5) | 1. 学生能够用英语介绍中国代表性建筑特色<br>2. 学生能够习得显性文化所反映的价值观差异，提升讲好中国故事的意识和能力。 |

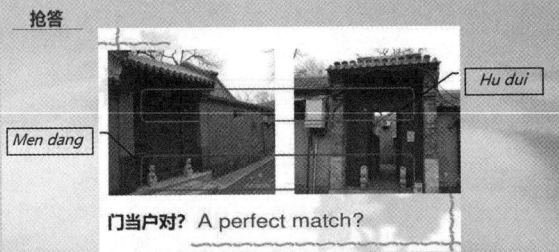

图3　线上视频"门当"和"户对"知识点考察

图4　《红楼梦》垂花门片段

图5　学生小组讨论

（续表）

| | | 课后实践 | | |
|---|---|---|---|---|
| 教学环节 | 教学内容 | 教师活动 | 学生活动 | 设计意图 |
| 课后 | 1. 布置分级任务（见图6）<br>2. 在线指导作业（见图7）<br>3. 组织地方实践活动 | 1. 布置场景式任务<br>2. 在线指导<br>3. 提供评价量表 | 1. 制作视频或者PPT，在东盟十国中选取一个国家为受众，介绍中国特色建筑<br>2. 学生在德州博物馆四合院展区做志愿者，介绍四合院文化<br>3. 生生评价 | 提升文化传播能力 |

**Tasks**

| 模仿 | 实践 | 创作 |
|---|---|---|
| 用英语介绍中国四合院建筑特色及其体现的价值观 | 作为朋友给留学生介绍自己最喜欢的校园建筑 | 阐述中外建筑风格差别及其体现的文化价值观异同 |
| C级<br>记忆和理解 | B级<br>分析和应用 | A级<br>创新和评价 |

图6　分级任务

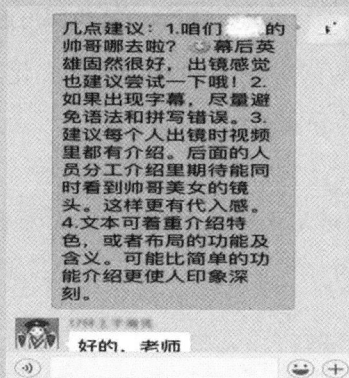

几点建议：1.咱们□□□的帅哥哪去啦？😄幕后英雄固然很好，出镜感觉也建议尝试一下哦！2.如果出现字幕，尽量避免语法和拼写错误。3.建议每个人出镜时视频里都有介绍。后面的人员分工介绍里期待能同时看到帅哥美女的镜头，这样更有代入感。4.文本可着重介绍特色，或者布局的功能及含义。可能比简单的功能介绍更使人印象深刻。

好的，老师

图7　线上指导

## （四）教学反思

| 教学反思 |
| --- |
| 　　本次混合式教学设计很好地改善了学生文化学习的局限性和缺乏自主学习能力的现状。从平台的各类统计数据可以看出，教师的活动设计多样，摆脱了单一讲解的单调；学生在教师指导下真正"忙起来"，包括课前线上学习和资源共享、课堂的师生互动和小组合作、课后的思维拓展和成果汇报等。能够用语言传递深度的思考，并对文化学习产生了兴趣。<br>　　本次授课课程思政的目标融合在教学的课前、课后、课中全过程。学生深刻了解了中国建筑所蕴含的和谐价值观，以及传统建筑文化在当代的发展现状。提升了文化自信和文化传播能力。 |

## 七、课程思政建设特色和创新点

### （一）课程思政元素与外语学科属性高度协调

课程思政从语言分析本身可直接凸显价值理念，并聚焦于多元文化中本土文化的深层传播。

### （二）课程思政全方位育人与混合式教学模式有机结合

课程依托自建资源构建混合式教学模式，打通线上线下、课内课外，实现思政育人空间与时间的双向拓展。

### （三）课程思政实践项目与地方和学校特色深度融合

依托本校山东 – 东盟研究中心和地域特色文化，打造社会实践项目，提高了课程思政的时效性和实践性。

（作者：马应心，德州学院外国语学院教授；蔡静，德州学院外国语学院副教授，首届"智慧树杯"课程思政示范案例教学大赛卓越奖）

# 中篇　知识传承：专业基础类课程

# "大学英语（一）"课程思政教学设计样例

## 一、课程总览

**课程名称**：大学英语（一）

**课程类型**：公共必修课

**教学对象与学时**：非英语专业本科一年级，64 学时

**课程目标**：

"大学英语"是高等学校非英语专业本科生的必修课程，着重锻炼和提高学生的英语综合应用能力和自主学习能力，同时也注重培养学生的人文素养，使之成为品格高尚，有崇高的理想和爱国主义情怀的现代青年。课程由经验丰富的一线教师负责教学，以社会主义核心价值观为理念，以外语教学理论为指导，运用丰富的教学资源，采用线上、线下相结合的教学方法，力争打造知识传授与思政培养有机融合的育人体系，达到"润物细无声"的育人效果。

知识目标：掌握日常英语交流常用词汇 8000 个、词组 600 个以上；准确掌握日常英语交流中的常用语法。

能力目标：基本能够听懂英语授课和日常交流，达到大学英语四六级的听力水平；基本能够开展日常交流，语音、语调正确，表达基本清楚。

素质目标：具有良好的思想品德素养和职业素养，具有崇高的信念和理想，具有强烈的文化自信心和民族荣誉感。

## 二、本课思政教学目标

本课以学生入学第一课的"Fresh start"为主要内容，突出"以学生为中心"，结合学生初入大学时的迷茫、紧张、憧憬等多种心态和心理需求，通过问卷星调查、名人名言、招生宣传视频、网络语音听力、Vlog 拍摄制作等多种途径开展多层次的引导，开展课程内容教学的同时实施思政育人。

在教学内容上，首先要求学生掌握与大学生活相关的英语表达，继而引导学生思考在大学阶段可能遇到的改变、机遇及挑战，结合学生对大学生活的憧憬与现实生活的落差，引导学生辩证思考现实大学和理想大学的关系，培养学生树立正确的大学学习观和人生观；通过课堂讨论和课后实践活动，加深学生对大学学习和生活的理解和认知，进一步引导学生深度思考当代大学生应有的使命和担当，树立学生的家国情怀和爱国主义价值观。

## 三、本课思政教学重点和难点

**本课思政教学重点：**

以学生大学生涯的"Fresh start"为主要内容，结合学生初入大学时的心态和现实环境，引发学生共鸣，提升学生学习的积极性和参与感，教育学生准确掌握相关英语词汇的表达。结合多种网络教学资源，引导学生开展深入的思考和讨论，让学生深刻认识现实大学与理想大学之间的关系，使学生理解：自己心中理想的大学以精神的方式在灵魂的深处引导他们在现实大学中前进。培养他们树立正确的大学学习观、人生观，以及与祖国和民族休戚与共的爱国主义价值观。

**本课思政教学难点：**

"Fresh start"是大学英语课程的开始，也是学生大学阶段的开端，更是大学生思想价值观逐渐形成的萌芽阶段，但是大学新生活的现实与其之前对大学生活的憧憬和理想之间往往存在一定的差距。如何有效地整合教学资源，引导学生主动参与教学实践，促进学生内心产生共鸣，从而意识到自身的责任和使命是本课教学的难点。

## 四、本课思政教学方法

### （一）围绕主题组织资源，线上线下有机结合

本课紧密围绕课程思政育人目标，广泛收集和整理名人名言、招生宣传视频、网络语音听力、Vlog 拍摄制作等新媒体教学资源，课前上传到线上课程教学平台，搭建课程线上教学资源并布置教学任务，引导学生课前自主学习和思考。课中教学通过主题讨论等方式融入思政教育，强化思政育人效果。

### （二）任务驱动式教学，形成全流程育人体系

结合本课文的主要语言特征，准备相关教学任务目标，以任务驱动式教学方法，通过课前任务的学习和思考，课中主题的讨论和交流，课后任务的实践和深化，引导学生始终围绕课程思政的育人目标开展学习和交流活动，形成全流程的育人体系，内化课程思政育人思想，提升课程思政育人效果。

### （三）坚持以学生为中心，以问题为导向开展教学实践活动

本课结合学生初入大学时迷茫的心态和现实环境，将疏导学生内心情绪与课程内容相结合，利用多种教学资源开展以学生参与为主的教学实践活动，提升学生内心的共鸣和认同感，促进学生准确认知现实中的大学，树立正确的价值观和人生观。

## 五、本课思政教学过程

### （一）课前任务提升学生兴趣

**1. 课前在线布置学习任务，提升学生对课程内容的学习兴趣**

通过在线学习平台发布相关的课程学习资源，要求学生提前阅读并翻译成中文，在翻译过程中思考大学的意义。

任务一：教师分享关于大学教育、大学生活的名人名言，学生阅读并翻译成中文，在翻译的过程中逐渐思考大学的意义（见图1）。

1. Education is not preparation for life; education is life itself.    *(John Dewey)*
2. Try not to become a man of success, but rather try to become a man of value. *(Albert Einstein)*
3. A civilized society is but composed of individuals who have been nurtured in good education.    *(Liang Qichao)*
4. A nation will be full of hope and a country will have a brilliant future when its younger generations have ideals, ability, and a strong sense of responsibility.    *(Xi Jinping)*
5. College is not a place: It's an idea, and it's the people who carry that idea with them. College will be everywhere you go for the next 21,000 hours—and every hour after that for the rest of your life.    *(Lawrence Bacow)*
6. To live is to choose. But to choose well, you must know who you are and what you stand for, where you want to go and why you want to get there.    *(Kofi Annan)*
7. Choose a job you love and you will never have to work a day in your life. *(Confucius)*

**图1　大学教育的相关名人名言**

（以上7句名言分别来自孔子、梁启超、习近平、科菲·安南、约翰·杜威、阿尔伯特·爱因斯坦和劳伦斯·巴考。语料的选择涵盖古今中外，体现了文化多元性，其中半数来自中国，能有意识地弘扬学生的"文化自信"。）

**2. 教师线上分享本单元背景主题词汇表，学生结合在线课程提前预习**

教师在课前将词汇表（见图2）以乱序形式给学生。学生自主学习相关语言表达后，课堂上教师带领学生结合课文按场景梳理主题词汇，建立有效记忆网络，同时引导学生思考大学生活的多重维度。

## Theme-related words & expressions
### College life

principal   bewilderment   get along with   admission   dean   tensions apprehensions   succeed   academician   professor   the admission office comprehensive library   extracurricular clubs   thinking independently and critically   freshmen   senior students   adjust to roommate   debate   junior students   engineering   credits   associate professors   university lecturers student counselors   discussions   sophomores   humanity lecturers   great sports facilities   student organizations   A good start is half of success.

**图2　背景主题词汇表（乱序）**

任务二：小组讨论

①What is the ideal university like in your eyes?

②What is your expectation of your college life?

课中教学时，教师通过话题讨论引导学生思考大学的意义，同时锻炼学生的口语表达能力和总结归纳能力。

**3. 学情调查分析**

利用问卷星 App 的在线开放式问卷调查开展"My ideal university"主题调研。

**（二）课中实践激发学生共鸣**

**1. 课程教学主题导入：话题讨论，引发思考**

课中教学导入部分包含话题讨论和听力练习 2 个教学活动，让学生积极参与，避免说教式的灌输，激发学生对课文主题的兴趣。

（1）话题讨论：以课前布置的思考题及问卷星在线调查结果进行小组汇报和讨论。

Q：What is the ideal university like in your eyes?

Before-class research：My ideal university

课前在线调查和话题讨论让学生了解自己内心深处对大学的认知。根据课前在线调查结果，学生票选心目中排行前三的大学为：北京大学、清华大学、哈佛大学，只有少数学生会选择目前在读的大学为心中的理想大学（见图3）。刚入校园，部分学生因为理想和现实有差距而产生消极和失望情绪，教师应引导学生明确理想的大学是一种不断学习的精神，帮助学生树立正确的大学学习观念（思政目标之一）。大学有两种：一种是世俗意义上的现实大学，另一种是精神意义上的理想大学。学生目前就读的大学可能并不是心中理想的大学，理想的大学在现实中也很难找到，甚至根本就不存在，但重要的是理想的大学能否存在于我们的灵魂之中。理想的大学以精神的方式在灵魂的高处引领着不断努力前行的方向。现实的大学是给定且有局限的，但在想象世界中的精神大学是超越现实、没有边界的，引导学生要在现实并不完满的大学里努力学习，读出理想大学的踪迹。

# My Ideal University

## Before-class Research

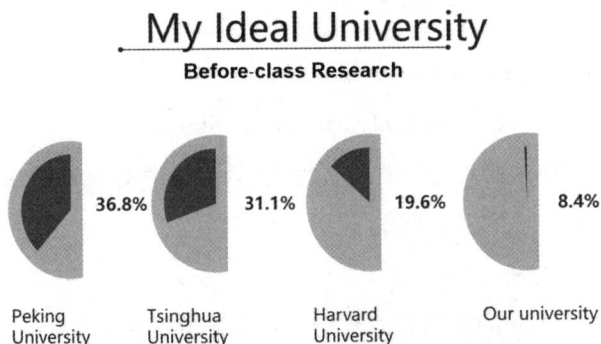

图3　学生心中理想大学调查结果

听力练习（见图4）：以演讲片段"我们为什么要上大学"为听力材料，要求学生完成听力填空。在练习本单元相关听力语料的同时引导学生认识到大学教育不仅对于个人的未来有重要意义，也对国家乃至世界的未来产生重要影响。

# Lead-in

What you are learning in school today will determine whether we as a nation can meet our greatest challenges in the future.

**Why should we go to school?**

## Discussion

1. What is the ideal university like in your eyes?

2. What is your expectation of your college life?

图4　听力练习

## 2. 课程教学整体阅读：理解"Fresh start"

（1）播放课文录音，引导学生总结课文大意和演讲的文体特征。

（2）要求学生略读全文，引导学生梳理并总结文章整体结构（见表1）。

表1　文章大体结构

| Structure | Main idea |
| :---: | :---: |
| Part 1（Paras. 1 – 3） | Opening part of the welcome speech |
| Part 2（Paras. 4 – 7） | Advice from the president |
| Part 3（Para. 8） | Concluding part of the welcome speech |

（3）课文精读部分从语言能力和育人思想两方面提升学习成效：一方面让学生能够熟练运用英语描述大学生活，另一方面引导学生深入思考，学会感恩父母并树立正确的人生观。

**Part 1　Opening part of the welcome speech**

① 了解演讲者在大学第一天发生的故事。

② 学生从课前预习的主题词汇表中找出和归纳与大学第一天相关的表达。

③ 用以下两个问题引导学生回忆大学第一天的情形，学会感恩父母。

Q1：How did you feel when you first knew that you were admitted to your university?

Q2：What did your parents say to you on your first day of the university?

**Part 2　（Paras. 4 – 7）Advice from the president**

课文学习：校长给大一新生的4个建议（见表2）

表 2　Advice from the president

| Topic sentence | Advice from the president |
| --- | --- |
| **Para. 4** | Make the best of what you have. |
| **Para. 5** | Challenge yourself. |
| **Para. 6** | Meet new experiences. |
| **Para. 7** | Carry your responsibilities. |

Questions for specific information

Q 1：*What great resources will a college student enjoy?*（Para. 4）

Answer：interesting students, learned and caring faculty, a comprehensive library, great sport facilities and students organizations.

Q 2：*What responsibilities should college students shoulder according to the speaker?*（Para. 7）

Answer：acquire knowledge; discover passion; build a strong and prosperous future for the later generations.

**3. 课程教学内容概括：凝练主题，升华思想**

（1）结合课文内容，让学生从课前预习的主题词汇表中找出和归纳关于大学校园生活的表达。

　① 学习该部分内容并总结校长致辞的关键词：责任

　② 从个人利益和国家利益两个维度总结当代大学生的责任（见图 5）

（2）引导学生发现大学作为生活方式，主要表现为三种生活：一是个人生活，主题词是青春，彰显青春的关键词是健康、友谊、爱情；二是学习生活，主题词是学问，追求学问的关键是知识、智慧与创造；三是社会生活，主题词是责任，扩展责任的关键词是视野、情怀与担当。

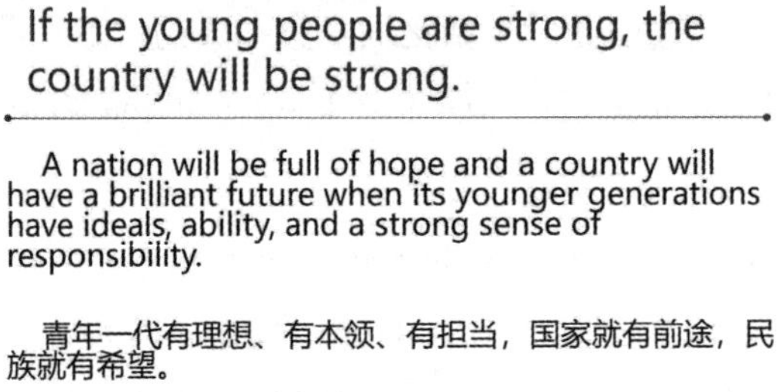

## If the young people are strong, the country will be strong.

A nation will be full of hope and a country will have a brilliant future when its younger generations have ideals, ability, and a strong sense of responsibility.

青年一代有理想、有本领、有担当，国家就有前途，民族就有希望。

**图 5　当代大学生肩负的国家责任**

### （三）课后实践，内化学生思想

（1）录制 Vlog：A day in my college。要求学生用影像日志的形式记录大学生活的一天，让学生练习用课上所学的语言表达来描述大学生活，并在本单元最后一次课上分享优秀作品。

（2）批改网作文：Ways to achieve a better self. 通过主题写作任务帮助学生反思课堂内容，反思大学学习的缘由，即：如何充分利用大学的优质资源及各种经历、体验来丰富、完善自己；如何通过大学学习获得完备的知识、健全的灵魂、丰盈的人格，从而具备担负起自身责任的能力。

## 六、教学反思

课程思政教育是落实立德树人根本任务的关键，发挥着不可替代的作用。在大中小学循序渐进、螺旋上升地开设课程思政教育，是培养一代又一代社会主义建设者和接班人的重要保障。"课程思政"融入英语课堂让教师既依托教材，又高于教材，于思辨中提升语言能力，以思辨的头脑徜徉于中西文化的海洋。在实践教学中，教师不断深入挖掘教学素材中的课程思政要素，丰富"课程思政"手段，增强"课程思政"能力，达到英语课程潜移默化的育人能力。本课以"Fresh start"为核心内容，结合大学生初入大学时遇到的现实问题，在学习相关英语词汇的过程中，引导学生加强对中外大学现状和大学生活本质的认知，引起学生内心的共鸣，活跃课堂气氛并调动学生学习的积极性和主动性，进而促进学生在大学阶段养成正确的学习观、价值观和人生观，达到本课教学的课程思政育人目标。

（作者：陈伶俐，湖南师范大学外国语学院公共外语部讲师）

# "大学英语（二）"课程思政教学设计样例（1）

## 一、课程总览

**课程名称：**大学英语（二）

**课程类型：**非英语专业必修课

**教学对象与学时：**非英语专业本科二年级，48 学时

**课程目标：**

大学英语课程是高等学校人文教育的一部分，兼具工具性和人文性双重性质。课程旨在进一步提高学生的英语应用能力，使其能在日常生活、学习和未来工作等诸多领域使用英语进行简单的交流；能有效运用语篇和语用等知识，理解有一定语言难度的材料；能以口头或书面形式阐明具有一定复杂性的道理或观点，进一步增强跨文化意识和交际能力；在与来自不同文化的人交流时，能够恰当使用交际策略，处理好与对方在文化和价值观等方面的差异。同时引导学生树立正确的世界观、人生观和价值观，吸收人类文明的优秀成果，为培养具有前瞻思维、国际眼光的人才提供有力支撑。

**课程特色：**

本课程以单元主题为模块设定思政目标，以产出性任务为导向，将每个单元的思政点和课文中语言点及内容有机融合。学生课前通过自学平台完成材料的阅读、语言点和知识点的自学和课前练习，为单元主题的探索和语言学习作好准备。教师在课堂聚焦本单元主题的重点难点，引导学生

进行语言点操练、文章结构分析，以及主题讨论，并通过案例分析、项目展示等产出性活动帮助学生运用语言技能，同时深化主题理解，实现语言能力和价值引领有机融合。

## 二、本课课程思政教学目标

本教学设计来自教材《新世界交互英语读写译》（清华大学出版社，2017 年版）第三册第五课《男女有别》，该文章运用了对比法阐明了性别差异的主要表现，重点探讨了男女不同的沟通方式。本课教学安排两次见面课，共四课时。第一次见面课的任务是完成课文的学习，理解文中提到的性别差异及其产生原因，并掌握描述性别差异的英文表达及对比写作法的两种基本结构。第二次见面课即本次课的设计，主要是帮助学生运用对比法的写作技巧，并深化理解男女沟通差异。具体来说，目标有三个方面：

从知识层面来说，了解男女沟通方式不同会导致沟通障碍。

从技能层面来说，运用对比法来描述差异性事物，同时学会英语的共情式倾听技巧。

从价值观层面来说，学会尊重差异，掌握沟通技巧，理解"和而不同"才能建立和谐的关系。

## 三、本课课程思政教学重点和难点

### （一）本课课程思政教学重点

（1）通过课内材料和课外材料的阅读，让学生理解男女不同沟通方式的具体表现。

（2）通过线上线下相结合方式学习对比法的写作技巧，了解 point by point 和 subject by subject 两种结构，帮助学生有条理地描述事物的差异性。

（3）通过课外材料阅读和案例分析，帮助学生了解因男女差异产生的矛盾可以通过一些沟通技巧来化解，并学会共情式倾听技巧。

（4）最后通过讨论帮助学生树立对待性别差异的正确态度：性别差异是客观存在的，学生需理解差异的表现，尊重差异，并通过有效沟通来避免冲突，和谐共处。

（二）本课课程思政教学难点

（1）学生在描述事物的差异时容易逻辑不清，需要帮助学生掌握对比的内在逻辑。

（2）学生不仅要了解性别差异，还需要思考如何对待性别差异。

## 四、本课课程思政教学方法

### （一）"产出导向法"

教师设计有难度梯度的产出性任务，帮助学生将接受性知识内化为产出性知识，并在这个动态过程中实现语言目标和思政目标，实现显性外语教学和隐性思政教育相统一，避免形成语言教学和思政教学"两张皮"的情况。本课的项目任务是写出一对有矛盾的夫妻向婚姻咨询师进行咨询的剧本，并进行展演。这个任务分为两个子任务，任务一是展现男女不同的沟通方式。任务二咨询师需解释共情式倾听技巧，并强调"和而不同"的重要性。这两项任务将语言学习延续到生活实际，提供给学生运用语言的机会和探究主题的空间，有助于实现语言能力目标和思政目标。

### （二）"混合教学法"

混合式教学法融合线上线下不同学习形态的益处，最大化地提升教学效果。本课中学生课外利用 U 校园平台自学单词，理解课文，通过微课学习对比法写作技巧，通过课外电子书延伸阅读。教师在课堂上开展线上任务检测，组织小组讨论、角色扮演、案例分析、写作互评、项目展示等人际协作活动帮助学生实现意义构建和语言内化，深入理解性别差异的表现，并树立对待差异的正确态度。

### （三）"情境教学法"

情境教学法有助于将文章中的思政元素和学生生活以及时代特点相结合。教师创造生动场景让学生用课堂上学到的知识去分析，增加学生态度体验，帮助学生将世界观和人生观内化为个体语言和行为。本课有一个案例分析的活动，其目的就是将性别差异引起的矛盾具象化，引导学生去观察和分析生活中的事例。在这个基础上，让学生运用所学的沟通技巧来改善案例中欠妥的沟通方式，帮助学生在轻松愉快的情感体验中理解"和而不同"的涵义。

## 五、本课课程思政教学过程

### （一）课前线上自学任务

任务一：在线学习微课，微课解释了"对比与对照"这一写作技巧。

任务二：阅读补充材料，材料来自书籍《男人来自金星，女人来自火星》。

任务三：线上提交写作练笔，用微课所学对比法写一个段落，介绍阅读补充材料（任务二）中的内容。

### （二）课堂活动

**环节一：复习课文**

复述课文：展示课文结构，让学生复述出课文的大意和主要细节。

目的：帮助学生回忆课文内容，同时了解学生对课文理解的情况。

**环节二：课程导入**

小组讨论：观看一段视频，看完后讨论两个问题：误会产生的原因可能是什么？怎么做才能化解这种矛盾？视频截取自电影《分手男女》，主人公 Brooke 和 Gary 原是相爱的一对，但是却走到了离婚边缘。在一次激烈争吵后，Gary 问哭泣的 Brooke 为什么不早说出自己的感受。Brooke 回答说她已经试着说过好多次，都没用。Gary 表示很委屈，认为 Brooke 肯定是说得太含蓄，他根本没意识到，他说自己不懂读心术，读不懂 Brooke 心里所想。很显然，这对夫妻之间的矛盾是源于沟通不畅，他们没有意识到不同的沟通方式让他们误会不断加深。

目的：学生通过观看视频，可以对男女沟通方式差异产生的后果形成直观认识。同时观看视频后的讨论能帮助学生表达自己的观点，并过渡到下面的学习内容。

**环节三：运用对比法分析男女沟通方式差异**

**1. 对比法要点阐释**

检查线上任务一：课件中给出对比对照法的规则解释，其中 Description 的内容是完整的，但 Category 一栏内容是空白的，让学生根据 Description 来填写 Category（具体包括：Purpose & Supporting Details，Structure，Transitions，Grammar）。

目的：检测线上任务 1 完成情况，同时帮助学生巩固对比法的写作技巧。

**2. 对比法写作的评析**

线上任务二、三的检查：任务二是阅读课外材料，材料具体解释了男女之间不同的沟通方式是如何造成误会和矛盾的。教师通过填空的方式检查学生阅读完成的情况。材料的大意是：男性注重成就感，碰到问题一般不是找人倾诉情绪，而是找出解决问题的途径，即使有时会找人交流，其主要目的是寻求建议，所以当有女性来找他沟通时，他会误以为女性是为了寻求解决方案，所以往往会给出建议。而女性看重的是亲密关系，交流的过程本身对女性来说就是一种安慰，女性碰到问题时喜欢找人倾诉，就是因为她们需要把自己的感受表达出来，如果男性不懂得先接纳女性的情绪而是直接给出建议，会让局面变得糟糕。

任务三是让学生根据微课视频中介绍的对比法技巧写一个段落来介绍课外阅读材料的内容。课堂上教师选取线上学生提交的一篇习作，按照 Rubrics 的各项逐条分析学生习作中 Purpose & Supporting Details、Structure、Transitions、Grammar。

目的：通过分析两个任务完成情况，既能帮助学生理解男女沟通方式差异带来的后果，同时也能针对学生在运用对比法时的难点进行解释。

**环节四：运用沟通技巧探讨对待差异的方式**

**1. 共情式技巧分析**

重点阐释：教师对补充材料中提到的一个沟通技巧——共情式倾听进行进一步分析，并讲解可以表达共情式倾听的典型英语句式。

深入思考：给学生展示另一段视频，视频观看后，学生讨论共情式倾听的有效性。视频大意是女主 Penny 正因为某件事情而恼怒不已，她在楼梯间碰到了 Raj，便开始向他大倒苦水。Raj 是个在女性面前不敢说话的男性，在 Penny 说个不停时，他其实没听进去，但为了配合 Penny，只能装作在认真听，并且适时地微笑和点头。虽然从始至终 Raj 一句话也没有说，但是却歪打正着，满足了 Penny 需要找人倾诉的心理。Penny 一股脑说完后如释重负，对 Raj 的倾听表示感谢。

目的：帮助学生深入理解共情式倾听这一抽象概念。

**2. 案例分析**

小组讨论与角色扮演：给学生一个对话，对话的大概内容是：妻子向丈夫诉说当天因为堵车而迟到，并被老板批评的事情。妻子本想在丈夫这寻求心理的慰藉，而丈夫在聊天过程中一直试图给出如何避免堵车的建议，最终双方不欢而散。针对这个案例，学生需完成两个任务。第一，分析两人沟通不顺利的原因。第二，扮演丈夫和妻子的角色，并运用共情式倾听这一技巧，来改变对话的方式和结局。

目的：案例分析能帮助学生将所学知识进行内化。学生既需要分析男女差异在现实生活中带来的矛盾，还能运用共情式倾听技巧完成产出性任务。

**环节五：深化对男女差异主题理解**

小组讨论：给出思考题：What is the right attitude toward gender differences?

教师点评：学生分组讨论后，教师引导学生认识到男女的差异是客观存在而无法回避的，与其在有矛盾后相互指责，更重要的是学会理性看待这种矛盾。正确的态度应该是理解和尊重男女双方不同的需求和沟通方式，并积极掌握沟通技巧，尽量避免矛盾产生，和谐相处。这也是孔子所说的"和而不同"。

目的：在前面一系列活动的支撑下，对本课课程思政主题进行升华，帮助学生理解差异存在的客观性，并树立正确对待差异的观念。

**（三）课后延伸**

段落写作：课后作业是写一篇英语反思，要求学生再次运用对比法去表达自己在学课文之前和学完之后对性别差异理解的区别。

目的：学生的反思写作是本单元重要的教学评价手段。既可以作为语言学习效果的检测手段，了解学生对性别差异细节掌握程度以及对比法运用的灵活度，也是检测思政目标是否实现的指标之一，有助于了解学生对待性别差异的态度。

## 六、教学反思

　　课程思政建设的核心目标就是寓价值观引导于知识传授和能力培养之中，帮助大学生树立正确的世界观、人生观和价值观。大学英语课程思政的实施过程的难点在于如何协调语言学习和课程思政，教师既不能只关注语言目标，也不能为了课程思政而思政，需做到显性语言学习和隐性思政教育的统一。教师首先要认真挖掘每个单元所蕴含的思政元素，并结合文章所含的语言素材精准地制定教学目标，保证思政目标和语言目标有机统一，而不是脱离语言目标单独存在。同时教师应设计适合自己学生水平的有难度梯度的产出性任务，帮助学生突破原有的水平，逐步将语言知识内化，并在语言学习过程中同时达成思政目标。另外，课程思政的教学效果评价也应融合到语言知识和技能的评价中去，将显性的语言技能的评价和隐性的课程思政评价结合起来。

　　　　　　　　（作者：王兰，湖南师范大学外国语学院公共外语部讲师）

# "大学英语（二）"课程思政教学设计样例（2）

## 一、课程总览

**课程名称**：大学英语（二）

**课程类型**：公共必修课

**教学对象与学时**：非音体美专业本科一年级，72 学时

**课程目标**：

能够正确地运用英语语音、词汇、语法及篇章结构等语言知识，在大学英语（一）要求掌握的词汇基础上，增加 600 个词汇；能够了解中国与世界其他各国优秀的文明、文化及跨文化交际知识，增加在社会、文化、科学等领域的通识性知识储备；能够理解语言难度中等、涉及常见的个人和社会交流题材的口头和书面材料，并能就熟悉的话题进行简单交流与个人观点论述等，表达较为准确、清晰、连贯；能够维系积极的英语学习动机、学习兴趣，发展自主学习能力；树立国际视野，提升跨文化交际意识与综合文化素养，树立正确的人生观和价值观。

**课程特色**：

本课程从学生的所思、所需出发，单元主题更贴近大学生学习和生活实际，题材广泛，涵盖自然科学与人文社会科学领域，涉及科学、技术、经济、历史、文学、哲学、人生、社会问题等多个范畴，探索人类的足迹、文明的历程，面对当下的挑战与困惑，并憧憬自己、国家和世界的未来。随着我国在世界舞台上的话语权逐步提升，作为新一代莘莘学子，学生需

要在世界舞台上讲好中国故事，把中国的立场和观点介绍给世界。因此，本课程有意识地引入中国元素，采取多种方式帮助学生建立文化自信、学会用融会贯通的表述有效传播中华文化，使学生们能够为实施国家"走出去"贡献智慧和力量。

## 二、本课程思政教学目标

### （一）案例简介

本单元主题是友善与冷漠，本案例所选的课文主题为"旁观者效应"，从心理学的角度科普旁观者的心理活动，并解释为何人们在旁观时会犹豫不施救，来鼓励学生应用"旁观者效应"，勇于相救，见义智为。教师在讲授课文《旁观者效应》基础上，让学生讨论"老人扶不扶"问题和"三个和尚没水喝"的实质原因，引用"阜师好人"的真实故事，鼓励学生在别人需要帮助时能伸手援助。同时，引用疫情防控期间的真实案例，使学生明白自身的责任所在，希望学生能做到积极抗疫，投身到抗疫志愿服务工作中，如表1。

表1　Unit 4 Text A 思政任务分解

| Unit 4 Text A 思政任务分解 | |
|---|---|
| 文章主题 | 旁观者效应 |
| 词汇 | 党的十九大报告，官媒双语材料中的词句应用 |
| 语言篇章 | 古今名言名句，领导人发言讲话等 |
| 课后练习 | 双语官媒、书籍、听力等 |
| 补充材料 | "阜师好人"、抗疫英雄等相关新闻报道 |

在教学中应用产出导向法、情景式教学法和交际语言教学法，创设真实情境，教师课前呈现产出目标：（Writing an opinion post：Helping in emergencies），运用超星学习通，老师将学生的课前、课后的线上学习与课堂教学紧密结合，使学生的混合式学习流程形成一个完整的闭环，同时充分发挥技术的优势与教师的作用，为学生提供一种乐学、易学的全新学习体验。学生对课题兴趣十足，不仅完成了对文章的理解和知识延伸，还树立了正确的价值观，实现了人文性目标。

**（二）思政案例实施**

**1. 教学目标**

知识目标：

（1）了解"旁观者效应"；

（2）能使用新的词汇、语句结构讨论"旁观者效应"。

能力目标：

（1）培养和提高学生的语言表达能力、思维能力以及分析问题的能力；

（2）能应用"旁观者效应"解决实际问题。

思政目标：

（1）学生能够深入理解社会主义核心价值观的意义；

（2）学生能够明晰"旁观者效应"的成因；

（3）能够明确自身责任，在生活中遇到此类问题及时施以援手。

**2. 思政教学设计**

思政教学重点：旁观者效应的概念、成因；

思政教学难点：如何分析旁观者效应产生的原因以及如何运用旁观者效应来解决现实生活中的问题。

资源建设：课前老师在超星学习通里上传微课、教学设计和课件等资源，开展学生线上讨论活动；课堂教学过程中老师开展小组活动，通过学习通"话题讨论"、"抢答"、"选人"和"投票"等一系列活动贯穿整个课堂教学；课后上传拓展阅读材料和微课，帮助学生更好地完成课后作业并上传至超星学习通，由老师评分。

教学环节：本案例将"产出导向法"与大学英语智慧课堂教学相结合，教师课前通过学习通创设具体情境（"小悦悦"事件和"扶不扶"问题），发布产出任务，鼓励学生进行初次产出（讨论"为什么有的人不敢扶？"）；课堂上，教师利用智慧教学平台对学生的产出情况进行展示和点评，发起课堂互动（思考"扶，还是不扶？"和"三个和尚如何有水喝？"），构建促成产出任务的语法结构和话语结构，帮助学生二次产出，提高口语和写作能力（Writing an opinion post：Helping in emergencies），如表2。

教学内容：

Unit 4 单元主题（Kindness and Indifference）

Text A ：The bystander effect（旁观者效应）

关于对"旁观者效应"的认识与思考

教师活动：课前上传微课和新单词预习视频，布置产出任务；课堂上，教师用智慧教学平台对学生的产出情况进行展示和点评，发起课堂互动，构建促成产出任务的语法结构和话语结构；课后教师补充相关拓展视频和材料，为学生拓展原有知识提供参考，并鼓励学生上网或查阅图书馆补充相关心理学知识。之后，教师对学生的课上和课后产出任务完成情况进行评价。

学生活动：课前拍摄课文中的模拟场景短视频，收集中国"小悦悦事件"和美国 Kitty Genovese 事件新闻报道；课上角色扮演，分别从记者、当事人和摔倒老人的角度来分析应用"旁观者效应"；课后搜集相关心理学资料，进一步探讨"旁观者效应"，完成写作任务。

思政元素融入点：鼓励学生在危急时刻勇于施救，见义智为；使学生明确自身的责任与担当。

表2　Text A《旁观者效应》教学设计

| 时间顺序阶段 | 教学环节 | 教学活动 | | 教学互动方式 | 设计意图 |
|---|---|---|---|---|---|
| | | 教师活动 | 学生活动 | | |
| 驱动<br>I Prepare | 课前自学 | 上传"小悦悦"事件相关报道和词汇练习 | 课前观看微课，完成课前任务 | Whole class | 引起学生兴趣，引入主题 |
| 促成<br>I Explore | 导入 | 播放学生录制的视频，让学生思考后用英语回答问题 | 观看视频，思考并回答问题 | T-Ss<br>Whole class<br>S-T | 创立情境，给出产出任务 |
| | 文章分析 | 引导学生利用议论文的三大要素来分析旁观者效应；组织学生通过小组活动来进行文本细读 | 略读文章，概括大意；小组思考并讨论 | T-Ss<br>S-S<br>S-T | 进一步挖掘"旁观者效应"的概念，成因以及相应措施 |

（续表）

| 时间顺序<br>阶段 | 教学环节 | 教学活动 | | 教学互动<br>方式 | 设计意图 |
|---|---|---|---|---|---|
| | | 教师活动 | 学生活动 | | |
| 促成<br>I Explore | 角色扮演 | 以生活中的具体事例："扶，还是不扶呢?"和"三个和尚没水喝"为例，让学生思考如何利用"旁观者效应"来解决实际问题 | 从记者、当事人和摔倒老人的角度来分析运用"旁观者效应" | T-Ss<br>Whole class<br>S-T | 鼓励学生勇于施救 |
| | 课堂总结 | 教师展示"师大好人"和抗疫英雄真实事例 | 小组集体思考讨论 | T-Ss | 使学生明白自身责任所在 |
| 产出<br>I Produce | 布置作业 | Writing an opinion post：Helping in emergencies. | 完成产出任务 | Ss | 学生学以致用，辅助实践 |

## 三、思政教学过程

### （一）课前

学生课前搜集国内外媒体对于中国"小悦悦事件"和美国 Kitty Genovese 事件的报道，并在超星学习通 Unit 4 I Prepare 中分享讨论；同时老师在超星学习通里上传"I Prepare"微课、课件和教学设计等，帮助学生明确课程目标，做好预习工作。

### （二）课中

**1. I Prepare：呈现单元交际场景，激发学习动力**

You are at the university cafeteria when you hear the news about Yueyue. Together with you are a group of international students. They are shocked and outraged by the incident. You are going to write an opinion post：Helping in emergencies.

**2. I Explore：The bystander effect**

（1）Lead-in 导入

教师播放学生拍摄的模拟情景视频并提出问题，启发学生对"小悦悦

·

141

事件"和老人扶不扶问题等类似事件的思考,最后总结引出"旁观者效应",并创设情境,给出产出目标:Write an opinion post:Helping in emergencies.

(2) Text understanding 文章分析

①背景知识层面思政元素

People are faced with two options when others are in trouble:To help or not. What motivates people's choices and behaviors? This unit aims to provide learners with different perspectives to understand the complexity of human nature in general and to understand the psychological motives for willingness or reluctance to help in particular. Text A "*The bystander effect*" tries to explain why people don't help in emergencies.

"见义不为,非勇也。"(《论语·第二章·为政篇》)

It is not brave to do nothing for righteousness.

"路见不平,拔刀相助"(元·杨显之《酷寒亭》楔子)

Come to help when help is in need.

② 篇章理解层面思政元素

首先,教师引导学生从议论文的三大要素:what、why 和 how 来分析旁观者效应;其次,学生通过小组活动来进行文本细读,进一步挖掘旁观者效应的概念、成因以及相应措施,从而能够在类似事件中及时出手相助,并做到见义智为。

(3) Take sides 角色扮演

三组学生分别扮演记者,老人扶不扶现场的旁观者和三个和尚没水喝故事中的和尚,利用"旁观者效应"从不同角度分析事件产生的原因及解决措施,最后教师对学生发言进行评价。

(4) Summary 总结

以"阜师好人"的真实故事为例,教师鼓励学生在别人需要帮助时能伸手援助;同时,引用疫情防控期间的真实案例,使学生明白自身的责任所在,希望学生能做到积极抗疫,投身到抗疫志愿服务工作中。

(5) Homework 作业

结合课上所学，收集相关资料，完成写作任务：Writing an opinion post：Helping in emergencies。

**3. I Produce 单元任务输出**

Writing an opinion post：Helping in emergencies：In "I Explore 1" of this unit, you've gained a preliminary understanding of the bystander effect, which offers a socio-psychological explanation for people's failure to lend a hand in emergency situation.

Taking together what you've learned, you're going to write an opinion post as mentioned in "Scenario Two," discussing why many people do not help in emergencies and how to encourage them to lend a hand when help is needed. Your writing should be no less than 350 words and you may post it onto an online discussion board so that you can share thoughts with people like David who are interested in this topic.

### （三）课后

教师在课后补充相关拓展视频和材料，为学生激活原有知识提供参考，并鼓励学生上网或查阅图书来补充相关心理学知识。之后，教师对学生的课上和课后产出任务完成情况进行评价。

课后补充阅读思政元素：

青年之于党和国家而言，最值得爱护、最值得期待。青年犹如大地上茁壮成长的小树，总有一天会长成参天大树，撑起一片天。

For the Party and the country, youth are the most worthy of love and expectation. Young people are like saplings that thrive on the earth, and one day they will grow into towering trees.

——《习近平在庆祝中国共青团成立 100 周年大会上的重要讲话》

### （四）教学实效

从教学生动性的视角来看，良性互动和学生自制视频的播放引起学生对于课堂话题的浓厚兴趣；社会热点问题的切入，使学生所学得以运用。

从能力培养的角度来说，全程启发学生思考和寻找答案，并鼓励学生进行多人合作来探究"旁观者效应"，培养了学生解决复杂问题的能力和独立思考的能力。

从效果评价的角度说，通过超星学习通手机客户端的使用实现线上与线下相结合，有效监测学生的课前、课后任务完成情况和产出情况，并及时针对学生的疑问改进教学设计，这符合新课程理念发挥学生主体作用的目标。老师在教学中将课程思政要求有效融会贯通于本课程的教学中，实现了三结合，即课堂教学与实践教学相结合，线上教学与线下教学相结合，英语通识教育与思政教育相结合。

## 四、案例反思

### （一）创新之处

本案例的主题是心理学现象"旁观者效应"，探究旁观者心理活动，是学生十分感兴趣的话题；以小见大，从"扶不扶"和"三个和尚没水喝"现象入手，探索其背后所折射出的问题，鼓励学生见义智为，不推卸责任，将课本内容、社会问题与思政教育有机结合在一起。课程思政元素如盐入味，学生在完成对文章的理解和知识延伸的同时，掌握了解决实际问题的方法，还树立了正确的价值观。

### （二）有效措施

针对英语教材中文本的语言特点和主要内容，深入挖掘课程思政元素，注意与时事相结合，与党的最新方针政策和理论相结合。同时，课程思政的融入要自然、恰当，达到润物无声的效果。

（作者：凡婧，阜阳师范大学外国语学院大学英语教学部讲师，首届"智慧树杯"课程思政大赛示范案例教学大赛优秀奖）

# "大学英语（四）"课程思政教学设计样例

## 一、课程总览

**课程名称**：大学英语（四）

**课程类型**：通识教育必修课程

**教学对象与学时**：全校本科二年级，32 学时

**课程目标**：

大学英语课程是非英语专业大学生必修课程，兼具工具性和人文性，在高校落实立德树人根本任务过程中发挥重要作用。

大学英语教学以外语教学理论为指导，以英语语言知识与应用技能、跨文化交际和学习策略为主要内容，集多种教学模式和教学手段于一体，帮助学生打下扎实的语言基础，培养学生英语应用能力和中华文化传播能力，增强学生跨文化意识和交际能力。同时发展学生自主学习能力，培养高阶思维能力。坚持语言学习与真善美人文精神滋养深度融合，以"润物细无声"的方式对学生进行价值引领和品格塑造，助力培养具有家国情怀、国际视野、文化自信、诚实正直的社会主义建设者和接班人。

本课程包含八个教学单元，每个单元包含两篇课文，主题涉及校园爱情、美丽奥秘、创业精神、人与自然、文化差异、性别平等、能源危机和人生意义等，内容新颖，题材广泛，与大学生成长成才密切相关，蕴含丰富的课程思政元素。

**本课程的目标：**

（1）通过系统的学习、训练，学生在"大学英语（三）"的基础上在听、说、读、写、译等英语应用能力、自主学习能力与合作能力等方面获得进一步提升。

（2）通过中西文化对比，学生具备较理想的跨文化意识和跨文化交际能力。

（3）通过灵活多样的教学方法，学生的创新思维与思辨能力逐步提升。

（4）通过深度挖掘教材的人文内涵，学生能够树立积极的世界观、人生观和价值观。

**课程特色：**

本课程采用线上线下混合式教学模式。线上课程"大学英语（四）"于2020年上线智慧树平台，为省内学生提供在线课程。学生使用学习通平台结合线下教学进行学习，课程同时作为学习通教学示范库供其他兄弟院校师生选课学习。

本课程注重深度挖掘教材内容中蕴含的思政元素，并有机融入教学过程，使大学英语这门通识教育课充分发挥其工具性和人文性特点。以人为本，弘扬人的价值和社会主义核心价值观，培养综合素质高的应用型本科人才，落实高等学校立德树人根本任务。

线上线下混合模式充分整合资源，优化教学内容，提高学生学习积极性，实现教学模式"以教为中心"到"以学为中心"的转变。利用平台优势，随时追踪学生学习过程，实现学生学业全过程评价，对教学过程进行课前、课中、课后一体化设计，在先进教学理念指导下帮助学生实现从被动学到主动学、创新学的转变。

## 二、本课课程思政教学目标

本教学设计选取了《新视野大学英语》（第三版）读写教程第四册第四单元课文 A——自然：是征服还是崇拜（Nature: to worship or to conquer）。本单元主要围绕"Nature: to worship or to conquer"这一颇具争议的话题展开。主讲的课文是一篇充满了思辨性的议论文，作者受到古希腊哲学家普罗泰戈拉（Protagoras）的"人是万物的尺度（Man is the measure of all things.）"这一思想的影响，提出并对比了关于环境保护的两种截然不同的观点（sane environmentalism VS sentimental environmentalism），进而用具体的事例反驳了"感情用事的环保主义"（sentimental environmentalism），坚定地支持自己所主张的"理性环保主义"（sane environmentalism），认为人类的利益高于自然的利益，人类只有在保障自身利益的前提下才应该保护自然。

从学情来看，大部分学生的英语阅读水平相对较高，而在听、说、写、译方面则比较欠缺，语言使用和跨文化交际能力不足。除此之外，由于受应试的影响，很多学生更注重语言知识的学习，而忽略了篇章结构、写作技巧等方面的学习。他们具有一定的思考分析问题的能力，善于运用网络获取信息并进行简单的分析总结，但看问题的角度比较单一，缺乏必要的逻辑推理能力，批判性思维和跨文化思辨能力有待进一步提高。

本案例根据教学内容从知识、能力、育人（思政）三个方面确定了教学目标。

知识目标：学生能够掌握并准确使用课文中与环境相关的词汇讨论环境保护、人与自然关系等话题；准确识别议论文中的对立观点（counter-argument）、反驳句（rebuttal sentence）及其功能（function）；掌握议论文写作方法，能够恰当使用并完成单元产出任务；能够评价自己及同伴的语言产出任务。

能力目标：培养学生的团队合作能力、沟通能力、英语语言应用能力、自主学习能力和创新思辨能力。

育人目标：通过比较我国与其他国家不同的环保理念，引导学生树立正确环境保护观，培养中国文化自信；帮助学生正确认识人与自然、经济发展与环境保护的关系，提高环保意识及责任意识，使学生能够结合所学专业对如何实现人与自然和谐共处的可持续发展提出自己的观点和建议。

## 三、本课课程思政教学重点、难点

本课程教学重点是教材中最基本、最重要的知识和技能。依据课程教学目标，本教学设计划定两个教学重点。

·

**教学重点一：**

掌握本单元课文中与环境保护相关的积极词汇和重要表达。通过课前预习、随堂测验、课文阅读与讲解、总结段落大意等教学环节，帮助学生积累并运用与环境保护相关的重要词汇和表达，加深对课文内容的理解，夯实学生的英语语言基础，为单元产出写作任务做好语言准备。

思政内容的融入体现在教学过程中的话题导入环节，通过让学生观看"世界环境日"介绍，使学生了解中国自党的十八大以来在环保方面做出的努力。习近平总书记多次强调生态环境保护的重要性，他指出"环境就是民生，青山就是美丽，蓝天也是幸福。要像保护眼睛一样保护生态环境，像对待生命一样对待生态环境"。党的二十大报告指出：推动绿色发展，促进人与自然和谐共生。大自然是人类赖以生存发展的基本条件。尊重自然、顺应自然、保护自然，是全面建设社会主义现代化国家的内在要求。必须牢固树立和践行绿水青山就是金山银山的理念，站在人与自然和谐共生的高度谋划发展。

帮助学生理解中国关于在人与自然之间建立伦理关系的理念。早在中国古代，以孔子、孟子为代表的一些杰出思想家就从研究人际关系角度出发探讨了人地关系。从先秦时期开始经过两汉、隋唐到宋、元、明各个时期，他们对人与自然的关系进行了深刻的思考，所提出的诸如"天人合一""仁爱万物"的思想，以及对合理利用自然资源的论述，以朴素的、直观的形式反映了当时人们对自身与自然关系的认识，形成了一套比较系统的生态伦理道德观。

**教学重点二：**

学会驳论文写作方法并完成本单元产出任务（课后作文：为什么要设立国家公园）。通过对课文内容的仔细分析，让学生感受西方哲学思想对于理性环保理念的影响，同时总结议论文写作方法，提高语言迁移应用能力和思辨思维能力。

思政内容的融入体现在作文题目的设计，对比中西方可持续发展理念的哲学根源，中国主张人与自然和谐共生的发展观，文中西方的发展观受到古希腊哲学家普罗泰戈拉的"人是万物的尺度"这一思想的影响，认为人类的利益高于自然的利益，人类只有在保障自身利益的前提下才应该保护自然。两种发展观的不同是因为哲学传统不同，要引导学生看问题可以多角度，提升学生的批判性思维能力。

**教学难点：**

由于学生只具备一般议论文写作基础，驳论文对于学生来说是陌生的写作体裁，即使有语言准备仍缺乏驳论文写作技巧。因此，需要结合文章内容帮助学生领会驳论文写作技巧，学会驳论文文章结构和写法。

## 四、本课课程思政教学方法

目前英语教学中存在思政目标与知识目标、能力目标结合不够紧密，思政教育"学用分离"这一问题。因此，本案例以"产出导向法 POA"为理念指导，遵循"驱动、促成、评价"的教学流程，采用线上线下混合式教学模式，将环境保护这一思政元素融入三个教学过程，结合启发式、对话式、讨论式等多种教学方法，帮助学生正确认识人与自然的关系，提高环保意识，为实现人与自然和谐共处的可持续发展贡献力量。

产出导向法理论由北京外国语大学文秋芳教授提出，是适合中国外语学习者的一种教学理念，主张"学习中心说"、"学用一体说"和"全人教育说"。"学习中心说"是指以学生为主体，教师为主导，课堂教学活动要服务于有效学习的发生；"学用一体说"主要针对教学实践中出现的"学用分离"问题，倡导"学"与"用"紧密结合，融为一体；"全人教育说"主张教育要服务于人的全面发展。教学流程由驱动、促成、评价三个阶段构成。产出导向法理论中的"全人教育说"与教育部《高等学校课程思政建设指导纲要》中的"三全育人"理念高度一致，两者均强调英语课程既要提高学生的语言综合运用能力（工具性目标），又要提高学生的自主学习能力、思辨能力和综合文化素养（人文性目标）。

**具体教学方法：**

（1）任务教学法：在整个教学计划实施中根据内容特点给学生布置不

同的任务，个人任务（视频观看、课文预习、预习测试等），小组任务（主题讨论、辩论）结合，将课堂内容分成多个任务，学生在完成任务的过程中，感受到课堂参与的乐趣与获得感。

（2）交际教学法：语言教学要注意提升学生语言应用能力，英语课堂要给学生表达锻炼的机会，培养学生口语交际的能力。在课堂的各个环节安排师生互动、生生互动，通过交流和讨论，不仅提高学生学习兴趣，还能培养学生合作、交际的能力。

（3）项目教学法：本单元主要的目标是帮助学生在小组协作的基础上完成输出项目——写一篇有关是否应该建立黄河国家公园的议论文，将语言技能落到实处。

## 五、本课课程思政教学过程（见表1）

表1　Unit 4 Text A 产出导向法（POA）理论指导下的教学过程设计

| 教学环节 | 教学内容 | 思政融入 |
|---|---|---|
| 产出驱动 Motivating | 1. 单元产出目标：Should We Have Yellow River National Cultural Park？<br>2.（个人任务）观看"世界环境日"视频（在线课程）完成相关测试题目，锻炼听力技能同时提高学生学习兴趣。<br>3. 教师与学生分享中国近年来的环保举措，习近平总书记关于环保的论述，帮助学生理解中国建设的现代化是人与自然和谐共生的现代化，启发学生思考中国人的自然观为什么是人与自然和谐共生。<br>4.（小组讨论）学生分组思考老师提出的问题，教师对于中国的环保理念产生的哲学根源进行简单总结。中国古代传统文化中的"天人合一"思想是我国环保理念的主要哲学基础。 | 1. 将教材课后产出作文"是否应该设立国家公园"改成"是否应该设立黄河国家文化公园"更符合中国国情。<br>2. 视频观看使学生了解到世界各国对生态环境保护的重视。<br>3. 教师通过分享内容引导学生结合自身所学专业，思考未来生态建设"我"可以做些什么，培养学生责任意识、担当精神。<br>4. 教师总结开阔学生思路，帮助学生认识到中国古代传统文化的博大精深及文化的传承。 |

（续表）

| 教学环节 | 教学内容 | 思政融入 |
|---|---|---|
| 输入促成<br>Enabling | 语言促成：在学生课前预习基础上讲解课文重点单词、词组、句型和长难句。<br>观点促成：讲解课文，总结文章主题思想；讲解过程中引导学生关注中国环保理念与作者所提主张的不同，思考产生不同的原因。<br>结构促成：分析文章结构，了解驳论文基本结构。<br>写作技巧促成：学生观看驳论文写作技巧介绍视频（在线课程）；教师针对视频讲解写驳论文时的难点及注意事项，并和学生一起分析写作范文。<br>学生任务促成：<br>1. 根据范文（应不应该建立国家公园），内化产出任务（应不应该设立黄河国家文化公园）驳论文的基本结构。<br>2. 辩论：全班同学分成两组，辩论是否应该建立黄河国家文化公园。教师向学生展示黄河重大国家战略及山东黄河生态建设成果图片，让学生感受生态环境对人类发展的重要性。<br>3. 学生根据辩论后的思想碰撞结果来形成产出任务的写作提纲。<br>4. 学生完成相关课后题。<br>产出促成：学生完成驳论文"我们是否要建黄河国家文化公园?" | 1. 通过提炼主题思想使学生明白作者的环保理念与中国环保理念不同的根本原因在于哲学传统不同（西方：受古希腊哲学家普罗泰戈拉思想影响认为人的利益高于一切；中国：受老庄等传统文化思想影响坚持人与自然和谐共处），使学生感受中国文化的博大精深，培养学生文化自信并学会辩证看待问题——文化没有优劣之分，思想植根于文化之中。<br>2. 学生在了解黄河重大国家战略基本情况及山东黄河生态战略建设成果后，深入思考国家公园建设的必要性以及如何协调经济发展与生态保护的关系，提升批判性思维能力。<br>3. 课堂活动的设计促进学生交流，提升语言交际能力，同时培养学生合作精神、探究精神、创新精神和批判性思维能力。 |
| 教学评价<br>Assessing | 学生自评：教师给出作文评分标准，学生自评并修改作文。<br>小组互评：小组内选出一篇作文在组间互评。<br>教师点评：教师选出一份作文课堂点评。<br>过程性评价：根据课堂表现及作业完成情况，学生会获得相应课堂积分，计入期末成绩。<br>终结性评价：在线课程测试、考试，期末考试都是终结性评价。 | 以多种评价方式相结合的方式全过程评价学生学习，考察了学生学习态度，跟踪学习过程，使学习成果清晰可见，提高学生学习积极性，保证了教学效果。学生在内化知识、获得技能的过程中潜移默化地坚定了理想信念，厚植了家国情怀。 |

## 六、教学反思

本案从"语言、能力、思政"等多方面进行教学设计。

首先，产出导向法理论指导下的教学设计可以将思政元素如盐入水般融入教学的全过程，实施自然而精准的思政教育，将立德树人落到实处。例如，学生能够用英语讨论建设国家公园与经济、生态发展的关系并形成书面文字，提升语言技能的同时培养了学生思辨思维能力。

其次，创造性地使用教学资源，教学内容来源于教材，但不拘泥于教材，针对授课对象的专业特点设定思政目标，并对教学内容进行了取舍和增删，实现了公共基础课服务于专业课，并与专业课进行深度融合。

第三，合理地设计学生课堂任务及产出目标对于提高学生的学习兴趣和学习动机非常重要，可以大大提升学生的课堂活动参与度。小组合作讨论和辩论环节，鼓励同学们积极发言、主动讨论，能够有效提高任务完成质量。

（作者：王聪会，潍坊学院外国语学院讲师，首届"智慧树杯"课程思政示范案例教学大赛卓越奖）

# "高级英语（一）"课程思政教学设计样例

## 一、课程总览

**课程名称：** 高级英语（一）

**课程类型：** 英语专业核心必修课程

**教学对象与学时：** 英语专业本科三年级，64 学时

**课程目标：**

"高级英语（一）"是高等学校英语类专业核心课程，是一门训练学生综合英语能力，尤其是阅读理解、语法修辞与写作能力的课程。本课程立足"新文科"背景下英语专业人才培养和课程建设要求，依据《英语专业教学指南》（2020），贯彻 POA 教学理念，融知识传授、能力发展、素质培养为一体。

本课程采用外语教学与研究出版社《高级英语（一）》（第四版）为授课教材，选取 8~9 篇文章精讲，内容涵盖爱丽斯·沃克、阿瑟·黑利等文学大师的作品和路易斯·门肯、艾伯特·戈尔等所撰写的针砭时弊的文章，体裁囊括叙述文、描写文、议论文、专题报道，主题涉及人与自然的抗争与共处、战争与和平、法律与道德的辩证关系、文化的传承与创新等。此外，课程将《理解当代中国：英语读写教程》部分内容融入课程教学，同时推荐阅读材料并利用网络资源辅助课堂教学。课程引导学生关注社会热点、反思自身生活，通过加深对重要人文社科议题的理解，提高学生的阅读能力、语言表达能力、思辨能力和跨文化交际能力，增强文化自信。

知识目标：能够有效运用篇章、语用等知识，理解、分析和阐释具有一定难度的英文材料，形成自己的观点，扩大知识面；

能力目标：具备较强的文本分析能力、良好的口头和书面表达能力、较高的思辨能力和跨文化交际能力；

情感目标：具有较高的文化自信、社会责任感和创新精神，树立家国情怀，服务国家经济社会发展需求。

**课程特色：**

本课程的课程思政主要融入课文学习、平行文本学习、线上课程和课后写作当中。教学团队建设了"高级英语（一）""高级英语（二）"线上课程，线下课程跨越学习时空局限，多方位掌握学习进程，提高教学效果。"高级英语"获批 2020 年山东省线下一流本科课程。

## 二、本课课程思政教学目标

本教学设计以《高级英语（一）》（第四版）第六课《外婆的日常家当》（Everyday Use）为主题，内容是本单元最后一个模块"主题与象征"，即"百纳被"的象征意义与"文化遗产及其传承"。本课既是训练学生英语说、读、写能力的综合课，又是培养学生文化认同与家国情怀的素养课。

从学情来看，学生已掌握本文的情节、人物和冲突，基于此，可以理解文章的主题"文化遗产及其传承"；学生已经学习了本课的线上课程第四节"文化遗产"，对文化遗产、非裔女性缝制"百纳被"的习俗有所了解。三年级学生已具有一定的文化意识和文化认同感，在中外文化交流日益频繁的今天，引导学生在文化冲突中保持独立思考，保护和传承中华优秀传统文化。

本课根据大纲、教材的要求以及教学内容的特点，结合学生现有的知识水平和理解能力，确定本课知识夯实、能力提升、价值塑造的教学目标。

以夯实英语语言知识和社会文化知识为基础。通过阅读课文及线上课程的学习，巩固英语语言基础，掌握美国非裔女性缝制"百纳被"的习俗以及背后的文化价值，熟悉文中与"百纳被"缝制工艺相关的词汇；了解文化遗产的定义，尤其是非物质文化遗产的定义；知晓具有齐鲁文化特色的"鲁绣"及其当前的传承情况；了解家乡的某种文化遗产。

以提升英语语言运用能力和思辨能力为核心。通过分析、讨论课文中两姐妹截然不同的两种文化继承方式，正确理解课文中以"百纳被"为首的"老物件"的象征意义和文化价值，能用英语就文化遗产的继承——置于博物馆还是用于日常生活进行讨论，发表自己的见解，提升英语语言表达能力，提高思辨能力。

以增强文化自觉与文化自信、提升文化认同为育人目标。通过引导学生发现身边的"老家当"与文化遗产，使其热爱、保护和传承身边的文化遗产，从而培养学生对民族文化的热爱及家国情怀，增强文化自觉性与自信心、提升文化认同与家国意识。

## 三、本课课程思政教学重点和难点

教学重点是依据教学目标，在对教材进行科学分析的基础上确定的最基本、最核心的教学内容。"高级英语（一）"是一门语言综合课程，本课划定两个教学重点。

教学重点一：掌握与文化遗产相关的词汇和表达方式，理解并掌握美国非裔女性缝制"百纳被"的习俗及其背后的文化价值。主要通过阅读课文、回答问题、课堂讨论、总结观点等教学环节，掌握相关的英语表达句式，理解课文内容，夯实英语语言基础和拓展社会文化知识。

教学重点二：注重提升学生的口语书面语表达能力和思辨能力。引导学生联系自身生活，发现身边的"老家当"和家乡的文化遗产，思考如何传承这些文化遗产，提升分析问题和思考问题的能力。

教学难点：即教学重点二。

引导学生发现身边的"老家当"与文化遗产，在记录家庭成员与"老家当"故事的同时，从表现形式、背后的文化习俗、文化价值、传承情况全面介绍"老家当"象征的文化遗产与所折射的民族精神，使其热爱、保护和传承身边的文化遗产，从而激发学生对民族文化的热爱，培养其家国情怀。

## 四、本课课程思政教学方法

本课在课前、课中、课后的教学活动设计思路上遵循了文秋芳教授的"产出导向法"理论（POA），"课前学习"发现问题，"课中学习"分析问题，"课后修正"解决问题，通过引导学生最终完成一篇题为《XXX 与我家的"老家当"》的叙述文，让学生注意身边的文化遗产，并将这些文化遗产的传承与日常生活相结合，从而贯彻、落实习近平总书记在党的二十大报告中关于保护和传承中华优秀传统文化的重要指示精神。

本课采用 POA 理论下的线上线下混合式教学模式。课程用"智慧树"平台实施混合式教学，实现从"以教师为中心"到"以学生为中心"的教学模式转变。线上，通过学习任务单引导学生进行课前学习，增强学生学习的自主性和自律性。线下，教师将思政元素融入小组汇报、课本剧表演、调查报告等多样化教学活动中，知行结合，提高学生分析问题、理性决策、团队协作的能力。

## 五、本课课程思政教学过程

本课是本单元的最后一个模块"象征与主题"，计划 2 学时，学习《外婆的日常家当》中"百纳被"的象征意义，即文化遗产主题。思政元素从课内延展到课外，与教学内容有机融合。课本内容与学生的现实生活紧密联系，有效提高学生的文本鉴赏能力，培养学生的文化认同与家国情怀。

### （一）课前学习与探究

学生根据任务单，在"智慧树"学习由教学团队自主研发的在线精品课程"高级英语（一）"第四章第四节文化遗产（Cultural Heritage），学习结束后构思一篇关于自家"老家当"的记叙文。

设计目的：本课从"文化遗产及其传承方式"角度讲解《外婆的日常家当》的主题，因此，学生是否理解文化遗产的含义是能否掌握本课主题并进行课外拓展的关键。

### （二）课中讲授与讨论

**环节一**：随堂测。在"智慧树"翻转课堂进行关于课文内容理解的测试。本环节检测学生自主学习效果，促成学生良好学习习惯的养成；发现难点，在课堂上重点讲解。

**环节二**：课程导入。教师就线上测试中的问题简单讲解，引导学生讲述自家的"老家当"。

**环节三**：象征与主题分析。教师以"院落"为例，侧重介绍本文中涉及的非物质文化遗产，强调文化遗产有形表现形式背后所隐含的代代相传的文化习俗，并以此为基础，引入文中作为非裔群体文化遗产的"百纳被"。

本环节旨在由教师以"百纳被"的例子讲解文化遗产，引导学生学习理解自家"老家当"所象征的文化遗产。教师在本步骤强调非物质文化遗产概念，此后，教师按照表现形式、背后的文化习俗、文化价值三个方面介绍"百纳被"，学生可以据此判断除了有形的文化遗产，身边还有哪些文化遗产，从而确定如何介绍自己的"老家当"及如何说明其属于文化遗产。

在随后的学生讨论环节中，学生以自家的"老家当"为例强化理解文化遗产概念，可以将依托课文阅读了解到的文化遗产主题拓展到日常生活中，从定义、表现形式、文化习俗、文化价值等方面考察"老家当"，确保真正理解并能找到身边的"文化遗产"，学以致用，通过发现身边的文化遗产，提升学生的文化自觉性。

**环节四**：学生讨论、分享及教师总结。教师布置学习任务：找出文中出现的"老家当"，特别关注对"百纳被"的描写。分析"百纳被"这种文化遗产，学生个人思考自家的"老家当"是否属于文化遗产，其表现形式、背后的文化习俗、文化价值是什么，之后在组内讨论和互评。

学生在讨论时，教师及时督导，尤其是在课前任务中认为自家的"老家当"不属于文化遗产的同学，教师需要关注他们是否根据课堂中对文化遗产的认识重新思考其文化意义。学生讨论后，在全班进行分享，教师最后总结。

**环节五**：分析母女三人对待"百纳被"的方式，解读文化遗产的传承方式。

教师引导学生归纳总结文中母女三人对待"百纳被"的方式，解读文化遗产的传承方式，并分析其利弊，引导学生反思和评估自己身边文化遗产的传承情况，培养学生的逻辑思维能力。

本环节引导学生分析和评估身边文化遗产的传承方式，辩证思考"用于观赏"与"用于日常生活"两种传承方式，培养其逻辑思维能力，引发学生反思如何切实传承身边的文化遗产。

**环节六**：学生讨论。学生以环节四中确定的"老家当"，分析母女三人对待"老家当"的不同方式，归纳文化遗产的传承方式，评估传承效果，并提供建议，独立完成后，在组内讨论交流。

学生归纳文中两种文化遗产的传承方式，讨论并分析其利弊。

**The two ways of taking the quilts：**

$\begin{cases} \text{to quilt and use it} \\ \text{to hang it for exhibition} \end{cases}$

► "She'd probably be backward enough to put them to everyday use." (para. 66)

► "God knows I been saving 'em for long enough with nobody using 'em. I hope she will!" (para. 67)

► "She can always make some more," I said. "Maggie knows how to quilt." (para. 68)

► "Well," I said, stumped. "What would you do with them?" (para. 70)

► "Hang them", she said. As if that was the only thing you could do with quilts. (para. 71)

**The advantages and disadvantages of the two ways：**

$\begin{cases} \text{the former way preserves the practice but not the quilts} \\ \text{the latter one preserves the quilts themselves} \end{cases}$

► "Maggie would put them on the bed and in five years they'd be in rags. Less than that!" (para. 68)

► "She can always make some more," I said. "Maggie knows how to quilt." (para. 68)

►I didn't want to bring up how I had offered Dee (Wangero) a quilt when she went away to college. Then she had told me they were old-fashioned, out of style.（para. 67）

► "But they're priceless!"（para. 68）

► "The point is these quilts, these quilts!"（para. 69）

► "You just don't understand,"…"Your heritage."（para. 78 & 80）

教师归纳总结并重点说明：20世纪六七十年代美国黑人权力运动中出现了黑人认可民族身份、崇尚民族习俗的热潮，因而，紧跟时尚的大女儿一改对民族身份的鄙夷态度，追捧家中的"老家当"，其对待文化遗产的态度有待商榷。另外，她本人并未直接参与到文化习俗的实践与传承，只看到了文化遗产的实体，虽然有利于文化遗产实体的保存，却忽视了文化遗产背后文化习俗的传承。

**环节七**：分析谁应该得到家传"百纳被"？学生对文中母亲两种方式的决断进行评价，将个人观点总结成篇。学生小组讨论后，教师总结。教师说明文章结尾母亲将"百纳被"赠予小女儿，表明她更认可前一种传承方式，也暗示了作者本人的选择。鼓励学生辩证分析这两种传承方式，做出自己的判断。

**环节八**："文化遗产传承"主题拓展。本环节旨在引导学生进行主题拓展，通过寻找身边的文化遗产，理解文化遗产的现实意义。

教师应提醒学生：注意文化遗产传承与日常生活的关系，例如，有学生提出某些文化遗产与现代生活脱节，可以引导学生共同探讨如何挖掘其实用价值，使其更加贴近现代人的生活习惯、审美观念。

**环节九**：教师总结、布置作业。教师总结文章主题后，强调文化遗产就在身边，鼓励学生传承身边的文化遗产。

课后作业：基于课前思考《我家的"老家当"》和课堂讨论，用英语写一篇题为《XXX与我家的"老家当"》的叙述文，讲述家人与"老家当"及其背后文化遗产的故事，最后需评估"老家当"以及文化遗产目前在家庭及地区的传承状况。

## （三）课后写作与观点表达

学生将作文《XXX与我家的"老家当"》上传至"智慧树"平台（"知

到"App）。课后作业检验学生是否能学以致用。本作业可以通过讲述家族与文化遗产的故事，使学生意识到个人在文化传承中发挥的作用，加强对文化遗产、民族身份的情感认同，同时辩证思考评述其传承方式和现状，引发学生反思如何传承文化遗产，从而响应党和国家对传承中华优秀传统文化的号召。

## 六、教学反思

课程思政是落实立德树人根本任务的重要举措，创新知识体系和课程体系，将思政元素融入教学内容、教学过程，用以培根铸魂、启智润心。

（1）教学设计，遵循规律，课程思政目标与教学环节结合紧密。将非裔女性缝制"百纳被"的习俗及其传承方式等作为教学目标，符合学生的认知规律。教学环节的设计遵循了课前发现问题，课中分析问题，课后解决问题的思路，围绕学生认知中的困惑，课前线上学习发现问题，课中学习寻找解决办法，课后作业夯实和检验学习效果。

（2）线下线上，联合互动，将课程思政由课内延展到课外。课程团队自主研发了"高级英语（1）"线上课程（连续两个学期被评为"智慧树"精品线上课程），将思政教学由课堂延展到课下，同时在"智慧树"平台建立翻转课堂，提供了视频、音频、文献、课件等教学资料，有效拓宽了学生的学习空间，培养了学生自主学习精神与责任感，提高了学生的自律能力。

（3）立足教材，联系实际，达到课程思政育人目标。以课本为本，将课本内容与现实生活和社会热点紧密联系起来，使学生在当前日益频繁的国际交流中，能够秉持文化自信，兼容并蓄，文明互鉴，有效地进行跨文化交流，发出中国声音，讲好中国故事，传播中国精神，培养具有浓浓家国情怀和宽广国际视野的时代新人。

（作者：谭小翠，齐鲁工业大学外国语学院英语系教授，首届"智慧树杯"课程思政示范案例教学大赛卓越奖）

# "高级英语（二）"课程思政教学设计样例

## 一、课程总览

**课程名称**：高级英语（二）

**课程类型**：英语专业核心必修课程

**教学对象与学时**：英语专业本科二年级，64 学时

**课程目标**：

"高级英语（二）"是我校英语专业必修课，目前覆盖第三、第四学期。课程在持续推进听、说、读、写、译技能训练的过程中，侧重培养学生篇章理解、文体赏析、演讲辩论、跨文化交流、思辨和研究性学习等高层次语言交际和运用能力，同时搭建第二课堂活动平台，助力培养符合本校理工特色、未来从事科技翻译、学术研究、涉外行业等工作的高层次复合型和研究型人才。具体教学目标如下：

知识目标：能分析所给材料的思想观点、语篇结构、文体风格、写作技巧、语言特点和修辞手法；掌握英语国家的政治、社会、历史、文学与文化等相关基础知识；了解相关文学、语言学、话语分析和跨文化交际基本理论。

能力目标：结合课文主题，开展课题研究、英汉互译、主题报告、话题作文等活动，提升口头及书面表达能力；具有篇章分析、独立思考、逻辑判断等解决复杂问题的能力，使英语综合技能向高层次发展；了解所学课文体现的社会、文化及历史传承，提升文化差异意识和思辨能力；通过

任务式自主学习、撰写读书报告、开展课题研究等活动，提升研究性学习能力和自主学习能力。

价值目标：通过中西文化、价值观等的比较，增强文化自信和家国情怀；通过探究式学习活动，主动了解国情、社情和民情，在实践中提高专业能力，践行社会主义核心价值观，培养社会责任感、合作精神以及创新精神。

## 二、本课思政教学目标

根据教学安排，第 12 课（Ships in the Desert）共分 8 个教学阶段，本案例为第 8 阶段。课文节选自阿尔·戈尔 1992 年出版的《濒临失衡的地球：生态与人类的精神》一书。该书概述了作者在环境保护方面的开创性努力，分析了全球面临的生态困境，描述了一系列应对最紧迫环境问题的政策。在选文结尾处，作者提出他的解决方案——修复人与自然的关系。至于如何修复，作者未能给出具体方案或建议。在节选部分，作者也只关注了人类对自然的破坏活动。此外，该书出版距今已有 30 年，在此期间，人们对环境保护的认识和理念有了诸多变化，在环境保护方面也有了诸多新的进展。

本阶段教学中，我们在对课文进行文本分析的基础上，补充与课文主题相关的环境保护公约文件及习近平总书记 2021 年 4 月 22 日在"领导人气候峰会"上讲话（英汉双语），拓展课文内容。由此，引导学生建立全球视野，讲述中国故事，融入构建人类命运共同体的大格局中。通过专业知识和价值引领的有机融合，将课程思政融入整个教学过程中。本课关于中国生态文明建设的教学课程思政育人目标包括以下两个方面。

### （一）三个层面的教学内容设计实现专业知识和价值引领的有机融合

遵循课程教学目标，同时结合学生的需求和特点，我们在系统功能语言学语境与语言层次观的理论框架下，从三个层面设计教学内容，将中国生态文明建设举措及成就有机融入本阶段的教学中（见图 1）。首先，对课文进行文本分析，重点关注不同观点的语言表达方式以及科学报告的语类特征等语言知识，并设计问题，训练学生快速阅读的能力。其次，从更宏观的角度对文中作者的观点进行批判性解读，指导学生快速阅读有关环境保护的文件，引导学生看到人类为保护环境做出的努力及取得的成绩，引导学生辩证地看待人与自然的关系。最后，进行交替传译及小组辩论活动，进一步拓展课文主题。课前要求学生细致阅读并朗读习近平总书记在"领导人气候峰会"上的讲话，课中进行交替口译练习及小组辩论等教学活动，引导学生深入了解中国生态文明建设的举措及成就，加强学生保护环境的意识和责任感。

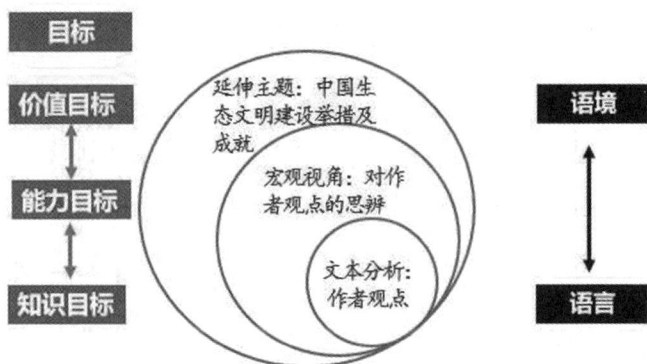

**图1　语境语言层次观视角下的教学内容设计**

对课文内容进行分析和拓展后，我们提炼了"中国生态文明建设举措及成就"这一宏观主题，围绕以下三个思政要点进行教学设计，开展教学活动：

（1）通过课前快速阅读和课堂提问，引导学生了解世界各国，尤其是中国，在维护人与自然和谐方面做出的积极努力和贡献，探讨人对大自然的积极作用。

（2）通过课前诵读和课堂交替传译练习，融入习近平主席阐述的中国在生态文明建设方面的方案与主张，结合已讨论过的中国治理库布齐沙漠、森林绿化等方面的案例、成就与贡献，提炼中国生态文明建设方面的故事。

（3）通过课前自主查阅资料及课堂小组辩论，引导学生思考并理解个人在生态文明建设中可以发挥的作用。

### （二）多样化的教学活动提升讲述中国生态文明建设方面的故事的能力

通过课前诵读和快速阅读、课上课文分析、回答问题、交替传译、小组辩论及课后作文撰写等活动，引导学生理解并认同中国生态文明建设主张和方案，认识中国生态文明建设的意义和成就，领悟中国应对环境保护及应对气候变化的积极态度及展现的大国担当，引导学生对人与自然生命共同体这一理念有较深入的理解。在此过程中，梳理和积累相关英语表达，提升用英语讲述中国在生态文明建设方面的故事的能力。

### 三、本课课程思政教学重点和难点

理解并讲述中国生态文明建设的举措及成就是本课课程思政的教学重点，也是教学难点。为了有机融合这一重点内容，解决这一难点，让学生切实理解并讲述相关故事，我们采取了以下做法：

（1）吃透课文内容，挖掘并提炼专业知识体系中所蕴含的思想价值和精神内涵，科学合理拓展专业课程的广度、深度和高度。

如前文所述，作者在节选部分的结尾处提出他的解决方案——修复人与自然的关系，但是如何修复，作者未给出具体的方案或建议。在节选部分，作者也只关注了人类对自然的破坏活动，但这并不是人与自然关系的全部。此外，该书出版距今已有30年，在此期间，人们在环境保护方面做出了巨大努力，也取得了巨大成就。因此，我们需要拓展课文有关环境保护的内容。

（2）关注社会热点、国家战略方针及全球动态，主动融入构建人类命运共同体的大格局。具体包括：

（1）"For Man and Nature：Building a Community of Life Together"（习近平总书记在领导人气候峰会上的讲话"共同构建人与自然生命共同体"）（2021）

（2）*The Kigali Amendment to the Montreal Protocol*（《〈蒙特利尔议定书〉基加利修正案》）（2016）

（3）*The Paris Agreement*（《巴黎协定》）（2015）

（4）*The Kyoto Protocol*（《京都议定书》）（1997）

（5）*The United Nations Framework Convention on Climate Change*（《联合国气候变化框架公约》）（1994）

（6）*Montreal Protocol*（《蒙特利尔议定书》）（1987）

（3）设计多样化学习活动，利用好现代化教学技术，促进学生主动探索和思考，提升学生在学习过程中的参与感、获得感和成就感，让他们有持续不断学习的动力。

我们首先设计了阅读理解练习，引导学生结合人类在环境保护方面所做的努力和取得的成就，辩证地看待人与自然的关系。然后，设计交替传译练习，翻译习近平总书记2021年4月22日在"领导人气候峰会"上讲话的部分内容，引导学生了解中国生态建设的主张、举措及成就。接着，带领学生复习中国在生态文明建设中的成功案例，引导学生对人与自然生命共同体这一理念有较深入的理解。最后，通过举行课堂辩论、布置主题作文，帮助学生了解个人在生态文明建设中的责任，加强学生保护环境的意识和责任，也提升他们讲好中国故事的意识和能力。

## 四、本课课程思政教学方法

根据授课内容切入：在系统功能语言语境与语言层次观的理论框架下，从三个层面设计教学内容，将中国生态文明建设举措及成就有机融入本课的教学中。

从线上线下教学切入：采用线上线下相混合的教学模式，利用慕课思政教学资源和智慧树翻转课堂引导学生开展课前自主学习，借助智慧树在线课堂的抢答、投票、随机点名等功能，在互动及师生交流中落实课程思政教学内容。

利用循序渐进的课堂活动切入：在互动主义教学理念的指导下，我们设计了单项选择、启发式问答、交替传译、小组辩论等课堂活动。这些活动由易到难，出现在学生学习场景或可能会出现在今后的工作场景中。在此循序渐进的互动过程中，尽量使输入的知识变得更易理解，从而引导他们思考并发现环境保护的最新动态，也有机融入了中国生态文明建设的主张、举措和成就，引导他们讲述、讲好中国生态文明建设的故事。

## 五、本课课程思政教学过程

### （一）本课课程思政教学理念及思路

我们在一个出发点、两个指导思想、三个教学理念的框架下进行每节课的教学设计。

一个出发点，即学生的学情分析。结合第一堂课上的简单问卷调查结果、与个别学生谈心、根据学生的作业情况及以往带教经验，我们了解到学生有如下学习需求：

（1）综合推断文章隐含的意义和态度；

（2）进行中心要点归纳，并提炼主题；

（3）在社会现状、历史背景、全球格局等宏观语境下解读、深化文章主题；

（4）辨析文章的结构和体裁；

（5）能够完成和所学课文话题相似或语类相似的短文写作。

两个指导思想为习近平总书记有关培养新时代外语人才的思想及全程育人思想。习近平总书记指出，要大力培养掌握党和国家方针政策、具有全球视野、通晓国际规则、熟练运用外语、精通中外谈判和沟通的国际化人才。习近平总书记的外语人才培养观是本课程教学设计的最高指导思想。党的十八大以来，习近平总书记在各种场合多次指出"高校要把思想政治工作贯穿教育教学全过程，实现全程育人、全方位育人"。本门课程可以将立德树人的育人使命落实到教学的每一个环节中。

三个教学理念为成果导向教育理念（Outcome-Based Education，简称OBE）、语类教学法（Genre-Based Pedagogy）和社会互动理论（Theory of Social Interaction）。

OBE（Spady，1994；周显鹏等，2021）为本课程规划教学内容、教学过程和考核方式提供理论指导。在我们的理解中，遵循OBE教学计划是以学生的产出为中心的。更具体地说，教学设计首先要确定明确的目标，然后根据学生的需要、特点和确定的目标来开发或设计课程内容、学习任务与活动及教学过程。此外，要基于学生在每项学习任务和活动中的表现对其学习成果或产出进行动态评价。通过这样具体到任务和活动的动态评价方式，学生得以展示他们的学习成果，即他们对文本的分析和理解，语言、文学和语篇分析等方面的专业知识，以及阅读、写作、口头表达、翻译和跨文化交际的能力，等等。

在教学内容的设计方面，我们应用了语类教学法（Rose and Martin，2012）的理念，引导学生跳出文本，一起阅读补充文献并讨论人类保护自然所作的努力，关注环境问题、环境保护的新进展和动态，在当下的语境中对文本进行更深入、全面的分析和解读。在进行阅读和文本分析时，我们涵盖图2所示的四个语言和阅读行为层次，但结合学生特点和需求，重点关注最上面的两个层次，即推导层和解释层的意义。通过学情分析，我们了解学生的特点：他们擅长解码句子的词义和字面意义，但不擅长解读文章需推理获得的隐含意义，也不擅长结合语境对文本进行解读。推导层的意义需要学生能理解文本不同部分的联系，而获得解释层的意义需要他们能将文本与社会、历史和文化背景等联系起来。换句话说，在推断文本中的话语联系及解释文本与社会、历史和文化背景的关系两方面，学生需要更多的指导和帮助，是我们教学设计时应关注的重点。

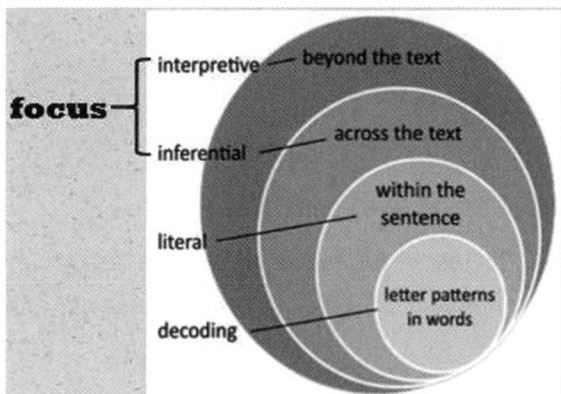

**图2 阅读行为层次**（Rose & Martin，2012：125）

维果茨基的社会互动理念（Vygotsky，1978）为我们的教学活动设计提供理论基础和指导。结合斯金纳行为主义和乔姆斯基天赋主义的优点，维果茨基强调社会互动在语言学习中的作用，认为互动是学习者日常生活的重要组成部分。也就是说，互动是最基本的体验，因此也是开展有组织的活动的基本方式，学习者应在互动中进行学习。学习者的语言能力和其他能力在持续互动的过程中和新出现的情境中得到锻炼和提升。基于这一理念，本课程的学习活动尽量模拟真实的社会互动，最大限度地提高师生和生生之间的课堂互动。在互动过程中，输入的知识变得更易理解。

在以上框架指导下，形成线上—线下相结合、课前—课中—课后相结合的教学过程。课前，学生完成诵读、建表达库、记录问题、快速阅读补充材料等自主学习任务，掌握有关课文的词汇及背景知识，促进学生主动探索和思考，教师在线查看、批阅，掌握学生的共性问题，及时调整教学方案。课中，带领学生进行课文分析，设计课堂提问和抢答、正误判断、口笔译练习、小组讨论、主题演讲等教学活动，合理利用智慧树等课堂工具的抢答、投票、随机点名等功能，用"面对面＋技术支持"的互动形式，全程引导学生，让所有学生都积极参与到课堂教学活动中，提升他们的参与感和获得感。课后，通过在线教学平台布置问答、作文、主题报告、读书报告等作业，教师对作业情况进行集中点评，对完成不够理想的同学进行面对面的个别指导。通过线上线下教学活动的有机融合，实现导德、导智、导学、导行的育人目标。

**（二）本课课程思政教学设计实例分析**

**环节一 课前自主学习**

利用自建线上课程资源，老师指定阅读材料，布置相关任务，完成线上自主学习和课前预习。具体材料和任务如下：

（1）Scan the following files and sum up the main goal(s) set in them.

*United Nations Framework Convention on Climate Change*《联合国气候变化框架公约》

*The Kyoto Protocol*《京都议定书》

*The Paris Agreement*《巴黎协定》

*The Montreal Protocol*《蒙特利尔议定书》

*Kigali Amendment to the Montreal Protocol*《〈蒙特利尔议定书〉基加利修

·168·

正案》

（2）Read aloud the speech "For Man and Nature：Building a Community of Life Together" delivered by President Xi Jinping on April 22，2021.

**环节二　课堂教学**

（1）导入：内容回顾

① True or false exercise

通过正误判断练习，复习文中提到的主要环境问题及作者的主要观点。

a. Most of the water pollution，air pollution，and illegal waste dumping are essentially local in nature.（T）

b. The writer classifies the environmental threats with the purpose of enabling people to respond appropriately.（T）

c. If an environmental problem affects the global environment and renders the survival of civilization at stake，then it is a regional threat.（F）

d. Large oil spills are fundamentally regional threats.（F）

e. The startling images of environmental destruction now occurring all over the world have so much in common that they do not shock and awake us any more.（T）

② Features and causes of noctilucent clouds

通过图片的描述教学活动，和同学们复习上节课的内容，即夜光云的特点及出现的原因。通过问答，回顾前面学过的因果分析法。因果分析法是科学报告常见的写作方法。

在此基础上，引出本节课的教学内容，即在分析诸多环境问题成因及后果之后，作者是否提出了建议？

（2）课文分析

① Scanning

What solution(s) does Al Gore propose in the final paragraph?

What linguistic expressions are selected to convey different opinions?

（Expressions：Some argue that...Others hold that...But the real solution will be found in...）

② Sentence analysis

The strategic nature of the threat now posed by human civilization to the global environment and the strategic nature of the threat to human civilization now posed by changes in the global environment present us with a similar set of challenges and false hopes. (syntactic structure; the meanings of "by" and "to"; the mutual influence of man and nature)

③ Summary: the solutions and the real solution (the writer's view)

(The writer's solution: To reinvent and finally heal the relationship between civilization and the earth.)

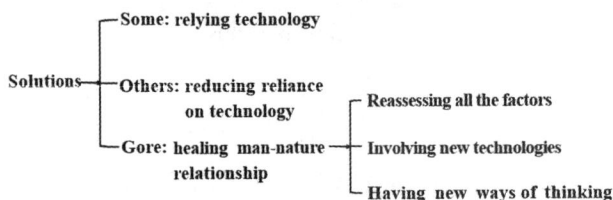

图 3   本节所学课文内容总结

Critical thinking: Has mankind taken specific and practical measures to heal the relationship between man and nature?

由此，引出下一环节"拓展讨论"的活动。

（3）拓展讨论

① Reading comprehension: multiple choice

学生课前自主学习有关环境保护的相关文件，在课堂教学环节中，我们设计了以下问题，帮助学生梳理人类为保护环境做出的努力及取得的成绩，引导学生辩证地看待人与自然的关系。在教学过程中，我们借助智慧树在线教学的"投票"及"快速抢答"等工具增强课堂的互动性及学生的参与度。

a) What is *the Montreal Protocol* mainly about? （D）

A. Reduction of $CO_2$ emissions.

B. Reduction of chlorine.

C. Reduction of nuclear waste.

D. Reduction of substances that deplete the ozone layer.

b）Which is the long-term goal of *the Paris Agreement*? （C）

A. To stabilize greenhouse gas concentrations in the atmosphere.

B. To require countries to reach global peaking of greenhouse gas emissions.

C. To limit global warming to well below 2, preferably to 1.5 degrees Celsius.

D. To protect biodiversity of the planet.

c）Which of the following aims at lowering overall emissions from six greenhouse gases-carbon dioxide, methane, nitrous oxide（一氧化氮）, sulfur hexafluoride（六氟化硫）, hydrofluorocarbon（HFCs, 氢氟烃）, and polyfluorinated chemicals（PFCs, 全氟烃）? （C）

A. *The Paris Agreement*  B. *The Montreal Protocol*

C. *The Kyoto Protocol*  D. *The Kigali Amendment*

d）Which of the following was not ratified by the United States? （C）

A. *The Paris Agreement*  B. *The Montreal Protocol*

C. *The Kyoto Protocol*  D. *The Kigali Amendment*

② Consecutive interpreting

通过课前诵读和课堂上的交替传译练习，引导学生深刻理解中国生态文明建设的主张、举措及成就，助力讲好中国生态文明建设故事。具体内容如下：

a. Video watching and note-taking

b. Interpreting

国际社会要共同构建人与自然生命共同体。（The international community need to work together to foster a community of life for man and nature.）

万物各得其和以生，各得其养以成。（All things that grow live in harmony and benefit from the nourishment of Nature.）

大自然孕育抚养了人类，人类应该以自然为根，尊重自然，顺应自然，保护自然。（Mother nature has nourished us, and we must treat nature as our root, respect it, protect it, and follow its laws.）

c. Summary：President Xi's key remarks on eco-protection

**Xi Jinping's key remarks on eco-protection**

2005 — Zhejiang Province
*Lucid waters and lush mountains are invaluable assets.*

2013 — Hainan Province
*A good ecological environment is the fairest public product and the most accessible welfare for the people.*

2014 — Beijing
*The quality of the ecological environment is the key to building a moderately prosperous society in all respects.*

2015 — Beijing
*We shall protect ecosystems as preciously as we protect our eyes, and cherish them as dearly as we cherish our lives.*

2017 — Beijing
*Man and nature form a community of life; we, as human beings, must respect nature, follow its ways, and protect it.*

2019 — Beijing
*The history of civilizations shows that the rise or fall of a civilization is closely tied to the quality of the ecological environment.*

2020 — Zhejiang Province
*Economic development should not be achieved at the cost of the ecology. The ecological environment itself is the economy. Protecting the environment is developing productivity.*

Source: Xinhua

CGTN

③ Debating

通过课前自主查阅资料和课堂辩论，将对中国生态文明建设的理解落实到个人行动上。讨论话题及正反方观点如下：

Topic：Are the environmental problems too big for individuals to solve?

✔ YES!　　　　　　　　✘ NO!

| | |
|---|---|
| Some severe environmental pollution fails to be resolved only by personal effort. | Even small personal involvement in environmental conservation may make a big difference. |

**环节三　课后作业**

为了巩固所学内容，加深大家对绿色发展和生态文明建设等国家战略的理解，并引导学生从自我做起，践行绿色行动，为生态文明建设做出自己的贡献，我们在课程最后布置了作文撰写的课后作业，要求学生以"碳中和：个人行动及贡献"为题，在中国2060年实现"碳中和"目标的大背景下，分析并呈现个人在这一进程可做出的努力及贡献。

Write an essay on the topic "What can individuals do to reduce carbon emissions?" Your writing should be NO LESS THAN 250 words.

· Description of carbon dioxide emissions and China's commitment to reducing carbon dioxide emissions.

· Individual responsibilities and actions.

图4呈现了本阶段的教学过程、教学活动及主要内容。

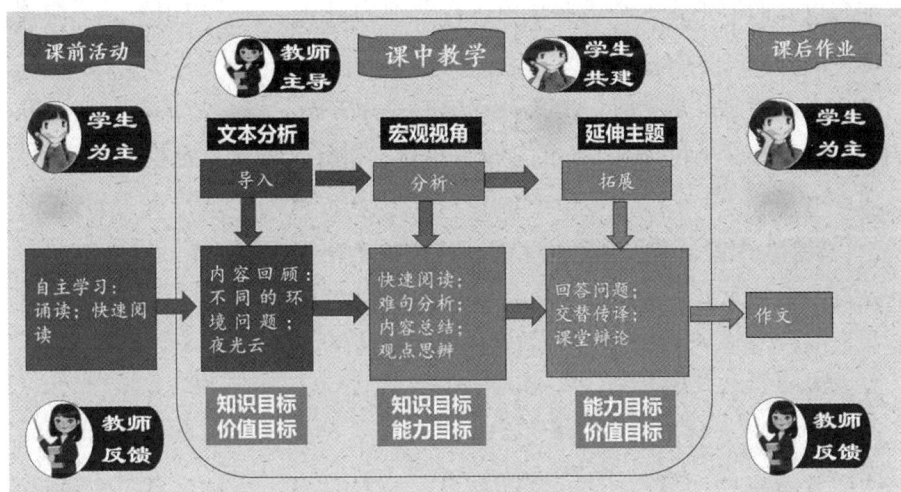

图4　本阶段教学过程、教学活动及主要内容

## 六、教学反思

我们遵循成果导向教育理念，根据学生需求和特点设计教学内容及教学过程。学生在解释文本与社会、历史和文化背景的关系方面，需要更多的指导和帮助。

因此，设计本阶段教学内容时，我们结合语类教学法的理念，引导学生跳出文本，一起阅读补充文献并讨论人类保护自然的努力，关注环境问题、环境保护的新进展和动态，在当下的语境中对文本进行更深入、全面的分析和解读。引导学生参与课前课中课后的所有活动，让他们从自主学习和课堂活动中领悟到，如何将课文内容与社会发展紧密联系，跳出文本，学习和理解环境保护理念和举措的动态发展。在这一过程中，也培养了他们的自主学习能力。

同时，设计本阶段教学过程时，我们结合社会互动理论，设计了单项选择、启发式问答、交替传译、课堂辩论等课堂活动。这些活动由易到难，是学生学习中常见的场景或是可能将在今后出现的工作场景。在循序渐进的互动过程中，尽量使输入的知识更易理解，使学生的学习任务更易完成，逐步引导学生思考并发现环境保护的最新动态，也有机融入了中国在生态文明建设方面的主张、举措和成就，提升他们讲述、讲好中国生态文明建设故事的能力。

生态文明建设是党的二十大报告中的要点之一，在今后的教学中，我们将继续引导学生挖掘这方面的故事，讲述、讲好这方面的故事。

（作者：幸君珺等，华东理工大学外国语学院英语系讲师，2022 年"智慧树杯"课程思政大赛示范案例教学大赛二等奖）

# "高级英语" 课程思政教学设计样例

## 一、课程总览

**课程名称**：高级英语

**课程类型**：英语专业必修课

**教学对象与学时**：英语专业本科三年级，64 学时

遵循 OBE 理念，基于学校"应用型、重特色、国际化"的发展定位和学院应用型人才的培养目标，"高级英语"作为英语专业高年级的必修课，课程目标如下：

知识目标：夯实学生坚实的语言基础，能阐释语言以及跨文化差异知识。

能力目标：培养学生熟练的英语应用能力，能翻译中高难度文本、独立创作常见文体篇章，能用英语进行跨文化交际和传播活动。此外，培养学生思辨和独立获取新知识的能力，通过课内外活动不断提高学生的创新思维和实践能力。

素养目标：增强学生的人文素养、探究意识和合作分享意愿，构建积极的人生观和世界观，认同社会主义核心价值观，树立家国情怀。

## 二、本课课程思政教学目标

本课课文概要："Love Is a Fallacy"是一篇长篇爱情小说的节选。课文以主人公 Dobie 为叙述视角，讲述了他和时尚室友 Petey 以及 Petey 的女朋友

·

Polly 之间的幽默讽刺性爱情故事。课文中，Dobie 和 Petey 达成交易，用浣熊皮大衣换女朋友。之后，Dobie 便开始和 Polly 约会。约会中，他一直教 Polly 学习逻辑谬误。但是，当他最后一次约会表白的时候，Polly 用学会的逻辑谬误一一反驳拒绝了他，而 Polly 最后选择 Petey，仅仅是因为他有一件浣熊皮大衣。

本节课内容是课文的主题反思环节。

课程思政教学目标如下：

（1）帮助学生树立正确的爱情观：责任、信任、尊敬、关爱、自由、平等。

（2）引导学生树立正确的友情观：诚信、友善、互助。

（3）通过小组展示活动培养学生的创新协作能力、公众表达及分享传播能力。

## 三、本课课程思政教学重点和难点

整篇课文按模块进行教学：

第一，课文文化背景模块以课前自学为主，课堂通过中外文化比较扩充。

第二，在课前自学基础上，教师在课堂上对于词、句、篇等重难点，加强理解输入、输出检测和应用拓展深化。

第三，文本精析部分，由教师引导语言表达技巧、句段仿写、英汉翻译和写作等综合语言技能训练活动。

第四，课文语言学习结束后，对文本内容、风格和修辞进行总结讨论，赏析重点语言表达技巧。

第五，课文学完后，开展课文主题反思讨论和写作活动。

第六，阅读课文并赏析论文，开展论文分析和仿写。优秀的小论文延伸至课外实践项目。

本教学案例是课文的第 4~5 模块：总结讨论和主题反思。

重点一：帮助学生树立正确的爱情观和价值观。通过设计关于课文中的人物性格和情节发展问题，引导学生明辨是非，总结评价课文中三个人对待爱情和友情的态度。通过补充课外资料如周恩来的"八互"（互尊、互学、互信、互爱、互帮、互勉、互商、互谅）原则和关于爱情的哲学探索的视频，帮助学生树立积极的爱情观和友情观。

重点二：培养学生创新协作、公众表达和分享传播能力。通过设计课文的接龙复述活动、小组讨论活动，培养学生的创新协作能力。通过小组问题展示活动，培养学生的公众表达和分享传播能力。

重点三：培养学生的高阶语言赏析能力。通过设计隐喻赏析探究活动，引导学生主动思考、总结语言表达的规律和修辞的美感，不断提高学生的人文素养。

难点一：英语口语表达能力的提升和分享意愿的培养。通过小组合作的方式，不断鼓励学生上台展示小组观点。通过课堂的个体提问，不断提升表达能力。

难点二：英语语言表达规律的探索和总结。教师采取循序渐进的方式，设计语言赏析活动。通过将类似表达进行归类的方式，降低活动的难度，提升学生的自信心，激发学生主动探索的热情。

## 四、本课课程思政教学方法

（1）"任务驱动法"：课前将思考题和课文内容概述的活动任务提前告知学生，学生基于任务自主预习课文。

（2）"同伴教学法"：小组首先要就任务的观点在内部进行交流讨论，整合完成后，每个小组派一个代表上台展示各自的问题。聆听的小组可以对汇报小组提问。

（3）"探究式教学法"：学生展示后，教师会给出延伸的问题，引导学生深入发现、思考语言表达的规律，并开展仿写活动，巩固所学。

（4）"混合式教学法"：线上和线下学习相结合，开展混合式翻转式课堂。课前，学生通过线上资源自主学习，完成小组自习任务。课中，线上线下相结合，学生汇报、老师点评、反馈、拓展深化。其中，部分课堂活动借助中国大学慕课平台的慕课堂小程序得以有效开展。

## 五、本课课程思政教学的过程

### （一）课前

基于课前自主学习任务单，借助中国大学慕课平台和QQ课程群，促进学生开展自主性学习，独立思考，激发学生学习的兴趣。课前自主学习任务如下：

（1）复习并观看微课"How to Retell a Story"（2分钟），准备课堂复述课文。

（2）小组讨论课后思考题，制作相应题号的PPT课前发给老师，课堂汇报。

（3）观看慕课语言赏析视频（5分钟）和QQ群补充素材"The Art of Metaphor"（4分钟），深入理解隐喻的含义。

## （二）课中

广泛搜集典型素材，精心设计多样化的教学活动，根据BOPPPS模型组织课堂，在潜移默化中培养学生的个人道德修养、文化自信和思辨创新能力，不断将思政元素内化于心。具体的课堂教学环节BOPPPS六步设计如下：

第一步：导入Bridge-in（2分钟）

教师：回顾课文文本已经学完的模块1~3，布置并解释本节课的任务：第4模块。

展示课前自学任务，为新课学习打好基础。

学生：看图片，接龙复述课文，提升口语表达和概述能力。

第二步：学习目标Objectives（2分钟）

教师：展示教学目标和教学安排。

Knowledge：To learn more stylistic features and extended metaphor.

Competence：To improve students' abilities in summary, critical analysis, presentation and metaphorical writing.

Morality：To cultivate healthy outlook on friendship, love and sense of value.

Teaching Procedures：

Pre-assessment（前测）：三个参与式活动 Retelling；Presentation；Exploration

Post-assessment（后测）：Metaphorical Writing

Summary and Homework（总结和作业）

学生：了解本课教学目标，做到学习有的放矢。

第三步：前测Pre-assessment（4分钟）

教师：提前输入题目到慕课堂，课堂开始前 5 分钟发布。

课堂查看学生对于语篇风格和修辞的掌握情况。

学生：用手机进入慕课堂，完成前测。

第四步：参与式学习 Participatory Learning，教师组织，学生参与。

活动一：热身游戏（5 分钟）

教师组织课文复述接龙游戏：检测课前自学任务 1。完成后教师点评，并带领学生复习课文重点内容。学生参加或者观察课文复述接力活动，回顾课文内容。

活动二：小组展示（12 分钟）

小组课前已经完成课文总结讨论题，做好 PPT 提前发给老师整合在一起，课堂分组讲解小组号对应的讨论题。老师播放 PPT，并及时反馈小组的表现，同时对重点讨论题适时追问，培养思辨能力，增强对健康的爱情观和友情观的认识。（检测课前自学任务 2）

① Why did Dobie teach Polly Espy logic? Did he succeed?

② Make some comments on the three characters.

③ How do you see the friendship and love between them?

④ This text is a humorous essay. What do you think of the humor?

⑤Summarize the stylistic features of the text.

小组的 PPT，老师课前会和学生沟通并调整内容；小组课前完成讨论，课堂进行展示，注意学习公众表达技巧，根据老师的追问深入思考课文的相关问题。

第 3 题，老师会追问：

What makes a good friend?

What qualities should a good friend or a life partner have?

首先，学生自由发言，然后老师给予反馈，通过分析一个 1 分钟的视频、周恩来总理提出的"八互"原则和社会主义核心价值观对个人的品德的描述，帮助学生树立积极的爱情观和友情观。

活动三：隐喻写作探究（14 分钟）

老师展示从课文选取的两组句子和课前视频中的两首诗歌以及课外句子，

每组句子设置练习题，引导学生探究总结延伸隐喻使用的特点和方法。学生边讨论边利用智慧教室的屏幕，做上标记，展示时，小组代表在屏幕答题。

下面展示课内的一组例句及隐喻关系：

*Maybe somewhere in the extinct crater of her mind，a few embers still smoldered. Maybe somehow I could fan them into flame.* （Lesson 4 *Love Is a Fallacy*：Para. 95）

the extinct crater of a volcano ➡ Polly's mind

embers ➡ some spark of intelligence

fan them into flame ➡ make her intelligent

最后教师反馈：评价 5 个小组答案，并展示隐喻和延伸隐喻的定义，最后介绍认知隐喻的新视角。

第五步：后测（3 分钟）

教师：发送慕课堂后测，检测隐喻语言应用写作的能力。

学生：在慕课堂的手机答题端，运用延伸隐喻以"高级英语、友情、爱情、时尚、学习"等为主题创作英语句子，投屏反馈。

第六步：总结（3 分钟）

教师：课程总结，布置作业。

学生：理解作业。作业 1 是为主题辩论做准备；作业 2 是教师提供 6 篇关于课文赏析的学术论文，学生选择 2 篇，阅读完然后画出思维导图。

### （三）课后

学生复习课堂内容，完成作业 1，收集辩论相关材料，并完成作业 2 的学术论文阅读及框架整理活动。然后，学生开始撰写课文的常规性主题反思写作任务，完成后提交。在单元的任务全部完成后，学生需要完成课后作业及中国大学慕课的单元测验。课后作业教师会给予认真的反馈和点评，并在课程 QQ 群展示优秀作业。

## 六、教学反思

### （一）反思

（1）线上线下混合式学习符合信息化教学时代的需求。关键是教师要搭建合适的线上 SPOC 资源，设置符合学生能力的课前任务单，担当好脚手架的作用。

（2）课程和思政要完美融合，教师需要精心设计教学活动，教学内容要有创新性，高阶性，也要有挑战度。

（3）教师要鼓励学生积极发表自己的看法，主动开展课前自学，同时教师积极反馈学生的学习情况，形成良性互动。

（4）教师不仅要搞好教学设计，还要注意个人品行对于学生的积极影响。教师的严谨治学、勇于创新、友善诚恳都是学生可以感受、愿意学习的积极特性，有助于构建和谐、积极、高效的课堂生态环境。

（5）"高级英语"课程可以根据主题系统化课程思政内容，如文化自信、家国情怀、法治建设、社会主义核心价值观、人生观、价值观等宏观和微观的思政元素。广泛阅读书籍，如《中国文化要略》《习近平谈治国理政》（英译版），可以用来拓展课程的广度和深度。教师要善于利用中外对比，引导学生用英语讲好中国故事，传播中国文化。

**（二）改进**

（1）在这节课文赏析课的教学实践中，学生积极地参与了课堂，但是口语表达的准确性需要继续增强。以后的教学中，要增加重点句法的练习；在小组讨论环节，有些学生相对沉默，以后的小组活动需要注意强调小组分工和汇报代表的轮换。

（2）要及时反馈平台数据，个别学生需要个别沟通，多鼓励，督促所有同学养成自主学习的习惯。

（3）教师要善于运用更多的鲜活的课程思政材料，培养学生的批判性思维能力。

（作者：牛培，武汉学院外国语学院英语系副教授，2022 年"智慧树杯"课程思政示范案例教学大赛特等奖）

# "西班牙语阅读（一）"课程思政教学设计样例

## 一、课程总览

**课程名称：**西班牙语阅读（一）

**课程类型：**西班牙语专业核心课

**教学对象与学时：**西班牙语专业本科二年级，32 学时

**课程目标：**

西班牙语阅读课程作为西班牙语专业核心课程，旨在培养学生阅读理解西班牙语文本的能力。通过课程学习，学生应能熟练掌握西班牙语语言基础知识并具有一定的西班牙语国家社会文化知识；熟练运用西班牙语阅读策略；分辨事实和观点；对篇章的文体、语体、结构、修辞、写作手法等进行分析。首先，在课程设计上引导学生建立正确的价值导向，融入做人做事的道理，弘扬中华优秀的传统文化，坚定学生实现民族复兴的理念，达到教书育人的目的；其次，培养学生从多视角进行文化知识学习，从多维度对其进行反思，从而形成一定的判断和思辨能力。

**课程特色：**

本课程教学内容按主题组成单元，选取了来自中国、西班牙、拉美及其他欧洲国家的大量原文材料，主题广泛涉及家庭关系、心理健康、个人生活、职业规划、医疗保健、人生目标、文化风俗、人物传记、科普等不同领域，可有效帮助学生掌握阅读方法、广泛接触语言现象、扩大词汇量并丰富文化知识，提高学生对西语原文的理解能力和阅读速度。在此基础

·

上，本课程依据上述资料的不同主题，将思政元素和育人元素与课堂演示，小组互助等多种课堂教学方法有机结合，将社会主义核心价值观和中华传统知识深刻融入每次课程当中。本课程与西班牙语精读、西班牙语视听说等课程相配合，有利于全面培养学生西班牙语综合运用能力，亦可为接下来的文化知识类课程打下良好的阅读基础，进而培养学生的批判性思辨能力。

## 二、本课课程思政教学目标

本课程案例取自课程教材《西班牙语阅读（一）》第十一单元的第一篇课文——《大猩猩的拥抱》。教师以课文为基础，从文章框架、内容主旨、词汇表达、文化交流四个方面对其进行分析和探究。在此过程中，教师需引导学生运用宇宙、航天、科学等方面的术语，引领学生把握课文整体结构，深入领会课文所蕴含的思政元素。

### （一）思政引领，联系时事，弘扬中国航天精神

课程思政是提升专业课程教学质量的重要动力因素，在此背景下，西班牙语阅读课程应以思政元素为突破口，打破单一、传统的教学模式，在向学生传授西语知识的同时，注重思政思想的传播，拓宽学生的视野和格局，进而帮助其树立正确的价值观，培养国家需要的复合型西语人才。本课程以《大猩猩的拥抱》一课为基础阅读材料，在介绍西班牙航天员迈克尔·洛佩兹·阿莱格里亚在美国"哥伦比亚号"的飞行事迹的同时，结合中国航天的背景知识和发展现状，以最新时政热点——"神舟十三号"这一中国航天史上的重大事件为桥梁，构建西班牙航天故事与中国当代航天精神的桥梁，培养爱国主义情怀，增强民族自豪感和文化自信心。

### （二）将教学内容与中国文化相结合，培养学生的批判性思维

学生通过阅读文章，将中国航天的西班牙语和中文的新闻内容进行比对分析，并阐述自己的意见。该教学模式能够使学生发现、质疑并剖析两国90年代的社会文化现象和问题，培养学生的批判性思维。

### （三）提高阅读理解和语法词汇的运用能力

教师带领学生结合阅读材料，运用在其他西语专业课上所学的内容，

提高学生的口语表达能力和阅读理解能力。与此同时，教师可向学生展示相关多媒体资料，帮助学生理解文章。

## 三、本课课程思政教学重点和难点

### (一) 本课程思政教学重点

教师以讲解课文重点难点及课堂练习为教学主线进行教学。在此基础上，教师紧跟时代步伐，结合时事热点，向学生传递新时代航天精神。

**1. 了解"哥伦比亚号"发射进程，感受中国航天不易历程**

文章中阐述了"哥伦比亚号"宇航员在发射之前的心理活动状态，教师可带领学生感受宇航员的种种不易，进而体会中国航天精神。与此同时，学生可通过观看以西班牙语播报的"神舟十三号"发射过程的媒体材料，从而感受其过程中的紧张气氛和技术能力，培养学生的民族自豪感。最后，在文章结尾，"哥伦比亚号"成功步入轨道，教师带领学生感悟文章主旨的同时，结合中国"神舟十三号"发射的不易历程，师生共同致敬中国航天。

**2. 与"神舟十三号"具体发射进程相联系，加深学生对文章的理解**

本课程通过媒体材料向学生科普发射火箭的过程，一方面使学生学习语言知识从而加深对文章的理解能力，另一方面可通过相关时事热点培养学生的爱国情怀。

**3. 结合中国航天精神，锻炼学生的思辨能力**

在"航天精神"主题教学中，教师以了解航天不易历程为主线，把握整篇文章的主题思想，引导学生建立正确的价值观，培养学生勇于攻坚克难的坚强意志和开拓进取的优良品质。要求学生在课前独立查找"哥伦比亚号"和"神舟十三号"的相关中文和西班牙语的新闻报道，教师则根据学生所提问题，引导学生以小组为单位进行讨论并加以解决，从而锻炼学生的思辨能力。

### (二) 本课程思政教学的难点

**1. 历史背景的不同**

由于本文的故事发生在美国20世纪90年代，学生可能对其历史背景不熟悉，从而导致对本文的理解存在一定的难度。而本课的目标之一就是使学生熟练运用西班牙语阅读技巧和策略理解把握文中重要信息。为此，学生应不断扩大自己的词汇量和相关的知识面，做到能够结合中国时政，对文章内容进行一定的阐述、分析和评价，从而能够结合个人学习生活，构建属于自己的判断和想法。

**2. 结合中文时事，降低相关术语在阅读理解上的难度**

本课涉及大量与火箭动力学相关的词汇和表达，陌生的动力学术语增加了学生的阅读难度。教师通过中西双语对阅读材料进行比较教学，从而消除学生在阅读理解上的障碍，加深学生对词汇的记忆和理解，使其更好地阅读文章和理解文章。

## 四、本课课程思政教学方法

### （一）多媒体视听导入法

教师在课上通过播放中央电视台西班牙语频道的短片《"神舟十三号"的发射》，帮助学生梳理重难点词汇和表达。与此同时，教师利用超星网络教学平台与学生进行随机互动问答，提升学生的学习积极性。

### （二）翻转教学法

本课程阅读材料为 700 词左右的文章，共 20 名专业生，教师将文章分为 20 小段并分配给每一位学生，学生在课前需预习属于自己的文本段落。在课堂上，教师让学生成为老师并引导全班参与讨论。该方法不仅能锻炼学生的语言能力，也能促使学生以教师的思维方式去处理在学习语言过程中会遇到的难题，从而提高学生对文章的理解力。

## 五、本课课程思政教学过程

### （一）课前自学：自主查询"神舟十三号"相关报道并对其进行反思

在课前，教师将预习任务发布到网络学习平台上（学习通），学生通过观看视频及上网查询相关新闻等方式进行自主预习，并对阅读篇章进行一定的精读及泛读。教师收集学生对阅读材料的反馈、问题以及观点以便了解学生对文本的语言掌握情况以及对文章的理解程度，进而为课程做准备。

**（二）课程导入：针对阅读内容进行问答，复习相关重点词汇、句型**

教师对学生进行提问以了解学生对阅读材料的理解程度。问题①¿ Alguien puede decirme brevemente los procesos del lanzamiento de la nave Colombia y de Shenzhou-13？（请简单复述一遍文中所提到的"哥伦比亚号"和"神舟十三号"的发射过程）；问题② En cuanto al espíritu transmitido, ¿qué diferencias existen bajo ambos antecedentes históricos？（结合不同的历史背景，请讲述二者之间所传达的精神有何不同）。随后，教师带领学生观看西班牙语主流媒体关于"神舟十三号"发射进程的时事新闻并进入师生讨论环节，讨论"如何理解中国航天精神"等问题。最后，教师进行总结并带领学生进入下一课程环节。

**（三）课上学习：体会中国航天艰辛路程**

**1. 课文讲解**

学生回答完问题后，教师结合阅读材料向学生扩展相关社会文化知识，比如介绍宇航员迈克尔·洛佩兹·阿莱格里亚以及"神舟十三号"的宇航员翟志刚、王亚平和叶光富。

**2. 视频展示**

教师向学生展示相关西班牙语新闻视频（视频展示片段取自中央电视台西班牙语频道，时长共计两分钟），使学生在巩固西班牙语语言知识的同时，了解中国航天精神。

**3. 习题讲解**

教师将课后习题与阅读文本相结合，利用翻转教学法，使学生能够理解并运相关语言知识。

**（四）课尾讨论：讨论"中国航天梦"**

学生通过本课所学内容，以小组为单位讨论中国航天梦和中国伟大航天精神。教师可结合学生所讨论的内容进行适当的提问，并利用网络教学平台（学习通、智慧树、微信小程序等）随机抽取学生进行回答，此方式可提高学生在课上的参与度和积极性，同时可锻炼学生的思辨能力。

**（五）课后翻转：思考主题"我的中国梦"**

**1. 课后思考**

课后，学生结合所学内容思考"我的中国梦"主题。该主题可考查学生对本课思政内容的学习和理解程度，客观地反映学生的学习效果，同时也能够培养学生的爱国主义情怀。

**2. 文献阅读**

［1］西班牙语新闻资料："Shenzhou-13：tres astronautas llegaron a la nueva estación espacial china para la misión tripulada más larga del país"西班牙国家报，2021 年 10 月．https：//www. lanacion. com. ar/el-mundo/shenzhou-13-tres-astronautas-llegaron-a-la-nueva-estacion-espacial-china-para-la-mision-tripulada-nid16102021/

［2］西班牙语新闻资料："Despega la nave espacial china Shenzhou-13 en su misión tripulada más larga"西班牙先锋报，2021 年 10 月．https：//www. lavanguardia. com/ciencia/20211015/7793250/despega-nave-espacial-china-shenzhou-13-mision-tripulada-mas-larga. html

［3］母国新，张国航．中国航天精神谱系蕴含的家国情怀［J］．文化文明，2021（10）：72 – 73.

# 六、教学反思

本课程案例取自本课程所用教材《西班牙语阅读（一）》第十一单元第一篇课文，题目为《大猩猩的拥抱》。

**（一）教学内容**

在本课程中，教师以阅读材料为基础，按照内容导入、课文讲解、学习语言知识和课后讨论四个环节进行课程教学。与以往的传统教学方式不同，在引导学生掌握基础词汇、把握课文结构、领会文章主旨的基础上，本课程添加了思政教学环节。在思政教学环节中，教师在原有阅读材料的基础上，紧密联系时政，进行了知识文化扩展，在丰富学生航天知识的同时，着重介绍中国航天人的优秀事迹，传播优秀的中国航天精神，倡导学生以一代又一代中国航天人为榜样，踔厉奋发，成长为祖国和人民需要的新时代复合型西班牙语专业人才。

## （二）教学方法

本课程采用了"翻转教学法"，以学生为主体，而非传统的由教师进行"满堂灌"。教师在课前提前布置预习任务，培养学生的自主学习能力，学生通过完成预习任务提升其语言能力。在课堂上，教师则选取与时事相关的影音资料进行展示，激发学生对本课的兴趣。在导入环节中教师以提问的方式引导学生主动思考，并鼓励其运用西班牙语表达自己的想法，做到真正将课堂还给学生。在此过程中，教师作为"指路人"和"解惑者"，在为学生讲解阅读材料的同时，补充当下中国航天热点知识，该教学方式既能传播思政思想，又能使学生在课后进行深入思考，提升其思辨能力。

## （三）教学过程

教师在教学过程中准确地把握了教学重点，合理地安排了教学环节，使得学生通过课前预习和课上学习，既掌握了西班牙语言和国情知识，又深刻体会到了中国航天事业发展的艰辛历程，激发了其民族自豪感和自信心。总体来说，本次教学过程符合教学大纲的要求，教师在达到本课程教学目标的同时，也有效地进行了思政教学。

然而本课的教学依然存在一定的问题，主要表现为学生对国外历史背景的不熟悉和对文化知识的掌握不足。为此，教师今后应结合学生的语言能力和学习特点，合理布置课前预习任务，着重教授学生学习方法，使学生在其语言能力范围内最大限度地了解西班牙语言文化知识及相关扩展知识，提升自己的综合能力。

（作者：唐安琪，湖南师范大学外国语学院欧阿语系西班牙语专业讲师）

# "高级俄语（一）"课程思政教学设计样例①

## 一、课程总览

**课程名称：**高级俄语（一）

**课程类型：**俄语专业核心课

**教学对象与学时：**俄语专业本科三年级，96 学时

**课程目标：**

"高级俄语（一）"是俄语专业课程体系中的核心技能课程，旨在提高学生综合运用俄语进行言语交际的能力，特别是读、写、说的能力。本课程共计八个教学单元，每个单元包含课文阅读理解、词义辨析、构词法、语法、熟语、言语训练等内容。教学主题涉及职业选择、婚姻爱情、城市交通、中国 21 世纪的经济发展、俄罗斯高等教育、赡养老人、金钱与亲情等社会现实问题，教学主题与大学生的学习与生活、成才与成人有着密切的关联，蕴含丰富的课程思政元素。

本课程贯彻成果导向（OBE）教育理念，依据《普通高等学校本科俄语专业教学指南》（2020）的人才培养规格要求，确立知识传授、能力发展和素质培养三位一体的课程目标。

课程目标 1：通过课程学习，能识别俄语的构词、句法结构、熟语的基

---

① 本文为湖南省 2019 年普通高校教学改革研究项目"一流本科专业建设背景下俄语人才培养模式研究"、2020 年湖南省线下一流本科课程"高级俄语（一）"的阶段性研究成果。

本特点，巩固俄语基础知识，能正确运用所学的词汇和积极句式阐述文本里的信息，提高俄语阅读能力、口语和书面语的表达能力；

课程目标2：通过分析不同主题、不同风格的文本，扩充相关领域知识，能结合已有的知识和经验，讨论各单元所涉及的社会动态、人生规划等问题，能对客观现象进行评价，表达观点，提高逻辑思维和思辨能力；

课程目标3：通过讨论课文主题所反映的社会动态和现象，认识到大学生肩负的历史使命和社会责任，积极规划大学生活和未来职业发展，树立新时代大学生应有的理想和信念，逐步形成个人的优良品格。

**课程特色：**

"高级俄语（一）"虽为线下课程，但课程跨越学习时空的局限，构建以智慧教室、网络平台和手机 App 相结合的多模态教学空间，教师随时掌握学习进程和检测教学效果。

"高级俄语（一）"2020 年获湖南省普通高等学校课程思政建设研究项目，2020 年被认定为湖南省线下一流本科课程，2022 年被认定为湖南师范大学课程思政示范课程。"高级俄语（一）"的课程建设、教学设计和课程思政的经验在外语教学与研究出版社举办的 2020 年高等院校多语种教师教学实践能力提升研修班以及 2021 年高等院校俄语专业精读教学法（《大学俄语》东方新版第五册、第六册）研修班进行了分享，获得主办单位和全国同行的一致好评。

## 二、本课课程思政教学目标

本课程使用教材为《大学俄语》（东方新版）第五册（外语教学与研究出版社，2013）。本单元教学主题是《夫妻年龄相差大：是利还是弊》，课文展示了 6 个不同阶层的男女对夫妻年龄差的看法，这些看法从一定层面折射出俄罗斯人的婚恋观。

### （一）学情分析

从学情来看，大学三年级的学生正处于怀揣爱情梦想的年华，他们期待轰轰烈烈的恋爱，憧憬美好的婚姻，但对爱情和婚姻的本质认识并不清楚。尤其是当前社会上存在的婚姻物化和功利化等有悖于婚姻伦理的现象，使学生们对未来婚姻心存迷茫和疑虑。大学阶段是青年人婚恋观的形成期，专业教师要适时地利用专业课场地对学生加强爱的能力培养，加强婚恋行为的社会责任感教育和婚恋道德的人格教育。本课既是提高学生言语技能的综合实践课，也是引导学生树立文明、健康、理性婚恋观的契机。

**（二）本课的课程思政目标**

（1）通过学习课文，掌握表达与婚姻主题相关的俄语单词和语句，知晓年龄差对婚姻质量的影响，了解俄罗斯不同阶层的人对年龄相差很大的婚姻的态度，领会爱情与婚姻的内在关系，扩大社会文化知识，提升跨文化交际能力。

（2）能够运用所学的俄语单词、词组以及相关语句讨论老夫少妻现象、择偶标准、女性在婚姻中的独立与自信、幸福婚姻的组成要素等问题，阐述自己的观点，提高口语、书面语表达能力，具备对社会上各种婚恋观的评价能力。

（3）通过讨论现实生活中的热点事例，认识婚姻对个人、家庭和社会的积极意义，唤起内心对真挚爱情的向往，自觉为追求幸福婚姻而不断完善自我，逐步形成正确的爱情观和理性的婚姻观。

## 三、本课课程思政教学重点、难点

### （一）本课课程思政教学重点

通过本单元的学习和讨论，学生要认识到，夫妻年龄差会对婚姻产生一定的影响，在择偶时要适当考虑年龄因素；理想的婚姻建立在信任、爱恋、相互理解和一定的物质基础之上；婚姻不是索取，只有夫妻双方在精神和物质上共同追求，共同付出，才能一起成长为更好的自己，也才能"执子之手，与子偕老"。

### （二）本课课程思政教学难点

本单元课程思政教学存在两个难点：

（1）学生用俄语表达深刻内容的能力不足

学生们在大学从零起点开始学习俄语，在三年级一期的时候还无法用俄语自由表达较为深刻的观点，其俄语水平与认知思维水平不相匹配，他们常常有想法而无法用俄语表达出来；

（2）学生对爱情与婚姻的认知存在差异

由于学生们的家庭背景不一样，男女学生看待爱情的视角不同，因此，学生们对爱情与婚姻的认识千差万别，或者他们并没有真正思考过这个问题，尤其是现代青年的婚恋观与传统婚恋观渐行渐远，老师和学生都需要重新审视什么是理性的、合乎现代道德文明建设的婚恋观。

用俄语对爱情和婚姻这一复杂的社会、心理现象展开探讨，不仅是对学生的语言储备和思想认知的挑战，同时也是对未经思政专业训练的俄语任课教师的挑战。教师既要训练学生的俄语表达能力，还要考虑作为独立个体存在的学生的观点，注重正面输入，输入的内容要切合学生内心的需要，避免肤浅的说教。

**（三）解决教学重点和难点的办法**

为了解决教学重点和难点，学生和教师在课前、课中和课后需要紧密配合，相互支持。

（1）课前学生通过学习通平台了解教师发布的学习任务，预习生词和课文，查阅平台的相关资料。

（2）课中教师主导教学进程，学生成为教学中的主体。教师采用讲解词义、造句练习、俄汉互译的方法解除语言难点，训练积极词汇的运用，保证言语训练时间；以问题为导向，训练学生用俄语回答与课文内容相关的问题，所提问题大小要恰当，适合学生在短时间内组织语言进行简短回答；在学生用俄语表达观点发生困难时，教师要善于提示与引导，对细小的语言错误不必过于纠结与指正，否则会影响学生言语表达的积极性和自信心。

（3）教师针对训练目的布置课后的思考题、练习题来化解难点。学生通过自主学习再次复习和巩固俄语表达句式，同时检索相关资料，扩展言语表达的内容，挖掘思考的深度，在下次课的班级展示中用俄语表达自己对爱情与婚姻的思考，进一步提高俄语表达能力和思辨能力。必要的时候学生可以借助机器翻译或者汉语来表达自己的观点。

## 四、本课课程思政教学方法

本课教学设计从三个教学目标出发，遵循 OBE 理念，运用"输出驱动—输入促成—以评促学"的教学策略，采用线下课堂的讲授法、分析法、问题法、案例法、翻译法、练习法，融入学习通平台"高级俄语（一）"课程资料，加强学生的自主学习能力，促进教学目标达成。单元学习过程分课前探究、课中训练、课后巩固三个阶段。课程思政元素和具体教学内容纳入总体教学目标，并细化到课堂的教学环节、教学评价和课外学习之中（见图1）。

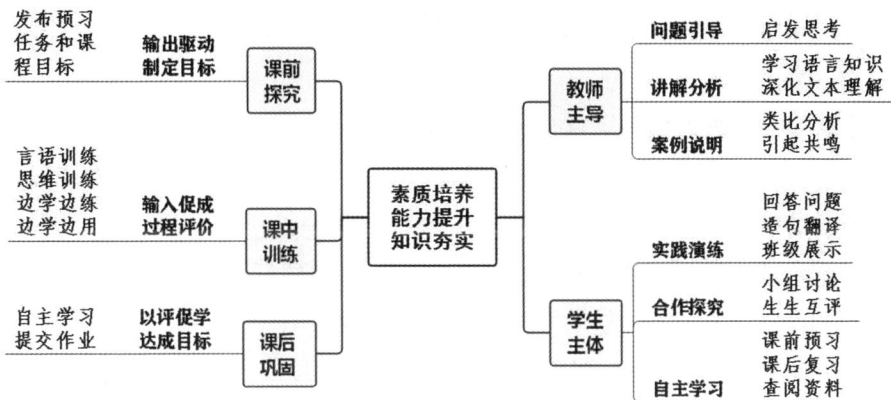

发布预习任务和课程目标　输出驱动　制定目标　课前探究

言语训练　思维训练　边学边练　边学边用　输入促成　过程评价　课中训练

自主学习　提交作业　以评促学　达成目标　课后巩固

素质培养　能力提升　知识夯实

教师主导——问题引导　启发思考；讲解分析　学习语言知识　深化文本理解；案例说明　类比分析　引起共鸣

学生主体——实践演练　回答问题　造句翻译　班级展示；合作探究　小组讨论　生生互评；自主学习　课前预习　课后复习　查阅资料

**图1　教学设计导图**

课堂教学以学生为主体、教师为主导展开。教师协助学生达成预期成果，夯实俄语知识，提高言语表达能力和思辨能力；同时，教师通过学生的课堂表现来分析、评价、诊断学生的学习状况。

课程教学遵循对话原则，在具体的讨论中师生本着平等、宽容、彼此信任的态度，既能达成共识，也允许异见并存。在讨论过程中可能还会衍生一些深入的话题，教师以客观、平等的态度，从关心、爱护的角度对学生进行引导，帮助学生纠正偏激的观念，树立正确的婚恋观。

## 五、本课课程思政教学过程

本单元主课文的学习计划为 2 个学时。课文结构分为三个大板块：课文导语，男性的观点和女性的观点。

**（一）课前探究**

学生在学习通平台了解本单元需要达到的能力目标，提前观看相关视频，阅读课文，查阅生词，标注不理解的语言难点，初步熟悉文中的基本观点。

**（二）课中训练**

课中训练依据课文内容步步推进，按照"问题驱动 — 输入输出促成 — 评价促学"的步骤循环推进。

**环节一**：课程导入。针对课文标题《夫妻年龄相差大：是利还是弊》，同学们通过学习通 App 做选择题，说出他们心中认为的"大"。此环节引起话题，激发兴趣。

**环节二**：进入话题。首先分析课文的结构，课文原文分四个部分，引言、男性的观点、女性的观点和明星的观点，我们将男女明星的观点划分到男性的观点和女性的观点之中。

学习课文第一段关于理想婚姻的定义。学生朗读课文中的定义，并将俄语翻译成汉语。教师播放一组幸福夫妻照片，其中有年龄相当的，有年龄差距较大的，以增加学生对理想婚姻的感性认识。

该环节检查和评价学生语音语调和阅读的情况，促进学生对抽象定义的理解，提高他们分析复杂句子的能力以及翻译能力。

**环节三**：分析文中三个男性巴维尔、尼古拉、库兹明的观点。教师针对该部分内容以问题为引导，结合 PPT 组织语言输入与输出，训练学生的言语表达和思维分析能力。提问包括"你是否同意巴维尔所说的，老夫少妻的婚姻是赤裸裸的算计？""你是否同意尼古拉的观点，妻子年龄比丈夫大的婚姻注定会失败？""女性如何实现自己的家庭价值和职业价值？"等，学生可以引用课文和现实生活中的事实论据来说明和回答问题。

为活跃课堂气氛，教师现场对女生做一个简单的调研，提问"你是否会嫁给大叔"。之后，教师放映街头采访视频，看看现在的女生们如何看待嫁给大叔这个现象的。教师引导学生理性看待婚姻中的物质追求，培育健康、纯洁的恋爱婚姻观。

此环节了解学生课前预习课文的成效，检查学生对该部分课文内容的理解和归纳情况，提高他们的言语表达能力、信息分析能力。学生在学习通 App 抢答教师提出的问题，教师对同学们的口头回答进行评价，促进语言学习和教学目标的达成。平台自动将学生的抢答次数计入课堂表现，作为平时成绩的一部分，以激发学生积极参与教学进程。

**环节四**：分析三个已婚女性叶甫盖尼娅、维克托里娅、劳拉的观点。教师同样针对该部分的语言难点结合 PPT 组织语言输入与输出，对学生开展言语和思维两方面的训练。

在这个环节，学生们通过角色演练将叶甫盖尼娅的独白以对话的形式表演出来，将维克托里亚的独白以转述的形式呈现于班级，这两种形式能丰富课堂教学的方式，增加学生的主体性。

**环节五**：热点众评。文中的叶甫盖尼娅是全职太太，教师借题播放张桂梅校长反对自己的学生当全职太太的视频，让同学们发表看法。在以往的课堂讨论中有同学认为，尽管张校长的言论引起网络争议，但她能理解张校长的心情，因为大山里的女学生走出农村婚姻的模式太不容易。也有同学说，别人当全职太太是别人的选择，她自己是不会选择这种生活方式的。为了让同学们充分训练语言输出，课后同学们将自己的观点上传到学习通平台讨论板块，大家一起阅读，相互交流，同时也加强写作训练。

在这个环节，教师可以给予女生一些建议，如果家庭条件允许，女性在生育期间或者几年内可以在家专心抚养小孩，不出去工作，因为养育孩子是一种社会责任和家庭责任，到了孩子稍大时，年轻的妈妈们就要回归工作，回归社会，这样才能与时俱进，保持积极的心态。

**环节六**：观点猜猜看。教师通过学习通 App 组织投票，回答"你如何看待老夫少妻这样的婚姻"。

教师提供 5 个选项，从投票结果总结同学们对老夫少妻婚姻的看法。此环节目的是活跃课堂气氛，大致了解学生们的观点。从以往课堂投票数据来看，59% 的同学认为年龄差距大不重要，重要的是以爱情为基础，22% 的同学认为这种婚姻是物质算计。我们将统计结果与俄罗斯女性对该问题的看法进行比较，发现有着惊人的一致，说明不同文化的人对婚姻核心要素的认识是相同的。

**环节七**：观点提炼，挖掘课文里 6 个俄罗斯人的观点的共同之处。

教师提问，"尽管文本讨论的是婚姻中的年龄差，但他们的表述里蕴含着什么共同的信念？"同学们先小组讨论，然后派代表发言。根据同学们的回答，教师做出总结：他们的内心都坚信，婚姻中最重要的是爱情。为什么呢？巴维尔对老夫少妻现象嗤之以鼻，叶甫盖尼娅与丈夫克服年龄差带来的不和谐，从争吵走向恩爱，作曲家劳拉执意嫁给比自己年龄小且没名气的歌手，库兹明不顾世人的冷嘲热讽，珍惜与小卡佳的缘分，只因为他们心中怀着美好情感，因为有爱，所以坚持。爱情是婚姻稳定的最重要的基石，要维持成功的婚姻，需要夫妻双方共同努力。

**环节八**：引入现实生活中生死相依，超凡脱俗的爱情故事，育人升华。

教师课前已将广西柳州 85 后夫妻丁一舟、赖敏的相关视频、网络报道材料上传到学习通平台。他们的故事太长、太温暖，需要用心慢慢地感受。

故事大致是这样的：赖敏得了罕见家族遗传性疾病小脑共济失调症（俗称企鹅病），生活起居都十分困难。家人过早去世，她也因病失去了工作，陷入孤苦伶仃的绝境中。小学同桌丁一舟偶然在 QQ 上看到她的留言，决定帮助这个在他心中留存美好印象的姑娘，两人走到一起。为了满足赖敏追求生命厚度的愿望，丁一舟揣着 200 元钱，骑着三轮车，牵上陪伴犬，带她去看世界。他边走边打工挣钱，行程 4 万多公里，旅行持续 3 年多。从 2014 年到现在，他们经历了旅行、求婚、结婚、生子、开客栈、做直播带货，人生历程艰难但很幸福。2017 年他们两次登上中央电视台《朗读者》节目做客，他们的故事被改编成网络电视剧《假如没有遇见你》。2022 年 9 月赖敏用无力的两个指头敲击键盘写出来的书《人间很美，我们很好》出版。这对年轻的患难夫妻用朴实的语言、坚定的行动诠释了爱应该有的模样，书写了平凡的生活、特殊的人生、感人的事迹。

教师在这个环节重点讲述每个人都要培养自己爱与被爱的能力。赖敏和丁一舟没有丰厚的物质，但具备创造物质的能力，拥有爱他人和接受爱的能力。他们彼此温暖、双向奔赴。无论贫穷或富有，无论疾病或健康，人都要学会去爱他人，愿意付出爱；同时能自信地接受爱，享受爱的回报。

爱他人的能力需要培养，被爱的能力需要修养。爱与被爱的双向交流，可以涤荡精致利己主义者只索取不付出的污浊。

**环节九**：课堂总结。回顾课文开头关于理想婚姻的定义，学生把该定义从汉语译文还原成俄语，目的是巩固本课语言知识，加深记忆。

**环节十**：译经典名句，寄托美好愿望。最后教师把耳熟能详的祝福语送给每一个憧憬爱情与美满婚姻的同学。

执子之手，与子偕老。（《诗经·邶风·击鼓》）

同学们找出该句子的原出处和原意，以及现在使用的场合，并尝试将经典名句翻译成俄语，强化情感价值观的塑造，温习中华古典文化，同时提高翻译能力。

## （三）课后写作，观点表达

本课学习之后，教师布置课后作文，题目二选一："夫妻年龄差对婚姻的影响"；或者"算计的婚姻：你支持还是反对？"

选择性写作让学习者将学习设定为"自我激发，自我选择"的方式，将学生与学生之间的竞争转变为学生同自我的竞争。

该作业的目的：一是检查学生对课文内容的掌握；二是加强写作训练，提升写作能力；三是从作文中了解学生对婚姻的认识。

## 六、教学反思

课程思政是从大思政格局出发、被赋予了新的时代内涵和使命的一场教育改革实践，其理念蕴含着对现行课程体系的反思以及新时代对课程建设的设想。

### （一）课程思政有利于教学目标的达成

"高级俄语（一）"是一门语言综合实践课，巩固语言基础、发展言语表达能力、思辨能力都是课程的教学目标，课程思政有利于教学目标的达成。课程思政元素与语言训练和观点表达相结合，融入课堂学习、讨论、课后的自主学习各个环节，话题与学生的生活经验、成长建立逻辑联系，话题服务学生，关照学生，能有效激励学生产生学习内动力，收到更好的教学效果。

根据教学效果调查问卷结果，90%的同学认为本课程教学达到了教学目标。课文里的观点激发了大家学习语言和思考问题的动机。在"如何看待老夫少妻婚姻"的观点投票中，同学们认为，只要存在爱情就是合理的，说明学生相信美好事物。在课后的总结性作文中学生也表达了对爱情与婚姻的独立思考。

课程思政目标达成是比较难以测评的，本课程主要从学生课堂回答、参与讨论、课后作文的观点表达来评价课程思政的效果。

### （二）智慧学习空间有利于对教学动态的掌握

"高级俄语（一）"是线下课程，为充分利用互联网优势，教师团队在学习通平台构建智慧学习空间，提供视频、音频、文献、课件等教学资料，让学生在学习时间、内容上有选择的机会；智慧教室与手机 App 的使用让课堂教学更为灵活，激发学生的兴趣。课内、课外多模态的智慧学习空间有利于教师安排教学任务，及时与学生进行联络，掌握学生的学习状态。学生们课堂表现和课下观看平台的课件、视频等资料等被计入平时考核成绩中。

### （三）课程思政助力教师在教学中成长

教师的每一堂课都是学生成长的一段心路历程。作为课堂进程的主导，教师要认识到学科、课程以及自己所肩负的思想教育责任，有意识地去开发和挖掘课程思政元素。任课教师对学科、对课程、对学生投入的精力直接影响学生对课程的热爱程度。同时，教师的成长离不开教学。课程思政将对学生成长的关爱倾注在知识的传授过程中，能促进良好的教与学关系的构建。教师对课程思政元素的思考有助于提高自我素质，从而提高教学水平。

（作者：颜志科，湖南师范大学外国语学院俄语系副教授）

# "高级法语（二）"课程思政教学设计样例

## 一、课程总览

**课程名称**：高级法语（二）

**课程类型**：法语专业核心课

**教学对象与学时**：法语专业本科三年级，96 学时

**课程目标**：

本课程旨在培养学生综合运用法语语言知识和技能进行语言交际的能力，引导学生了解和掌握法国社会与文化。在传授语言知识和技能的同时，注重学生能力的培养和价值观的塑造，促进其知识、能力、素质的全方位发展。

知识目标：通过课程学习，帮助学生掌握教材《法国语言与文化》中涉及的文化知识以及相关单词和语法项目的用法。通过组织兼具人文性、思想性、教育性的教学内容，帮助学生掌握法国的语言知识、文学知识及国情文化知识，使其能够运用所学知识进行日常交流，能够围绕课程主题展开讨论。

能力目标：在掌握基本语言知识的基础上，利用课堂、课外资源，通过课上、课下训练，有效促进学生听、说、读、写、译等语言能力的综合运用，拓展相关的国情知识，培养学生的国际视野。根据具体的教学内容，灵活运用启发式、探究式、讨论式等多种教学方法，提高学生的语言表达能力、文学赏析能力、思辨能力和跨文化交际能力。

素质目标：将价值观塑造融入课堂教学全过程，有意识地引导学生进行中外比较和跨文化分析，努力提高学生的人文素养与思想素养，培养学生的家国情怀与国际视野，提升学生用外语讲好中国故事、构建中国话语的能力。

**在线资源：**

本课程所用教材为《法国语言与文化》（外语教学与研究出版社，2018年版），可在外研社综合语种教育出版分社主页（http：//mlp. fltrp. com/wys/ bookstore/ list？LanguageId = 12）下载本课程的电子课件、音频资料、练习题参考答案及模拟试卷等配套资源。

## 二、本课课程思政教学目标

本课主题为"人类命运共同体"，课程思政目标如下：

第一，通过精读有关欧洲人对法国人的看法的相关课文，为学生讲解相关的单词、表达及法语例句，帮助学生在学习语言知识的同时，了解欧洲各国同法国之间的关系，正确认识全球背景下的国际关系，深入认识人类社会共同面临的问题与挑战，增强其国际化意识，实现语言与现实的有机结合。

第二，通过设计有关国际事务问题的练习题，引导学生利用所学的单词、词组及与国家交往相关语句就国际关系问题阐述自己的观点，启发学生针对国家关系问题进行深入思考，以培养其国际权力观、共同利益观、可持续发展观和全球治理观。

第三，通过"知天下"板块的学习，启发学生针对国际关系问题进行中法、中外比较，开阔其国际视野，增强其对人类命运共同体理念的理解。通过"学史明鉴"板块的学习，帮助学生深入理解中国古代智慧对当代中国建设的意义，增强其对伟大祖国、中华文化的认同感。

第四，通过给学生布置课后调研任务，鼓励学生自主调研我国及其他国家在国际事务方面的政策、做法以及在全球性问题方面所做出的贡献及取得的成就。引导学生正确认识"人类命运共同体"这一全球价值观的根本原则，帮助学生用法语介绍我国在世界多极化、经济全球化背景下的态度与主张，提升学生用法语讲好中国故事的能力，增强文化自信与制度自信。

## 三、本课课程思政教学重点和难点

### （一）思政教学重点

从本单元国际关系这一主题切入，在帮助学生掌握相关单词与语法、理解课文内容的同时，启发学生结合课程主题深刻认识国际社会所共同面临的问题和挑战，了解法国和欧洲在国际上的立场和观点，帮助学生从中国所持的"人类命运共同体"理念出发，深入理解我国对外政策的重要性和必要性，鼓励学生为中国在百年未有之大变局之下谋求与世界合作共赢、促进共同发展而做出应有贡献。

### （二）思政教学难点

将传授语言知识与引领价值进行自然又有机的结合是思政教学的难点。要做到将语言知识点的讲解、语言技能的训练与思政教育有机融合，既要进行系统深入的专业知识传授，又要深入挖掘知识点中所蕴含的思政元素，将"人类命运共同体"这一全球价值观的基本要素巧妙地融入教学过程之中，让学生在潜移默化中接受这一价值理念，实现浸润式思政教育，于无声处润心育人。

## 四、本课课程思政教学方法

本课程以立德树人作为根本任务，积极贯彻全人教育理念，在人本主义学习理论与建构主义学习理论指导下开展课程思政活动。以培养道德、知识、能力兼备的"全人"为目标，关注教育的思想性，关注学生的情感、态度与价值观，强调以学生为中心，激发和挖掘其潜能，引导其从原有的知识经验中，主动建构新的知识经验，促进其全面发展、整体发展、和谐发展，使其具备丰富的语言知识与专业知识、出色的语言技能与健全的人格。在教学过程中以思辨为导向，根据教学内容的特点，灵活运用内容依托教学法（CBI）、任务驱动教学法（TBL）与交际法（CLT）等教学方法，通过启发式教学、支架式教学、问题驱动以及探究学习、研究性学习及合作学习等教学手段，实现语言与内容学习的完美融合，实现知识、能力与价值观三维目标的有机统一。

## 五、本课课程思政教学过程

本课时分为 Text 和 Lecture 两个部分。正文部分的课文主要内容由以各国对法国的看法为题的短文组成，其中包括德国、西班牙、英国和意大利在内的五个欧洲国家的记者撰写的文章。通过精读正文部分的文章，带领学生学习表达观点看法的相关单词语句，并了解法国和法国人在欧洲各国的民众当中呈现的形象；由此引出国际关系与中国的全球价值观话题，引导学生谈论欧洲对法国各持相应看法的现象及其成因；结合历史因素和现代时政，启发学生思考从中国的角度出发如何看待这些问题，了解中国在国际上的形象和立场。

在进行语言教学之后，引导学生讨论在当今世界面临前所未有之大变局的环境背景之下，中国如何在谋求本国发展中促进各国共同发展，以及探讨中国倡导"人类命运共同体"理念的必要性。拓展阅读的文章涉及法国的工作制度，由此延伸到中国现行的关于工作的制度。语言学习之后，引导学生自主调研中法两国采取不同制度的背景、原因及效果。

通过对这两篇文章的学习，在丰富学生表达看法观点的相关单词词汇量、促进其掌握本单元出现的语法项目的同时，引导学生针对教学内容展开讨论，促成学生对语言的实践与运用，实现语言与主题的结合，为学生搭建语言知识和文化交际的脚手架。

为促进学生自主学习能力以及利用所学知识，将我国政策理念内化于心，外化于行，要求学生在本次课前每 5 人组成 1 组，通过合作学习方式，利用线上、线下资源，查阅在国际问题上有关中国立场、中国实践的语言材料，调查、了解我国在处理外交问题方面的经验及相关政策。

本课程思政教学的基本原则为"以文化人，润物无声"，思政教学的基本路径可概括为"全方位融入，全过程渗透""无处不育人，无处不思政"。本课的思政教学过程整体分为课前、课中、课后三个部分，整理如下：

【课前】

（1）学生自主预习课文，学习生词，注意文中那些与针对他国社会人文的看法和观点有关的单词和表达；

（2）学生找出课文中欧洲各国人对法国人的形容，并将其进行分类，分为积极评论、消极评论和中立态度，然后自主查阅资料，思考为什么会出现这些不同的看法；

（3）学生自主查阅资料，了解法国与欧洲整体及各国之间的国际关系，同时了解中国同法国及欧洲其他国家的国际关系，从历史信息资源和近年来的时事新闻、国际会议或各领域往来的资料中找到相关内容，并梳理出自己对国际关系的理解；

（4）汇总学生学习上的困惑。通过学情分析，充分了解学生对欧洲各国之间的复杂关系、中国在国际上的立场和表现以及"人类命运共同体"这一价值观的已知、未知、想知、能知。

**【课中】**

**环节一：调研情况检查**

要求各组派 1~2 名代表汇报调研情况，就调研结果进行口头报告。报告的主题围绕法国与欧洲整体及各国之间的国际关系、中国同法国及欧洲其他国家的国际关系展开，结合相关的时事新闻、国际会议或各领域往来的信息资料，总结阐述自己的理解。

学生代表汇报结束后，教师进行补充和总结。由当代年轻人惯于用来取乐的"每日乳法"这一网络流行语切入，站在客观的角度，为学生从政治、文化、科技、军事等方面对法国做一个简要介绍，让学生能够对法国在当今世界格局当中扮演一个怎样的角色有初步了解，并从地理和历史等方面分析形成法国和欧洲其他几个重要国家之间的矛盾冲突的原因，随后从中国和法国的国际交往中明确中方的政治立场，了解中国的观念主张。

最后，教师针对学生报告情况进行点评，肯定学生的调研成绩，鼓励学生根据所得信息锻炼总结和评价的表达能力，并在国际问题和外交政策上建立对中国智慧和中国方案的自信。

**环节二：课文内容学习与讨论**

本篇课文是一篇题为"欧洲人如何看待法国人"的文章，首先引导学生获取、整理文本信息，了解语篇的展开方法与过程。引导学生深入了解和深刻领悟历史和国家政策对理解国际关系的重要性。

**1. 深入文本**

正文部分由德国、西班牙、英国和意大利四个欧洲国家划分为四个板块，依次精读和分析这四个板块的内容，重点解释文中的重要词汇与表达。

例：第一段最后一句话 le regard sur le voisin occidental devient sensiblement critique. 中的 critique 一词有多种含义，请学生先自行举出不同的意思和例句，随后教师进行归纳。

Critique

① clé, décisif

L'hypothèse de la période critique a été largement reprise pour insister sur l'importance de l'introduction d'une secondelangue avant 12 ans.

② contradictoire

Il voit toutes les choses d'un oeil critique, il trouve toujours quelque chose à redire.

③ commentateur, juge

Il est critique littéraire dans la Presse Universitaire.

④ reproche

Je ne vais pas faire la critique de son attitude, il a peut-être des raisons qui la justifient.

**2. 理解讨论**

学生就与课文内容相关的思考题开展讨论，以课文中的语句为基础，进行语言产出和思维拓展训练。让学生从四个国家针对法国和法国人的评价中分别整理归纳，并完成以下思考题：

Questions de compréhension：

① Avant la réunification de l'Allemagne, quelle est l'image que les Allemands se faisaient de la France et des Français?

② L'attitude des Allemands à l'égard des Français a-t-elle changé depuis lors?

③ Quels sont les adjectifs que les Espagnols utilisent le plus souvent pour décrire les Français?

④ Qu'est-ce que les Espagnols reprochent le plus aux Français?

⑤ Pourquoi les Espagnols ont-ils encore des comptes à régler avec les Français?

⑥ À quelle époque remonte le ressentiment des Espagnols à l'égard des Français?

⑦ Pourquoi les Espagnols considèrent-ils comme une victoire le fait que le Comité international olympique ait choisi Barcelone pour les JO de 1992?

⑧ Les Britanniques aiment-ils les Français? Au moment de la Révolution francaise, comment les Anglais voyaient-ils les Français?

⑨ Qu'est-ce qui intéresse chez les Français les Anglais?

⑩ Quelles sont les vieilles hantises des Anglais à l'égard des Français? Existent-elles toujours aujourd'hui?

⑪ Qu'a dit M. Jonathan Fanby à propos des Français?

⑫ Quelle est l'opinion de l'écrivain Anthony Burgess en ce qui concerne l'aptitude à raisonner des Français?

⑬Y a-t-il quelque chose en France qui suscite l'admiration des Anglais?

⑭ Comment les Italiens voient-ils les Français?

⑮ Quel est l'homme idéal pour les Italiens? Pourquoi?

⑯Quelles sont les qualités respectives des Français et des Italiens?

**3. 拓展阅读**

本章节拓展阅读的文章主题围绕外国人眼中的法国人生活习惯和体制，拓展阅读的教学分为两个环节：（1）学生自主阅读并作出概要总结和提问；（2）教师解答并作简要归纳。

涉及词汇解释示例：accorder

① concéder généralement après réflexion（quelque chose à quelqu'un）

Synonyme：donner

accorder un entretien à un journaliste

② attribuer（de l'argent à quelqu'un）

Synonyme：octroyer

la banque lui accorde un prêt

③ attribuer généralement après réflexion（quelque chose à quelque chose）

accorder une oreille distraite à la conversation

④ reconnaître（quelque chose）pour valable ou pour vrai

Synonyme：concéder

il a menti，je te l'accorde

⑤ mettre en harmonie

Synonyme：harmoniser

accorder des coloris

⑥ créer une relation d'entente entre（des personnes ou des idées）

accorder des opinions divergentes

**环节三：语言知识学习与应用**

**1. 重点语法解析**

在讲解语法的用法时，围绕课文主题，提供与课文主题相关的例句，在进行语法练习时，设计既可以练习所学语法知识，又能启发学生就国际关系问题进行深入思考，避免机械地填空、替换练习，把语言作为学习内容的媒介，把内容作为学习语言的源泉，开展以内容为依托的有意义的语法教学。

例：autant 的 6 种常见用法

修饰动词或形容词，置于被修饰词之后，与连词 que 同时出现，表同级比较，例句：Il travaille autant que s'amuser.

短语 autant de 修饰名词，主要有以下几种用法：

置于名词前，与连词 que 同时出现，表同级比较，如：Il y a autant de risque d'échec que de chances de réussite.

置于名词前，不需连词 que，表达等同关系，如：Autant de têtes, autant d'avis.

置于名词前，修饰作表语的名词，不需连词 que，强电给"量"的表达，如：Toutes ses affirmations sont autant de mensonges.

Autant… autant… 并列两个语义互为相反的词，达到对比映衬效果，如：Autant j'approuve ses principes, autant je condamne ses méthodes.

D'autant plus que + indicatif，引导一个附加原因及这个原因作用下的结果，即 avec cette raison en pus que，可译为"加之……就更加……"，以课文中的句子为例：Les Français sont d'autant plus redoutables qu'ils sont imprévisibles et contradictoires.

Pour autant 表示"尽管……却"。如：Ayant fait tout son possible, Pierre n'a pas pour autant réussi son examen.

Autant que possible 表达程度，意为"尽量"（dans la mesure où on peut），如：Pour ce qui est du vocabulaire, nous veillons autant que possible à ce que tout mot appris dans une langue soit appris dans l'autre.

引导学生利用以上语法知识造句，转述课文中所展示的各国民众对法国人的看法，法国与各国之间的关系。

**2. 现场实践：运用所学词汇和表达完成中翻法句子翻译练习**

中国理念的法语表达：为学生提供"坚持各国相互尊重、平等相待""合作共赢、共同发展""坚持实现共同、综合、合作、可持续的安全""坚持不同文明兼容并蓄、交流互鉴"等有关"人类命运共同体"理念的重点单词、表达和重要语句，让学生了解中国理念的法语表达，为其利用法语讲好中国故事奠定基础。

例：坚持各国相互尊重、平等相待：Insister sur le respect mutuel et l'égalité de traitement entre les pays；

坚持合作共赢、共同发展：Insister sur la coopération gagnant-gagnant et le développement commun；

坚持实现共同、综合、合作、可持续的安全：Insister sur la réalisation d'une sécurité commune, intégrée, coopérative et durable；

坚持不同文明兼容并蓄、交流互鉴：Insister sur l'inclusion des civilisations et l'appréciation mutuelle；

人类命运共同体：une communauté de destin pour l'humanité

**环节四：思维拓展与语言表达**

完成词汇语法学习之后，布置学生完成小型输出任务。以学生为主体，灵活运用启发式、讨论式、探究式等教学方法，实现语言与内容的进一步结合与应用。

综合练习：先给学生展示一些国家间交往或冲突的案例，再辅以补充资料，通过组织讨论，帮助学生理解目前全球化大环境中国际关系问题的重要性和中国观点的深刻性，启发学生思考造成国家间的冲突或各国人民之间的成见现象的主要原因。设置学生主导型练习，让学生尝试以外交部代表团成员的身份在模拟联合国会议中介绍我国面对国际问题的立场，展现中国智慧，引导学生使用法语表达中国的观点，讲述当代中国的建设与成就，促进思政内容的外化。

**环节五：学习文化与感悟智慧**

"知天下"部分，让学生通过阅读相关材料了解法国工作制度和中法国际交流，布置相关思考题，启发学生探究中法工作制度互相借鉴的可能性并让学生站在人类命运共同体的高度上全面思考中法国际交流问题并就此发表个人观点。

"学史明鉴"部分，先让学生了解我国自古以来的外交理念发展过程，再联系到"人类命运共同体"这一价值观的出处由来，同时学习党的十八大中对于"人类命运共同体"的具体声明，然后为学生提供这一理念诠释的法语翻译版本，让学生结合巩固已学过的单词、语法与表达形式，进而引导学生向世界讲好中国故事，传播好中国声音。

**结语：**

通过课程学习，让学生熟练掌握构词法以及主要句型和句法结构的用法，识别不同文体语体，掌握常用修辞手法、不同文体的写作技巧以及复合句的转换、释义和翻译方法。运用所学知识和技能进行批判性思考，并结合现实生活中的实际问题或热点话题展开讨论，表达观点，培养思辨能力。

**【课后】**

（1）法语思考题

En Chine, les gens du Nord et les gens du Sud sont-ils différents les uns des autres?

（2）综合实践

学生需要以"人类命运共同体"为主题词，结合本课所学内容绘制成思维导图，对所掌握知识进行整体评价，有助于学生厘清思路，拓展思维，进而提高其自主学习能力。

继续搜集我国与其他国家在国际交流方面的政策相关资料，以小组为单位形成完整的调查报告。

（作者：方丽平，湖南师范大学外国语学院法语系副教授）

# "高级韩国（朝鲜）语"课程思政教学设计样例

## 一、课程总览

**课程名称**：高级韩国（朝鲜）语

**课程类型**：朝鲜语专业核心必选课程

**教学对象与学时**：朝鲜语专业本科三年级，102 学时

**课程目标**：

"高级韩国（朝鲜）语"课程是朝鲜语专业的必修课，在整个教学体系中处于核心地位。本课程总课时为 102 课时，旨在通过知识技能教学与实际语言运用，使学生深度掌握韩国语的语音语义、语法结构、功能表达等知识点，对韩国语的高语境性形成更深层次的认知，同时培养其认知语用能力、跨文化交流能力、思辨能力等。与此同时，教师将课程思政理念融入课堂，在向学生教授语言技能的同时，使思政元素与之深度融合，实现价值性与知识性的统一。具体课程教学目标如下：

知识目标：通过体系化课程学习，使学生扎实掌握语言知识点。通过组织具有思想性、知识性的优质教学内容，帮助学生了解韩国的语言文学、社会文化、政治经济等，能够围绕单元主题展开较为广泛而富有深度的讨论。

技能目标：在掌握基本语言知识的基础上，利用多种资源，有效提升学生对所学知识的认知，同时促进学生听、说、读、写、译等语言能力的综合运用，以此来提升其语用能力、表达能力、跨文化交际能力、批判性

思辨能力等。

素质目标：将价值观塑造融入教学全过程，有意识地引导学生进行中外比较、跨文化分析，提高学生的人文素养及思想素养，培养学生的中国情怀与国际视野，提升学生用外语讲好中国、讲通中国的能力，以实现"中国立场，国际表达"，成为中华文化的传承者、中国声音的传播者。

## 二、本课课程思政教学目标

本课以"纵横论'孝'——中韩之孝、古今之孝"为核心主题，对中韩两国的"孝"文化进行横向及纵向的解读，将思政教育润物细无声地贯穿到整个课堂教学中，有机融入中华优秀传统文化"孝"的主题内容，探索"孝"的前世今生，同时与韩国的"孝"文化进行对比，培养学生的跨文化思辨能力和高阶语言思维，同时使其具有家国情怀与国际视野。本课关于"孝"文化的教学课程思政育人目标包括以下几个方面。

（1）通过中韩思想文化的对比，引导学生形成对本民族文化的认知，增强文化自信，感受中国传统思想文化的博大精深，并深刻理解文明交流互鉴的意义；

（2）引导学生在学习过程中最大程度发挥主体性，形成不断探索新知的主观能动创新意识，同时培养学生提出问题、解决问题的综合能力和团队协作精神；

（3）鼓励学生开启批判式思维模式，思考古代的二十四孝是否适用于现代社会、孝文化在新时代下被赋予了哪些新内涵、如何对孝文化进行传古扬新等，师生互相监督，努力传承并践行孝道文化。

## 三、本课课程思政教学重点和难点

本课程的教学重点主要有以下三点：（1）使学生熟练掌握课文中出现的"孝"主题相关词汇，了解中韩两国"孝"文化的缘起、发展及影响关系；（2）通过篇章分析法，把握主体文章的展开形式及内在的对话逻辑结构，并理解核心内容；（3）在此基础上，使学生能够形成语用认知，以便熟练使用韩语进行以"论'孝'的前世今生"等为题的拓展练习。

课程最大的难点在于如何使学生能够游刃有余地进行高阶思维构建及相

应的语言输出。即使学生能够运用所学的语言知识，结合语用学的观点有逻辑地、有内涵地进行主题思辨式表达（例如"韩国孝文化的缘起及中国对其产生的重要历史影响"）。其次，使学生能够克服惰性、激发自身的学习兴趣，敏锐地发现问题并解决问题，进行有序整理和深度思考，以提升综合语言素养、培养深厚的人文精神，也是贯穿于本课程始终的重点及难点。

## 四、本课课程思政教学方法

本课程将综合运用教师启发式、个人归纳式（活用语料库、绘制词汇树、制作功能辨析表格等）、小组探究式（小组讨论、主题发表、短视频制作等）教学方法，结合精选出的思政教学资源，按照提出问题、分析问题、解决问题的认知路径，引导学生由"知"内化为"识"，进而付诸"行"。教师旨在锻炼学生的思辨能力及跨文化交际能力，注重师生互动和生生互动，引导学生形成自主学习的意识和基本的学术探索精神。

## 五、本课课程思政教学的过程

### 1. 课程思政教学理念

（1）立足于思政，扬专业高度：践行"思政＋专业"目标导向、任务驱动、产出导向、合作评价的教学理念，使课程思政入脑、入心、入行，实现知识传授、技能培养和素养提升的协同推进。

（2）"学生驱动式"教学促成"知行合一"：以学生为本，鼓励学生通过自主学习与合作探究式学习相结合的方式来发挥主观能动性及主体性，使其在学好专业的同时做到"用好专业、讲述中国"；

（3）"引—教—学—用—论—行"体系化教学模式：促成个体、小组和集体三者有机结合与互相监督，通过课前、课堂、课后三个环节、六个步骤的循环，形成"课前驱动—课堂赋能—课后强化"的教学链。

### 2. 课程思政教学流程

高级韩国语课程的思政教学共分课前、课中和课后三阶段，紧扣教学时间节点、媒体技术、学习资源与学习活动、专业学习与思政学习的要求等要素，按照"引—教—学—用—论—行"的教学流程有条不紊地来进行，见图1。

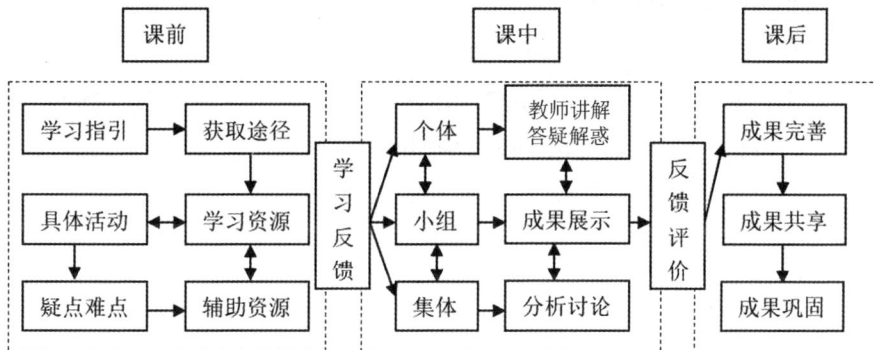

**图1　高级韩国课程思政教学实施流程图**

（1）课前

课前阶段对应"教师引＋学生学"的部分，主要涉及工作有：教师引导学生进行主题预习、强调教学重点难点、提供相关工具书及学习资源平台等，学生以2~4人小组的形式完成预习作业、小组探索学习等活动。

在这一环节中的预习导入问题如下。

①活用知网查阅权威资料及论文，了解文化背景，探索韩国孝文化的缘起及中国对其有何深远影响。

②个人绘制"词汇树"，结合语料库掌握新词的词频、搭配等信息。

③以小组形式进行相似语法、句型的功能辨析讨论。

④个人针对课文音频进行"影子式"跟读，熟悉情景式表达。

这一阶段对应的具体词汇内容列举如下。

①정희 씨는 어머니를 정성껏 모시고 있으니 그야말로 효녀예요. （副）的确、实在

②과찬이십니다. / 과찬이세요.　　（名）过奖

③효도는 한국에서의 전통 사상 중 으뜸가는 덕목이다.　　（名）品德

④부모는 결국 자식에 효심에 마음이 움직이게 되었다. 因⋯⋯而动心，改变主意

⑤그 집 며느리는 시어머니를 지극 정성으로 보살피며 온갖 수발을 마다하지 않는 효부예요. 悉心伺候照料

除此之外，学生还需在此基础上围绕"孝"主题进行关联词汇的"树式"查找，实现自主网格式学习。

此外，该环节对应的先行语法解析如下。

①-는 둥 마는 둥 (하다): 동사 어간에 쓰여 무슨 일을 하는 듯도 하고 하지 않는 듯도 함을 나타낸다. 用于动词词干后，多用现在时态，表示"似……非……"，通常用于难以确切区分的情境中。

예) 걱정이 돼서 밥을 먹는 둥 마는 둥 했다.

②-던 차(에): 마침 어떠한 일을 하던 기회나 순간임을 나타낸다.

用于动词词干后，表示"正要做某事，正值……的时候，在……之时"，强调机会的恰到好处和时点的吻合。

예) 아르바이트를 찾던 차에 마침 영수가 좋은 자리를 소개해 주었다.

除此之外，学生还可以随时通过学习平台与教师互动，在教师的引导和帮助下全面提升语法认知，从"音韵—形态/句法—意义—语用"四位一体的高阶思维模式来深化语法学习，把握高级韩语的底层逻辑。

（2）课中

这一阶段主要对应"教—学—用—论"的部分，采用个体、小组和集体三者结合的方式实现共同体学习，具体活动有教师重点讲解、小组展示（口语互动、PPT主题发表、辩论模拟、角色扮演等）、集体分析讨论等。

教师重点讲解的内容主要包括：

①主题导入：展示"孝"字从古至今的字形变化，体现汉字的悠久历史；溯源意义，从《说文解字》中理解"善事父母者即为'孝'"；用韩语'자식이 늙은 부모를 등에 업고 걸어가는 행동'惟妙惟肖地描绘出"孝"的初始义。

②语言学习：绘制"孝"主题词汇树，拆解语法要素组成，深刻解读剖析，确保学生从根本入手，掌握语言知识之"魂"。

③课文解析：采用任务学习法，师生互动，把握篇章结构和核心内容，教师引导学生进行"自上而下"的探索式学习。

④思维拓展：师生互动学习韩国"孝"思想的缘起与发展、讨论中国对其产生的巨大影响、梳理中韩两国流传至今的寓言故事、对比学习含有"孝"字的四字成语/俗语/名言、探讨"孝"思想在中韩两国的传承及互相借鉴之处等。

（3）课后

在课后阶段，学生通过反思课堂成果展示中存在的问题和综合反馈评价，继续以小组合作的方式完善学习成果，撰写学习心得，并上传至学习平台，以便能够在小组内实现成果共享。另外，教师还需监督学生做到知行合一，课堂上的思政教育应延续到课后的线下实践中，使学生成为专业素养过硬、道德品行高尚的优秀外语人才。

具体到本课的课后任务，除了语言知识方面基本的复习及个人/小组练习之外，教师可以给学生布置"选择性练习"。可以围绕"中国的孝文化思想对当时的朝鲜半岛产生了哪些深远影响？""新时代之'孝'"等个人感兴趣的话题，参考一些资料，用韩语写一篇短文，也可以参考央视纪录片《字从遇见你》，以"论'孝'""'孝'的前世今生"等为主题，使用韩语制作时长 5~10 分钟的短视频。

**3. 课程思政教学设计**

本课程主要围绕《延世韩国语 6》第八单元第 2 课的"韩国'孝'思想"这一主题展开，具体的教学设计如表 1。

**表 1　教学设计**

| 教学过程 | 教学内容及活动设计 | 课程思政内容体现 |
| --- | --- | --- |
| 课前任务驱动 | ①教师抛砖引玉，学生探学新知<br>主题导入：看图找出核心关键词"孝"<br>重点词汇选取与讲解<br>目标语法的意义、使用限制、功能等讲解<br>②布置衔接性作业<br>＊核心词语"孝"的文化背景知识相关资料的查阅与整理：韩国"孝"思想的缘起、中国对其产生的重大影响、"孝女沈清"故事梗概及视频观看、中国"孝"文化故事、文化传承及新孝文化等。<br>＊个人绘制"词汇树"<br>＊小组学习：结合语料库，了解高频词的使用及搭配；语法、句型功能辨析 | 教师引导式＋学生探究式<br>博大精深的中国思想文化精髓之一"孝"<br>激发学习兴趣<br>鼓励主观能动性学习<br>提升文化素养<br>优化思维模式：词汇思维导图<br>掌握科学学习方法<br>培养团队合作精神 |

（续表）

| 教学过程 | 教学内容及活动设计 | 课程思政内容体现 |
|---|---|---|
| 课堂知识赋能 | **中韩孝道"教学"，语言技能活用，趣论中韩孝文化**<br>介绍"孝"字的字形演变：从甲骨文到楷书，结合《说文解字》理解释义<br>师生互动描绘"孝"字词汇网<br>学生讲述韩国古代经典故事"孝女沈清"<br>问答式梳理课文结构及理解篇章内容<br>**"文化维"的"孝"（1）**<br>韩国"孝"思想的缘起及中国对其产生的重大影响<br>**"语言维"的"孝"**<br>＊ 中国古代"二十四孝"的韩语演绎：以"亲尝汤药"为例<br>＊ 韩语"孝"四字成语<br>＊ "孝"相关古文名言的韩语翻译<br>**"文化维"的"孝"（2）**<br>现代韩国社会"孝"文化的传承<br>讨论中国社会中"孝"的传承，并进行中韩对比<br>运用批判性思维，谈论如何传古扬新，践行新孝文化 | 杜绝文化失语<br>回顾中华典籍<br>了解韩国文化故事<br>构建篇章交互式学习方法<br>理解文明互鉴<br>树立文化自信<br>借语言外衣，融文化思政<br>跨文化思辨<br>践行孝文化<br>批判性思维 |
| 课后巩固深化 | **与友谈古论今，践行孝道文化**<br>教师对本节课程思政教学进行自我评价及教学反思<br>学生依托"课后作业"深化学习<br>＊ 课后复盘反思、整理笔记，绘制思维导图，在"自我评价表"上打分<br>＊ 韩语短文写作：中国的孝文化思想对当时的朝鲜半岛产生了哪些深远影响？<br>＊ 小组活动：以"论'孝'""'孝'的前世今生"等为题，使用韩语制作短视频。 | 提升个人综合素养<br>中韩思想文化对比<br>感受中国思想力量<br>锻炼高阶韩语逻辑表达能力、运用先进视频剪辑技术<br>辅助深化学习 |

## 六、课程思政教学效果及反思

本课程的教学设计把知识学习、技能培养和素养提升有机地结合在一起，通过丰富多样的教学活动，基本实现了既定的三大课程目标，取得了良好的教学效果。首先，学生对"孝"主题的相关语言知识点掌握较为扎实，教学内容的丰富与中韩对比的深度提升了学生的语言理解及表达能力，加深了对中韩两国语言及文化的了解。其次，学生主观能动的学习意识得以强化，知识探索能力显著提升。同时，团队协作能力、语言（包括肢体语言）表达能力、跨文化思辨能力等也有了明显提高。再次，学生的综合人文素养得以提高，通过对"孝"文化主题知识的学习，杜绝了本土文化失语现象；通过对中国孝思想对朝鲜半岛的影响进行深思，在内心厚植了中国情怀，树立了文化自信，拓宽了国际视野。学生方面也对课堂形式及效果表现出很高的满意度。

高级韩国语课程的讲授以及思政元素的融入对教师的思政水平、知识范围、资料查阅、分析整合方面均提出了很高的要求。本人作为该课程的主讲教师，在进行一线教学的同时，也非常注重课后复盘和自我批评，坚持不懈对思政教学进行实时反思。基于目前的经验，反思内容可以归结为以下几点。首先，教师应反复钻研教材内容，持续不断地从不同角度挖掘思政素材。其次，除了利用课内教材，教师也可以利用互联网及网络技术遴选优质课外资料作为补充性思政教学资源，这样既能扩大学生的视野，又能丰富课堂内容。最后，本课程思政的评价考核体系在未来还需要继续完善。除了课堂上学生们的综合性的外显展示以外，需要制定一套专门针对外语类"专业＋思政"教学成效的科学评价体系，来客观全面地考察思政育人的实际效果。

（作者：刘娜，河北大学外国语学院讲师，2022 年"智慧树杯"课程思政示范案例教学大赛二等奖）

# "基础日语（二）"课程思政教学设计样例①

## 一、课程总览

**课程名称**：基础日语（二）

**课程类型**：日语专业基础课

**教学对象与学时**：日语专业本科二年级，128 学时

**课程目标**：

本课程立足"新文科"背景下外语课程建设要求，结合师范院校人才培养特色，采用线上线下混合式教学模式，力求培养学生综合运用日语语言知识的能力，同时提高思辨能力和人文素养。

知识目标：通过课文内容的讲授，并结合实践经验，让学生了解日语基本的语法结构，学会正确使用日语基本句型，把握中日两国文化及语言表达上的差异，从而培养扎实的日语学科素养。

能力目标：结合对中日文化元素的对比性研究，培养学生的批判性思维能力；在充分了解中日两国文化的同时，学会用日语讲好"中国故事"，培养学生的跨文化交际能力；利用课前研讨、课中探究、课后拓展等全过程教学环节的设计，培养学生科学研究能力，从而实现知行合一的能力提升。

素质目标：通过对日本语言文化的学习和理解，反思我国优秀传统文

---

① 本文系 2022 年湖南师范大学课程思政示范课程"基础日语（二）"建设项目案例。

化对日本文化的辐射力，运用"思政元素"进行浸润式教育，增强学生家国情怀，从而明晰文化自信的素养旨归。

## 二、本课课程思政教学目标

本节课的教学内容是学习《日本的正月》一文，学生在了解日本新年习俗的相关背景和知识的同时，启发和引导学生比较我国春节习俗与日本新年习俗的异同，并分析其原因。教会学生用日语介绍我国春节习俗并思考中日新年习俗文化之间的关联。在分析比较中日两国新年传统习俗异同的过程中，让学生深刻认识我国古代文化对日本文化的影响，从而很好地增强文化自信和民族自信。同时也要求学生辩证地看待两国文化的历史渊源和文化间的传承关系，尊重和理解他国文化的形成。

突出学思悟行的能力目标。在挖掘中日两国新年习俗的发展演变过程中，培养学生归纳总结的能力；在比较中日新年习俗的历史渊源中，提升学生的辩证分析能力；通过拓展两国文化差异的对比研究，激发学生思辨能力，从而有效提升学生的科学研究能力。

## 三、本课课程思政教学重点和难点

### （一）本课程思政教学重点

"中日两国新年文化习俗的对比研究"以"文化历史脉络的整体梳理、不同习俗文化的再现还原、中国古代传统文化对日本文化的影响研究"为逻辑主线，进行教学内容的重构。

在课前，学生收集中日两国新年传统习俗小知识，对课文内容形成初步了解。在课堂教学中，首先以"日本正月前→大晦日の夜→日本正月中"为时间轴，通过阅读课文和小组讨论等方式，归纳和总结不同时间段中极具日本代表性的习俗。在课文讲解过程中穿插对新句型、新单词的讲解。其次，同属东亚汉文化圈的日本与中国的文化极具相似性。在对我国春节习俗文化的理解上，同样以"春节前的准备→除夕夜→春节期间的庆祝活动"为时间轴，收集我国南北方的不同习俗并分别进行阐述。最后通过对两国在新年时饮食、庆祝活动等方面的比较分析，寻找各自文化的相同点和

·

不同点。让学生在学习他国文化的同时，能够客观地、正确地认识不同国家的文化差异以及客观地看待自古以来中国文化对日本文化的深刻影响。

### （二）本课程思政教学的难点

在掌握并理解日本新年习俗的基础上，能用日语讲好"中国故事"，学会用地道的日语介绍我国春节文化习俗。其次，学会利用数据库等现代信息技术查找我国关于春节民俗的相关历史史料，结合日本的历史史料，能够分析相似民俗文化之间的联系及区别，利用马克思主义原理辩证地分析不同文化之间的传承关系。

## 四、本课课程思政教学方法

### （一）线上线下混合式教学法中植入思政元素

通过混合式教学法的引入，不仅能极大提升学习效率，而且能培养学生独立思考的能力，在学生自主学习的过程中植入思政元素。首先，课前要求学生自主学习本课的语法知识点，以及收集中日两国，特别是自己家乡过新年的民俗小知识、图片等，同时思考如何用日语介绍自己家乡的新年民俗。鼓励学生多关注和了解自己家乡的风土人情，增强他们的家国情怀。

### （二）讨论式教学法引导学生树立正确的价值观

以小组讨论的形式，展开中日两国新年民俗的比较讨论。让学生更深刻地理解不同文化之间的差异和联系；寻找相似文化习俗出现的历史渊源，辩证看待日本在历史发展进程中对中国文化习俗的接受与融合。课后根据课堂分析讨论的结果，让学生以中日新年民俗文化中印象深刻的部分为切入点，撰写两国新年文化习俗对比研究的小论文，从而提高学生的"学中思，思中悟，悟中研"的科学研究能力。

## 五、本课课程思政教学过程

### （一）课前探究自学

#### 1. 课前学习自制课件

利用微信公众号、网站、书籍等辅助资源自主学习本课中的新单词、新句型。

**2. 收集中国春节习俗相关素材**

收集中国春节习俗的图片、历史故事、小短片等，并分组展示小组成果。比如：介绍家乡春节的一种习俗。尝试在课堂上用日语介绍家乡的春节习俗。

**（二）课中讲授分析**

**环节一：课程导入**

通过观看有关日本正月的视频短片，复习有关日本正月习俗的相关词汇、重点句型。

教师首先播放关于日本正月的视频短片，带领学生了解日本人如何迎接新年，并对短片中出现的正月习俗的关键词进行简单的复习讲解。导入课文中的语法知识点，通过翻译、填空练习等形式，检查学生对课文中语法知识点的掌握情况。

**环节二：课文分析（重构文本，导入思政元素）**

在分析课文内容的同时，将我国春节风俗与日本新年习俗进行对比分析。分别从新年时间的计算，节前节中节后不同的习俗特点，异同点的分析等几个方面展开讨论。

从时间上来看，中国的春节为农历的一月一日，而日本的正月最初也是农历新年，从明治维新以后改为阳历的一月一日，即我们的元旦。其次，追溯新年的由来，可见中日两国存在显著的不同。日本所谓的"正月"是用来祭拜能使人们五谷丰登的岁神，而中国则是通过放爆竹、贴门神，挂对联等方式驱除鬼神，保佑一年顺遂。在介绍中国"年"的概念时，可以尝试让学生用日语讲述关于"年"的传说。

利用学习通的任务分组（PBL）功能将学生分成三组，分别讨论年前、除夕夜、新年期间中日两国不同的新年习俗文化。比如，日本的忘年会与中国的团拜会、日本的红白歌会与中国的春节联欢晚会等习俗。最后请每组代表分别用日语对讨论的结果进行总结。

在迎接新年的准备中，中日文化有很多共同特点，比如：都会进行年底的大扫除，大家都会回乡与父母亲人团聚，会准备很多美味佳肴庆祝新年的到来。同时，也有一些文化上的差异。比如：在日本的正月到来之前，家家户户会在门口摆放门松，在神龛上摆放"镜饼"，以迎接岁神的到访，待到 1 月 11 日再打开，与家人一起享用。而在中国则是在门口贴对联、福字，除夕夜一起与家人包饺子。可见两国人民在儒家思想文化的熏陶下，都很注重亲情关系。

迎接新年的前一夜，日本称为"大晦日"，中国则称为"除夕"。在这一天的晚上，日本家庭一般在转钟之际，要吃一碗"お年越そば"，寓意着跨过一年的厄运，迎接新年的到来。同时，还要喝屠苏酒，而这种酒是在日本平安时期传到日本，除夕夜喝屠苏酒的习惯一直保持至今。此外，还有听除夕钟声的习惯。据说其来源于唐代诗人张继《枫桥夜泊》中那句"夜半钟声到客船"。新年第一天，日本人都会去寺庙参谒，为新年祈福，同样中国人也有在新年期间去寺庙烧头香的习俗。可见中日文化信仰在诸多方面都十分相似。通过这种比较，可以让学生深刻地感受到中国古代文化对日本文化的影响，从而增强文化自信。

此环节采用学生发言，教师点评，视频演示等多种形式，让学生充分了解和理解日本在新年习俗文化上的特点，同时与我国春节习俗进行比较，寻找两国在文化上的相似点和不同点，从而更好地理解中日文化的渊源。

**环节三：学习启示（日本文化对中国文化的接受与融合）**

中日两国文化一脉相承，从根本上来说，中日两国的新年习俗只是大同小异。所谓大同，即在整个欢天喜地过大年期间，为了辞旧迎新得好运，都会有祭祖、奉神、礼佛、敬人的活动；所谓小异，因时代不同，中日两国过年的具体时间和习俗略有不同，从两国的新年习俗中都能找到彼此的影子。众所周知，风俗习惯是具有民族特色的文化，深受民族的思维方式和行为模式的制约，它们相互传播和影响，因此通过了解、分析中日两国的新年习俗的差异，对两国的文化交流具有重要的意义。

此环节主要以教师讲授与学生互动参与为主，通过对前面两国新年习俗的学习和总结，教师提出"如何看待两国新年习俗文化的相似点和不同点"这一问题，引导学生积极参与到对中日文化交流融合的讨论中。从中日新年文化习俗比较中，可以深刻认识到中华优秀传统文化对日本文化的形成产生了巨大影响。同时，也应看到他国文化在借鉴和吸收我国文化时所作的取舍，这是一种符合本民族行为方式和心理的选择，可谓是不同文化交流后的一种接受与大融合，同样值得尊重和理解。

**（三）课后拓展延伸**

（1）课后思考题：如何保护我国不同地区的"春节"传统习俗。

（2）撰写《关于中日两国新年民俗对比研究——以（    ）与（    ）为例》的小论文。

## 六、教学反思

在传统的基础日语授课中，通常以教授日语的词汇、句法为中心，展开课堂教学。随着课程思政教学改革的不断深入，将语言教学与课程思政相结合的教学理念变得十分必要。一般认为，语言既是一门工具，又是一种文化载体。通过语言学习，不仅能理解文化差异，还可以学会用外语讲好"中国故事"，将中国声音传递到世界，从而达到跨文化双向交流的目的。因此，笔者认为，应打破传统的教学模式，将语言知识的学习环节通过课前线上资源的自主学习完成，课堂教学则主要以学生实践，拓宽视野，思想交流为中心展开。贯穿于课程始终的思政元素，则可以以一种"润物细无声"的方式，从多角度挖掘、以多模态的形式展开。首先，教师可以根据教材内容挖掘思政元素。日本是中国一衣带水的邻邦，日本文化起源于中国古代，经过两国长期的交流与融合，形成了现在的日本文化。在学习日本语言文化的同时，可以通过比较分析两国历史文化交流的渊源，在深入了解日本文化的同时，以他国文化视角反观我国文化，从而增强我们的文化自信和民族自信，提升学生的民族认同感。其次，在掌握日语语言基本技能的同时，让学生用日语讲好"中国故事"，用日语讲述身边的变化，用日语讲述我国优秀的文化，向世界展示中国声音。这既是对语言能力的提升，也是增强文化自信的有力表现。

（作者：肖婧，湖南师范大学外国语学院日语系讲师）

# "基础日语（三）"课程思政教学设计样例

## 一、课程总览

**课程名称：**基础日语（三）

**课程类型：**日语专业核心课

**教学对象与学时：**日语专业本科二年级，96 学时

**课程目标：**

本课程作为专业核心课，是日语专业课程体系中连接初级与高级阶段的重要桥梁。课程贯彻立德树人根本任务，立足"新文科"背景下外语课程建设要求，结合学校"立足山东、面向全国"的定位与日语专业培养"良好的语言综合运用能力、跨文化交际能力、思辨能力、创新能力和适应发展能力的应用型人才"的培养要求，课程目标如下：

知识目标：熟记本阶段词汇和语法，区分场景和谈话对象，掌握口头和书面表达见解的方法；熟练使用各类衔接手段和修辞手法，掌握写作技巧和翻译方法，了解中日社会文化知识；

能力目标：能够正确运用所学的词汇和语法表达思想，提高听说读写译的日语综合能力；针对不同语境，使用日语有效地传递信息；通过文化学习，理解语言所包含的文化内涵，增强思辨和跨文化交际与传播能力；

素质目标：能感悟中日文化的交融与差异，提升语言素养、人文素养，兼具国际视野与家国情怀，树立文化自信，肩负起传承中华优秀传统文化，弘扬时代精神以及传播中国文化创新成果的使命。

## 二、本课课程思政教学目标

本课程思政教学目标为通过语言教学与文化教学，观照生活，帮助学生树立正确的世界观与价值观；开阔学生国际视野，了解中日关系、中日文化交流的背景，进一步了解中国文化及其对日本文化的影响，激发学生爱国情怀，用日语讲好"中国故事"。

本课教学设计以《综合日语第三册》（北京大学出版社，2010年版）第六课单元二《和敬清寂》为主题，内容节选自《里千家茶道教科》，对日本茶道精神"和敬清寂"进行阐释。基于课程思政总目标，将本课主题与内容概括为"知历史，明时事，辨内涵，巧传播"，实现育人目标。

第一，知历史：简要了解茶文化的历史，茶起源于中国，中国对日本茶道的发展与形成影响深远，增强学生的文化认同与文化自信。

第二，明时事：引用习近平总书记向"国际茶日"系列活动的致信内容，与"中国传统制茶技艺及其相关习俗"申遗成功事例，启发学生"知古通今"，了解茶对中国乃至全世界经济发展、文化交流的重要意义。

第三，辨内涵：课文中里千家对茶道精神的阐释，在抽象意义的基础上观照生活，契合了社会主义核心价值观中的文明、和谐、诚信、友善等内容，对学生正确价值观的形成有着积极的指导意义。同时，通过理解中日茶文化的"和而不同"，启发学生了解"以茶待客"等文化的共通性、提升审美意识，同时又引导学生积极思考，培养思辨能力。

第四，巧传播：最终落脚点在跨文化传播上，引导学生懂得传播策略，培育具有国际视野、家国情怀的人类命运共同体意识和素养，引导学生以科学合理的方式将中国传统以及现代优秀文化用日语进行创新性讲述，传播中国声音，促进人类文明交流互鉴。

## 三、本课课程思政教学重点、难点

根据课程思政教学目标，本课思政教学重点为以下两点。

教学重点一：理解日本茶道里千家流派对茶道精神"和敬清寂"的阐释，以此观照生活，引导学生树立文明、和谐、诚信、友善的社会主义核

225

心价值观与正确的处事方法。

教学重点二：在了解茶文化历史与中日茶文化异同的基础上，引导学生既树立文化自信又懂得传播策略，以科学合理的方式将中国传统以及现代优秀文化用日语进行创新性讲述。

教学难点：

本课思政教学难点在于如何在介绍日本文化的文章中，深度挖掘思政元素，将思政元素润物细无声地融入外语教学中，并使其贯穿始终。

为解决此教学难点，首先要挖掘课文中的思政要素，选择拓展资料对思政元素进行补充。了解当代大学生的学习兴趣、偏好和特点，根据学情来感染学生，同时引导学生对思政元素进行思考。采用线上线下混合式教学模式，分课前、课中和课后三个阶段来实现知行合一的思政教学。

## 四、本课课程思政教学方法

"基础日语（三）"遵循基于 OBE 理念的"线上线下知行合一思政双循环"框架进行课程设计。

通过线上与线下"知行合一"的混合式教学，实现课程思政目标。基于 OBE 教学理念，根据课程总体育人目标，线上以"知识传授"为主，为知识性思政与问题引导，线下设计是对线上知识的"实践与创新"，最终实现知行合一。

线上与线下分别实施"OPCMA 五位一体循环模式"，即"思政目标（Objectives）→预评价（Pre-assessment）→教学内容（Content）→教学方法（Method）→评价与反思（Assessment）"。

课堂上具体采用

（1）启发式教学法。抛出问题启发学生、引导学生积极主动地去思考分析，举一反三，起到引导性思政效果。

（2）讨论教学法。组织学生围绕茶道精神对日常生活中的启示、中日茶文化的异同等问题，各抒己见，展开辩论，达到隐性思政的效果。

（3）比较文化法。引导学生对中日茶文化进行思考，理解中日茶文化的"和而不同"，启发学生了解"以茶待客"等文化的共通性，提升审美意识和思辨能力。

## 五、本课课程思政教学过程

本单元学习计划 6 个学时。

### （一）课前：自主学习，线上思政引导

教师通过智慧树翻转课平台布置学习任务，引导学生自主学习。学生根据任务单在山东省在线课程开放平台（http：//t. g2s. cn/a6KLa5Bq）自主学习本单元知识点，完成课前测试和相关任务。同时，教师发布课程思政相关问卷，了解学生学情。

本课的主要内容是关于日本茶道精神，课程平台的视频除了传递了相关词汇、语法、日本茶道的基础知识之外，还提出茶文化源自中国，中国的"茶道"蕴含着中国人的处世哲学和待客之道，并通过习近平总书记在"国际茶日"的致信内容这一思政元素，引发学生对茶文化现代意义的重视与思考。学生在了解日本茶道的基础知识和茶文化历史的基础上，阅读教师指定的"中国传统制茶技艺及其相关习俗"申遗成功事例的相关节选材料，思考怎样向外国人介绍中国茶文化。

### （二）课中：巩固训练，线下思政融入

课中巩固训练部分采用 BOPPPS 教学模式，依据课文内容步步推进。

#### 环节一　课程导入

播放热播剧《梦华录》中的宋朝的"斗茶"片段，让学生发现日本的抹茶道就是源于宋代的点茶，树立文化自信，并进而引导学生初步思考中国茶文化与日本茶道的异同。

#### 环节二　课前测

检测学生自学情况，对重要的知识点进行进一步确认。课堂拓展的例句选用贴近中国时事的内容，提高学生对社会问题的关注度，增强传播中国故事的主动性。

#### 环节三　课文学习

按照本文的结构框架，教师引导学生对本文进行细读学习，分析里千家流派的"和敬清寂"茶道精神内涵，学习新单词、重点句型、表达习惯、

长句分析等语言特点，进行语言知识的输入。在理解日本茶道精神层面的"和谐""尊敬""洁净之心""不动之心"等内涵的同时，通过讨论使学生发现这些精神也正契合了文明、和谐、平等、敬业、诚信、友善等社会主义核心价值观要义，进而认识到对真、善、美的追求是全人类共同的价值观。根据内容分步引导学生观照自己的生活，通过智慧树平台上的抢答、头脑风暴等在线讨论活动，调动学生的课堂积极性，使学生有意识地思考在实际生活中如何为人处世，将社会主义核心价值观内化为精神追求，外化为行动自觉。

**环节四　参与式学习**

采用比较文化教学法，将课文中学习的日本茶道精神与中国茶文化精神进行对比，并讨论二者的异同。

通过小组讨论发言的形式，既对预习内容进行了检查，也对学生思辨能力进行了锻炼，从而为更好地进行传播打好基础。通过理解中日茶文化的"和而不同"，启发学生既了解"以茶待客"等文化的共通性，又能以开放的态度对待多元文化现象，提升审美意识和思辨能力。

由于学生日语水平受限，教师在学生发言的基础上，进行总结补充升华。除了茶具、茶室等具体器物的不同之外，在思想方面，中国茶文化以儒家思想为核心，融道家、释家理念为一体，三者之间是互相补充的多、相互抵触的少，从而使中国的茶文化内容非常丰富；日本茶道则主要反映中国禅宗思想，同时融进了日本国民的精神和思想意识；日本茶道的"和、敬、清、寂"，公开声明的"茶禅一位"，吸收了中国茶文化思想的部分内容，它规劝人们要和平共处，互敬互爱，廉洁朴实，修身养性。

在实践方面，中国茶注重制茶技艺，茶的种类繁多，中国的茶道更具有民众性，作为社交手段，传统茶文化与茶艺在当今社会也受到年轻人追捧，正在焕发勃勃生机；日本的茶道流派众多，但是其社会性、民众性尚未达到广泛深入的层面。

**环节五　学习传播**

在日本，茶道通过里千家等流派，将茶道精神写成教义、举行茶会，向世界展示与宣传日本茶道文化的魅力。中国茶文化，要向世界发声，该怎样进行有效传播呢?

教师提供视频与阅读素材，其一为李子柒的视频，引导学生思考李子柒在海外走红的原因；其二为现代年轻人"围炉煮茶"的社交新方式，激发学生兴趣，为中国茶文化海外传播提供思路。

然后教师再为学生搭建脚手架，提供理论指导。引导学生可以从拉斯韦尔的传播五要素：传播者，受传者，传播内容，传播效果，传播渠道五个方面进行思考。

**环节六 总结与任务**

请同学分别概括"和、敬、清、寂"的含义，并总结出在实际生活中如何实践"文明、和谐、平等、敬业、诚信、友善"等为代表的社会主义核心价值观。

作为日语专业的大学生，在已经了解了中日茶文化的"和而不同"之后，思考采用怎样的方式，以怎样的视角向日本朋友传播中国的茶文化。

**（三）课后：实践拓展，思政知行合一**

（1）在第二课堂中，教师带领学生分别体验日本茶道和中国茶艺，让学生近距离感受两国茶文化，实现知识与能力的知行合一。

（2）在课程平台的问题讨论区就"中日の茶文化について簡単に述べてください。（请简述中日茶文化）"这一话题进行讨论，与其他院校、社会选课学生进行观点分享的同时，教师可以检查学生课堂掌握的情况，学生也可以提出自己的理解与观点，教师及时跟进反馈。

（3）请同学设计一个向日本朋友传播中国的茶文化的文本，并经过同伴交换修改，教师修改之后，录制成小视频提交，进行生生评价和教师评价。同时进行具体情境的问卷调查，与课程开始之前的问卷结果进行对比，查看课程思政效果。通过以上实践活动实现课程思政目标，最终实现思政目标的"知行合一"。

（4）提供资料进行拓展。为学生提供茶文化相关的论文与视频资源，供学生个性化弹性学习。

**六、教学反思**

外语教育既会直接面对国外的意识形态和文化价值，同时也为"讲好中国故事"提供了机遇与平台。因此,外语教育应致力于培养兼具"国际视野"和"家国情怀"的时代英才。围绕这一教育目标,我们在外语教学中,必须深入推进课程思政,实现专业教育与思政教育紧密融合。

本课根据 OBE 理念,以"跨文化传播"为基点,从"知历史""明时事""辨内涵""巧传播"四个层次,将思政与专业知识润物细无声地进行融合育人。通过"史与今""学与用"相结合的设计,引导学生理解"各美其美,美人之美,美美与共",对多元文化既有开放包容的气度,又有辩证性思考的能力,兼具国际视野与家国情怀。提升学生跨文化传播的积极性与有效性,从而兼达育德目标与知识能力目标。

课程思政教学效果评价主要从课堂回答问题、小组讨论、平台讨论、实践作业观点表达和问卷调查等五个方面来进行。通过课前、课中、课后系列的教学活动,学生对本课程认可度非常高,近两年评课平均成绩为:99.4697,2021 年为学院第一名。"基础日语(三)"和"基础日语(四)"两门课程都被遴选为山东省高校在线开放课程,同时被评为青岛理工大学线上线下混合式一流课程。通过问卷调查显示,学生对课程思政认可度高。96.23%认为跨文化能力得到提升、98.12%认为"课堂有正能量,让我愿用日语讲好'中国故事'"等。

经过几轮教学实践,教师团队对课程思政教学也进行了不断的反思改进,形成闭环。

第一,课程思政教学需要智慧手段助力。

由于专业课学时有限,在讲授专业知识的同时,融入思政内容,深度和广度都有限,很难将思政教育贯穿全过程,而且对思政教学效果难以进行有效的评估。借用智慧平台、智慧工具,可以将线上与线下相结合,既拓展了课堂的时间与空间,为学生提供讨论交流的平台,又可以利用技术手段随时、准确地获取学情,对显性与隐性的思政教学目标进行科学有效的评估。比如,本课中虽然只讲了日本茶道的精神,但提到茶与茶文化,茶的历史与现今是不能不涉及的。利用智慧工具既解决了课时受限的难题,也实时动态地获得了学生的学情。

第二,课程思政教学需要坚持"守正创新"。

　　课程思政教学结合专业教学时，首先应该做到"守正"。这里"守正"有两个方面的含义。一是以国家大局为重，以专业教育育人目标为本，回答好"培养什么样的人、如何培养人以及为谁培养人"的问题。二是要做到以课程内容为本，深入挖掘课程的思政元素，"如盐入水、有味无痕"，不能为了思政而思政，生搬硬套只会适得其反。

　　"创新"是指在"守正"的基础上，根据学情与时事动态地进行教育教学理念更新、教学内容推新和教学方法革新。当今社会瞬息万变，每一届学生的学情也有着很大的变化。教师在思政教学时，要时刻保持高度敏感性，敢于合理地更新教育教学理念，不断结合国际国内时事，使用先进的教学方法进行思政教学。例如，2022年11月29日，"中国传统制茶技艺及其相关习俗"列入联合国教科文组织人类非物质文化遗产代表作名录，这是培养学生文化自信方面非常合适的思政素材，在最近一轮教学中必须设计融入课程中去。

　　第三，课程思政教学需要教师不断成长。

　　"问渠那得清如许，为有源头活水来"，专业教师要认识到学科及课程所肩负的育人责任，不断更新自己的知识储备，改革教学方法，提升课程思政意识，挖掘与开发思政元素，热心教育活动，以身为范，用自己的热情与行为去影响学生，才会有更好的思政效果。


　　（作者：唐画女，青岛理工大学人文与外国语学院副教授，首届"智慧树杯"课程思政大赛示范案例教学大赛优秀奖）

# "语言学导论" 课程思政教学设计样例

## 一、课程总览

**课程名称**：语言学导论

**课程类型**：专业必修课程

**教学对象与学时**：英语专业本科三年级，32 学时

**课程目标**：本课程积极响应教育部新文科建设号召，立足外语教育发展新需求，以语言学学科知识的内涵与前沿为支撑，着眼于学生语言学知识体系的构建要求，探索语言学的多样化学习方式，在深度和广度上加深学生对语言的理性认识，实现语言学基本知识与学科素质教育相结合，以及语言学理论探究与语言的社会应用相结合，同时将思想政治教育元素贯穿语言学教学全过程，努力呈现相对完整、顺应时势、切实可行的语言学教学体系。

**知识目标**：通过探讨语言学的基本理论与应用，学生能够了解人类语言的起源、特征与功能，明确语言学的主要流派和核心观点，掌握语言学主要分支学科即语音学、音系学、词法学、句法学、语义学、语用学等研究对象、方法和内容。

同时，通过了解语言与社会（社会语言学）、语言与心理（心理语言学）、语言与认知（认知语言学）、语言与教学（应用语言学）等学科知识，学生能够逐步形成语言和语言学的体系化知识框架。

**能力目标**：通过掌握语言学的基本知识，讨论语言内部构成以及语言与

社会、文化、教学等主题，结合相关语言应用实践，学生能够具备观察和解释语言的能力、学习和运用语言的能力、初步的语言教学与研究能力，以及基本的理性思维能力和观察、分析、解决问题的能力。通过参与多种形式的语言学合作学习，学生能够逐渐增强自我学习与团队协作等能力。

**素质目标：**通过了解和分析语言学理论与相关实例，学生能够逐渐提高自身的语言素养。通过探究新时代语言与社会发展、人文、科技等各方面的联系，学生能够加深对国家语言能力建设大局的认识，在新时局下不断向综合型语言人才目标迈进，加强自身思想品德修养，并在教育学、心理学等多种辅助学科推动下，形成良好的教师素养，提升语言教学与科研素质。

## 二、本课课程思政教学目标

本课程聚焦语言的识别性特征和基本作用，立足于语言学基础知识的构建，回应学生关切的语言与社会问题，结合语言学的学术前沿与生态文明热点话题，坚持育人为本、德育为先的基本遵循，贯穿"立德树人"的教育方针，重视对学生综合能力的培养，兼顾其核心素质的提升，有效实现本科课程"三位一体"的课程教学目标，充分发挥思想政治教育的主渠道作用。

以充实学情的知识目标达成为基础。通过渗透语言情景、引入区别对象，在对比中深度剖析语言的识别性特征，联系生态文明建设，分析语言的基本作用，勾勒语言的基本轮廓，在抽象概念和具体知识的互动中，实现学生对语言表层认知向深层认知的发展，促进学生对普遍语言现象的积极反思。

以学思践悟的能力目标达成为核心。通过思考语言问题，培养学生的独立思考能力；通过区分人类语言和动物表达，培养学生的对比分析能力；通过推断语言功能作用，培养学生的逻辑推理能力；通过透析汉语时事语料，培养学生的实际应用能力；通过聚焦生态文明热点话题，培养学生的反思内省能力；通过探究生态主体间关系，培养学生的哲学认知能力。

以协同育人的素质目标达成为根本。通过普及新时代中国生态保护理念，培养学生的生态保护意识；通过联系中国生态文明建设的需求，培养学生践行知行合一；通过追溯生态保护思想根基，引导学生尊重传统思想，坚定文化自信。

### 三、本课课程思政教学重点和难点

"语言及其识别性特征与功能"以语言为主题，以"语言的识别性特征""语言的基本功能""语言学的社会促动"为三大模块，实现主题与模块间的相互融合，结合学生导学反馈与课堂提问，实时答疑，关注本课程重点话题、解决难点问题。图1概括了本课程的重难点。

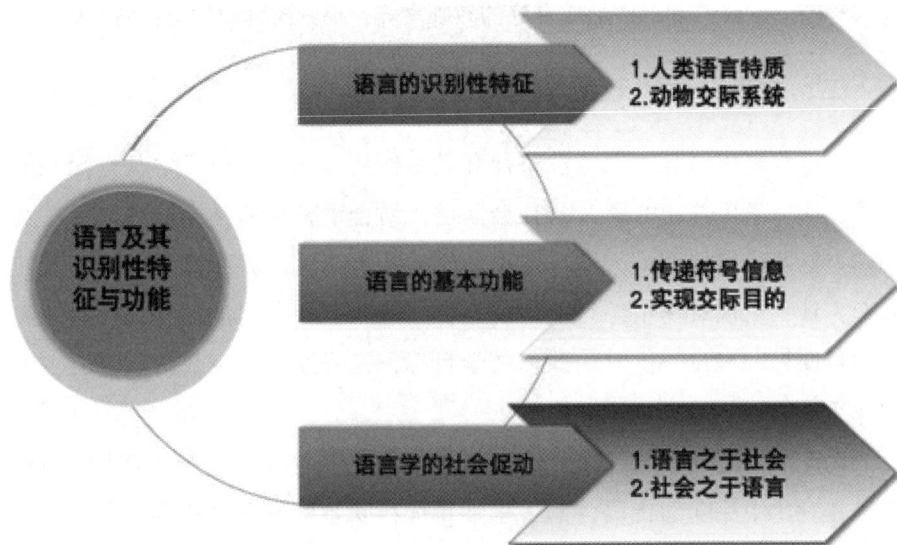

**图1　"语言及其识别性特征与功能"教学重难点**

重点一：理解语言的识别性特征。从人类语言与动物交际系统的区别入手，从交际方式、交际对象、认知结构等多重维度比较二者的不同，基于学生实际生活体验，启发思考语言为人类所特有的合理性，探究两者的内部联系，引导学生进一步理解语言的任意性、能产性、双重性、移位性以及文化传承性这五大识别性特征，激活学生的归纳整合思维，将经验内容上升到抽象概括，综合理解语言的独特性。

重点二：反思语言的基本功能。以热点语言话题为导向，引导学生从语言识别性特征入手反思人类使用语言的目的，即语言的三大基本功能。

从描述功能探析语言的信息传递，从表达功能探究人类的情感态度，从社会功能阐释语言的社会意义，突出动物交际目的与语言基本功能的本质不同，同时拓展语言的其他功能，深入探讨人类语言的内在价值与现实意义。

难点一：基于语言的识别性特征和基本功能，解读中国生态文明的思想根基。从语言视角出发，以《中国的生物多样性保护》白皮书为例，关注其中表达形式、组织结构和术语措辞，明确人类语言系统相较于其他生物交际系统的独特性和区别性所在。由语言的识别性特征引出其对生态文明建设的影响作用，从概念义、表达义和社会义三方面，分别探讨语言对信息传递、情感传递和社会促动的重要影响。突出语言的施为功能等其他作用，由表及里，透过语言揭示深层思想根基，追溯中国共产党生态文明思想的理论渊源。

难点二：基于社会需要和核心价值导向，发挥语言研究的认知构建作用。通过对生物多样性保护白皮书的分析，引起学生对地球生物主体间关系的积极反思，激发学生对科学和社会、个体和集体两方面关系的深入探讨。明确语言学习与研究对我国生态文明建设的认知促动，加强学生对语言学社会意义的认同。引导学生意识到科学研究和个体发展均不能脱离社会大背景，国内的语言学研究要立足于中国特色社会主义，呼应社会主义核心价值观的指引，促进本土研究的进步，增强价值观与文化自信。

## 四、本课课程思政教学的过程

语言及其识别性特征与功能课程教学过程主要包括课前导学、课中讲授、课后反思三个部分。课前导学包括导学问题探究、联系热点话题及线下合作研习，帮助学生大概了解课程的知识轮廓，预先评估学生学习过程中遇到的疑难问题。课中讲授包括五大环节，以及课程的总结与升华。讲授将以启发式问题展开，循序渐进引入本课主题，鼓励学生联系实际思考人类语言和动物交际系统的区别，简单归纳语言的本质特征及其功能，引导学生从语言识别性特征出发，向语言三大基本功能过渡，实现课程内容的跨越和知识的延伸。教师重点讲授语言的任意性、能产性、双重性、移位性和文化传递性这五大特征，语言的描述功能、表达功能和社会功能等语言功能，从所使用的专有名称入手，帮助学生理解其定义，联系生态案例思考语言的意义，明确课程重点，鼓励学生结合课前预习自主解答难点问题。课后反思包括思考拓展与扩展阅读，以及学习反思与实时反馈，布置学习任务，引导学生联系课中讲授内容独立思考，积极查阅相关领域资料，加深对语言及其识别性特征与功能的理解。图2展示了本课程教学过程的实施概貌。

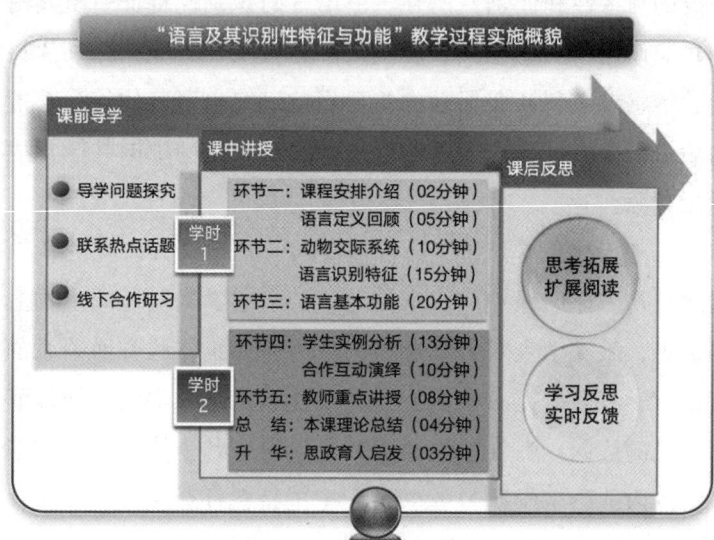

图2 "语言及其识别特征与功能"教学过程概貌

## （一）课前导学

（1）导学任务，合作研习。自主学习《新编简明英语语言学导论》第一章相关内容，完成在线导学任务，对语言知识做初步了解，大概知晓语言学基本概念、研究对象、研究内容、影响意义等知识，形成初步知识轮廓。

（2）收集反馈，评估疑难。分析线上学习的完成情况，就其内容进行合理评析，结合反馈预估学生疑点和难点，知悉学生对课程内容的兴趣所在、困惑所在。

## （二）课中讲授

### 环节一：课程安排介绍，语言问题切入

（1）复习热身：回顾"何为语言学？""何为语言？"等界定问题，测试

学生对知识的掌握程度，基于反馈，实时解答。

（2）问题导学：承接复习热身，提出问题："其他生物是否存在语言？其原因是什么？""动物的存在对人类是否有影响？有何影响？""动物的表达对人类语言及语言学有何影响？"

（3）畅所欲言：鼓励学生发散思维，头脑风暴，广泛联系社会实践与个体经验，积极互动交流，各抒己见，引导学生抽象概念具象化，实践经验抽象化，激发学生抽象思维与具象思维的相互转化。

**环节二：人类语言与动物交际系统辨析**

（1）集思广益：针对导学问题，学生合作探究，思考人类语言和动物交际系统的区别，联系生活实例论证语言为人类所特有的理论依据，归纳语言本质特征。

（2）重点阐释：语言的识别性特征

【教师讲授】识别性特征是人类语言区别于动物交际系统的本质性特征，最初由美国语言学家 Charles Hockett（1987）提出，是从多个角度解密语言核心问题。其中，最为关键的特征集中于语言的任意性、能产性、双重性、移位性和文化传递性。相较于动物之间的交流而言，例如猩猩的手势语、蜜蜂的舞蹈、萤火虫的光亮、蝙蝠的超声波等，人类语言具有更为本质的任意性，语言的理解能力和创造能力使得人们能够利用有限的发音系统来传达无限的言语信息，实现交际目的同时，也为语言本身和语言背后的文化传承创造根本条件。

【实例分析】

第一，语言的任意性。语言是任意的，其意义和语音之间没有逻辑联系。在动物交流中，最为广泛讨论的黑长尾猴叫声，具有"捕食""危险警告""疼痛"等多种指称意义。这样的声音之所以不能和语言的任意性特质产生对应，原因就在于其有限性，声音和指称对象之间是一一对应的，且几乎不能够被其他物种识别。值得注意的是，人类语言也并非完全具有任意性，拟声词和合成词的出现一定程度上突破了这一特质，但在浩瀚的人类语言之中，这仅是沧海一粟。

第二，语言的能产性。语言是具有创造性的，语言使用者可以在语言中不断解释和建构新的符号,这也是我们能够理解和创造无数句子的原因。例如 2022 年北京冬奥会的吉祥物"冰墩墩"和"雪容融"。我们正是通过语言创造出这样新奇的命名,也正是通过语言的交流促使更多的人可以在短时间内接受并使用这些名称。在动物的交际系统中,无论是蜜蜂运用舞蹈来指示食物位置,还是蝙蝠运用超声波在黑夜中交流,都是在遗传中继承的有限交流工具,不能用来产生和理解新的内容,本质上不具备创造性。

第三,语言的双重性。语言是一个系统,包含着两组结构。语音系统属于较低层次的结构,本身不具有意义,但这些语音能够进行不同形式的组合,形成较高层次的具有意义的单位。例如/d/、/ɒ/和 /g/这三个音节本身没有意义,但人类可以利用它们来合成不同的有意义的符号,既可以用来表示狗这种动物(dog),也可以用来表示神(god)。而动物的交际能力与行为是遗传的,在较长的历史范围内,动物不能通过任意的语音系统来组合成无限的意义单位。

第四,语言的移位性。语言可以用来指代在场和不在场的事物,可以用来指代过去、现在、将来真实的或想象的事物,人类的交流不再局限于时空,具有更加广泛的适用范围。例如我们可以使用语言谈论目前生物多样性面临的威胁,可以在语言中规划未来的生态文明、建设道路等。而尽管科学证明了很多动物在空间和时间记忆力上具有很大优势,例如大象对水源的记忆、乌鸦对于食物位置等空间记忆等,但动物的交际系统大多是面对危险的即时反应,不能在群体中交流过去的经历或是未来的规划。

第五,语言的文化传递性。尽管人类的语言能力具有一定的遗传基础,即我们天生可以习得语言,然而对于任何语言都需要通过系统地学习之后才能够掌握。可传递性是人类语言的一个重要特征,我们不仅在学习过程中学会语言表达的词句,更重要的是掌握词句背后蕴含的深厚文化,在浩瀚的历史进程中通过语言对文化进行传承和发展。尽管很多生物研究表明,人类通过教猿猴可以使其掌握一些肢体指令,传达出部分信息,但这样的学习无法产生或是传递它们群体的文化。

【教师总结】

语言是人类交际系统的别称,具有任意性、能产性、双重性、移位性和文化传递性。人类能够使用有限的语言符号，创造性地表达无限的内容，交流不受时间和空间的限制，并能纵向深入自身文化的传承。相比而言，动物交际系统多为即时反应，往往囿于食物、安全等有限的方面，它们不能运用语言表达情感，更无法形成和传递其群体文化。在这场优胜劣汰的竞技场，人类掌握着语言这一利器，更需要发挥好其功能，在社会发展，包括生态文明建设前行的道路上迈出更为坚定的步伐。

**环节三：从语言特征到基本功能的过渡**

**1. 问题发散：语言特征向语言功能发散**

使用多模态教学工具，呈现形形色色的动物交际方式，根据生理性经验和理论性知识，引导学生从语言识别性特征出发，从语言三大基本功能（描述功能、表达功能和社会功能）方向进行思考，拓展语言其他功能（施为功能、娱乐功能和元语言功能），实现从语言内向语言外的知识延伸。

**2. 知识构架：语言的基本功能与拓展**

【教师引导】

无论是动物运用交际系统来达成捕食、求偶等目的，还是人类运用语言来进行各种形式的交流，都涉及交际目的或是语言功能。语言的识别性特征从本质上将人类语言和动物交际系统区分开来，搭建起人类交流的桥梁，语言的存在使得我们可以运用有限的符号来传达各类信息，交流内在丰富情感，维系外部人际交往。由此，语言的识别性特征为实现其功能创造了前提，而功能则立足于更广阔的角度，凸显语言和社会的联系。

【学思结合】

第一，语言的描述功能。语言是信息的载体，交际的首要目的表现为信息的传递，这类言语可以通过对现实世界的观察而得到证实。例如国新办在举办《中国的生物多样性保护》新闻发布会时称，"目前，70%的国家重点保护野生动植物物种得到有效保护"。对话者接收的信息即为目前中国的生物保护现状，这些均可以通过实地考察等直接或间接活动得到证实。

第二，语言的表达功能。人类不仅运用语言来传递客观信息，也同样在语言中表达个人情感、喜好与价值观念。情感是人适应生存的心理工具，并运用情绪激活心理活动和行为动机，无论是对于人类还是动物而言，情感和观念的表达都在交际中扮演重要的角色。相对于动物简单的情感表达而言，人类利用语言本身的创造性特质，可以运用更为多样的语言形式来传达丰富的情感内涵。例如网络热词"emo"，以及各类的表情符号等。

第三，语言的社会功能。语言是一种社会现象，是人类进行交流的重要工具。语言的双重性使得我们能够传达意义，通过对语言信息及其背后文化的学习，我们能够相互理解。这一特质在定位人类身份、维系人际关系、建立社会导向、传承社会价值等方面发挥着本质作用。不同于动物在群体中的交际，语言将人类社会的每一个个体紧密联系起来，在语言中凸显个体的差异与联系，并通过法令等社会导向规约个体的行为，使个体在社会中得到充分发展的同时，与其他个体一起融合为整体，共同开启新时代的社会建设日程。

第四，语言的功能拓展。在语言三种基本功能之外，还有许多不同的分类方法，所用的术语也各不相同，这里主要集中于语言的施为功能、娱乐功能与元语言功能。语言的施为功能强调语言在行动上的效力，主要表现为改变人的社会地位，例如婚礼、判刑、祈福等，这些语言通常是非常正式的，且一旦说出，就会在现实世界中产生影响。语言的娱乐功能常常因为其目的单一而被忽视，但人们无法否认纯粹为娱乐而使用语言的现象，语言本身的能产性使得我们可以创造出多样化的表达，在传达信息的基础上，也满足人们趣味性需求，例如脱口秀等喜剧节目或是中国民间的对歌游戏等。语言的元语言功能关注语言本身，即我们可以用"动物"指代现实中的动物，也可以用"动物"指代这个词本身，这使得语言具有更为深层的哲学反思性，人们可以思考"思考"本身，思考人类本身的意义。

**3. 深度探究：语言的基本功能与动物交际的区别和联系**

语言的描述功能关注人与客观世界的联系，人类的全部经验基础都来自客观世界，并通过语言得以呈现，动物的各类交际系统则为人类进一步解密语言奠定了必不可少的基石；语言的表达功能关注人的内在情感，语言可以用来表达各类情感，同样语言可以影响人类情感，动物交际本质上不涉及情感，无法向外界传达它们的声音；语言的社会功能关注语言和社会的联系，通过语言凝结个体的意识，并在群体中来彰显，语言的社会影响力是任何动物交际所不能比拟的。

**环节四：语言学的实际应用和社会价值**

**1. 知识铺垫：语言与社会关系**

阐明语言与社会相互联系、相互依存的关系——生成性是人类语言的特质之一，语言是社会的产物，社会之外没有语言；语言是社会成员之间使用的交际工具，社会的分化与统一都在语言中反映并产生影响；社会为语言的形成和发展创造条件，语言有意识地反映并建构社会现实。

**2. 重点分析：《中国的生物多样性保护》节选**

选取中国第一篇生物多样性保护白皮书《中国的生物多样性保护》（以下简称白皮书）部分内容，引导学生立足于语言，关注语言的识别特征和语言功能，选取课堂所学的任一角度展开小组合作学习与讨论，助力学生学会用语言分析社会生态话题，并进一步探究文本中蕴含的生态文明观。

透过生态话语观察语言本质特征。白皮书中大量出现"生物多样性""人类命运共同体""地球生命共同体"等生态文明术语，这类表达以传统生态文明思想为基底，通过多样化表征形式，读起来朗朗上口、干脆利落，给人以画面感，于潜移默化中向公众传递物种多样性的必要性和构建人与自然和谐共生的重要性。究其根本是语言的基本特征在发挥作用。从结构上来说，有限的语言系统是构词系统的基础，丰富的词汇系统又成为无穷语义的前提，双重性、能产性和创造性为生态话语多样性提供了语言学基础；从时空方面来说，语言是超越时间和空间的存在，正因如此，"天人合一""无为"等传统生态哲学发展成了新时代中国生态文明思想。在人与自然关系问题的处理上，中国始终继承传统，以先哲思想为核心，结合时代需求，构筑新时代生态文明思想体系。传统的生态文明观念在 21 世纪的中国之所以仍能大放光彩，不仅在于理论本身的价值，同时语言的移位性和文化传递性也为其传承提供了基本条件。

基于生态话语联系语言的基本功能。人类与其他生物共处于同一生态系统，生物链环环相扣，正可谓牵一发而动全身，作为其中具有能动性的主体，人类不可能独善其身。《中国的生物多样性保护》作为中国第一部生物多样性保护白皮书，其地位和影响范围可见一斑。在描述意义层面，从各类物种资源保护库以及诸如"绿盾""碧海""亮剑行动"等政府行动的描述来看，书中无处不体现我国在生物多样性保护方面付出的努力，也反映了良好的生态环境、丰富的物种资源对一个国家的重要性；在表达意义层面，"拯救濒危动物""攻坚战""血脉和根基"等表达体现了中国人骨子里带有的慈悲和怜悯。我们将濒危物种隐喻为弱势群体，将生物保护、环境治理隐喻为战争，在这场战争中，中国是正义的一方，始终秉持人类命运共同体理念，愿同其他国家一道，为保护生物多样性贡献中国力量、提供中国方案。在社会意义层面，白皮书通过官方发布，目的是引起国内社会与国际社会的重点关注，构筑公众对于物种保护的认知框架，突出人类命运共同体和地球生命共同体的重要价值。

基于生态话语联系语言的拓展功能。除了语言描述功能、表达功能以及社会功能三种基本功能，本课程还拓展至语言的施为功能、娱乐功能与元语言功能三种附加功能。语言的施为功能保证语言主体的社会地位，为其发言的权威性与强制性提供保障。我国在生态保护和生物保护方面发布的白皮书、法律、政策等，是不同于普通公众话语的权威性话语，国家意志高瞻远瞩，是整体性、行动统一性和执行公共性的统一，所以凝聚国家意志的生态话语具有极高的公共影响力。语言的娱乐功能给予语言主体一定的精神平衡与精神休息，即一定的喜悦和放松之感。白皮书中运用大量具象性的隐喻表达，如"中国特色生物多样性保护之路""绿水青山就是金山银山""给自然留下休养生息的时间和空间""生态保护红线制度""各国是同舟共济的命运共同体""筑牢全球生态安全屏障""碳中和""碳达峰"等表达极具拟人化与意象性，唤醒受众的联想，给人以趣味感，拉近与公众的心理距离。语言的元语言功能从语言自身出发，探究语言内部的本质问题和哲学意义。从人类命运共同体到地球生命共同体，"共同体"超越语言本身，折射的是人与自然、人与世界、人与人以及人与自身的关系，人类附属于生物整体、附属于自然界、也附属于世界。人类只有一个地球，各国共处一个世界，人类命运共同体意识是解决生物多样性保护的有效途径，是改善全球治理的必然途径，是人类文明走向的中国判断。

围绕语言谈人类与其他物种的关系。人类语言与动物的表达息息相关。

从语言的研究方法而言，我们对人类语言的研究往往基于与动物交际系统的对比之中。如果人类不去关注和维护动物以及生物多样性，势必会对动物等其他生物的了解程度逐渐降低，而这也意味着人类将会逐渐远离人类语言和人类自身。在人类语言和动物表达的特征与功能方面，人类只有关注和保护其他生物，才能通过与其他生物的对比，有效掌握二者的区别和联系，这种对比使得人类更了解自身的语言特征和功能。由人类语言和动物表达的对比出发，人们可窥见所有生物共生共存的重要意义，更深层次地反思"人类中心主义"在语言中的支配地位与影响。

3. 结语：新课课程总结与思政育人升华

通过探究语言功能与识别性特征，引导学生认识人类语言和动物交际的差异，进而实现对自身的认知。分析中国在生物多样性领域的第一篇白皮书，结合当前我国各方面生态文明建设活动，培养学生从语言学出发认知世界的新视野，正确认识人类与其他生物的关系、人类与自然的关系以及人类与自身的关系，提高学生自身生态保护意识，立足人与自然和谐共生的中华民族传统美德，带领青年学子由语言认识社会，并运用语言为社会建设添砖加瓦。

## 五、本课课后思考与拓展

### （一）思考拓展

1972 年，美国总统尼克松为解决因经济发展而导致的物种濒临灭绝的问题，鉴于当前法律不足，并促使国会立法，于 1973 年 12 月 28 日签署通过了《美国濒危物种保护法》（*Endangered Species Act*）这项法案。该法案一直沿用至 2019 年。2019 年 8 月 12 日，时任美国总统的特朗普对《濒危物种法案》进行了重大修订，该修订削弱了对濒危物种的保护，并允许联邦机构在决定是否保护某个物种时进行经济分析。

尝试从语言的识别特征和基本功能出发，分析特朗普修订的新法案，透过语言层面简要分析美国为何修订新法案以及有何影响，联系本课对《中国的生物多样性保护》白皮书的解读，深刻分析中美两国在生物保护方面态度的异同。

## （二）文献选读

YULE G. The Study of Language ［M］. Cambridge：Cambridge University Press，2020.

戴炜栋，何兆熊. 新编简明英语语言学教程 ［M］. 2 版. 上海：上海外语教育出版社，2018.

胡壮麟. 语言学教程 ［M］. 5 版. 北京：北京大学出版社，2015.

秦书生. 中国共产党生态文明思想的历史演进 ［M］. 北京：中国社会科学出版社，2021.

（作者：彭懿，湖南师范大学外国语学院英语系副教授）

# 下篇　实践操练：专业实践类课程

# "英语演讲与辩论"课程思政教学设计样例

## 一、课程总览

**课程名称**：英语演讲与辩论

**课程类型**：英语必修课

**教学对象与学时**：英语专业本科一年级，32学时

**课程目标**：

"英语演讲与辩论"为英语专业大一第二学期的专业必修课程。主要涵盖两个方面的内容，一是演讲与辩论内容的拟定，包括话题的拓展、材料的收集、框架的设计、文本的撰写等；第二方面为口头呈现技巧，包括发音的方法、情感的表达、非言语交流的应用等。作为基础阶段的专业必修课，此课程在培养方案中占据重要的地位，通过丰富的课上课下与线上线下的教学活动，学生能够获得大量的英文表达的机会并得到教师与同学的反馈，进一步提高自身的英语演讲能力。本课程另一个重要的意义在于给学生提供自我展示的舞台，锻炼学生的自信心与沟通交流的能力。这一点对于从高中毕业不久的大一学生来说尤为重要，因为他们更习惯的是书面型学习与试题型考核，对于公开演讲与辩论尤为陌生，但作为英语专业学生，听说能力的重要性不言而喻。因此这门课程能够更好地帮助他们融入集体，面向社会，用得体的方式向世界述说中国故事，具有突出的思政教育意义。

**课程特色**：

本课程通过线上学习演讲与辩论理论并观摩优秀演讲与辩论素材，线

下进行课堂视频学习讨论、命题演讲展示与点评、即兴演讲操练与点评、辩论实战与点评等，全方位地实现理论知识和实践运用的有机结合，构建了"理论学习—实操演练—成果展示—参赛实践"的教学模式。2020 年"英语演讲与辩论"获评首批国家一流本科课程（线上线下混合式）。

## 二、本课思政教学目标

本课时以"演讲中的语流音变与情感表达"为主题，主要体现了以下三个方面的思政教学目标：

### （一）增强个人自信

通过应用语流音变技巧及情感韵律的变化，提高自身语篇产出的流畅性与可懂度以增强个人演讲的自信心；帮助学生克服公开演讲的畏惧心理，逐渐开始勇于表达个人观点，善于表达个人情感，培养积极向上的学习与生活态度。

### （二）增强文化自信

重塑"中式英语"的固有印象，引导学生发现中文和英文在发音和情感表达方面的相似性，通过"汉语声调迁移"的教学方法，引导学生发现本国母语的博大精深；增强学生发掘本国文化之美的能力，提高对中华优秀传统文化的认同感与自信心。

### （三）传播中国文化

本课的演讲练习为汉语与英语在语音表征方面的异同；鼓励学生使用正确的演讲方式，基于汉语特点向世界讲述中国的语言文化，展现中国深厚的历史文化积淀以及汉语中所包含的语言特色，让世界更好地了解中国。

## 三、本课思政教学重点和难点

本课思政的教学重点主要体现于三个课程思政教学目标，即"增强个人自信、增强文化自信与传播中国文化"。通过英语语流音变中"鼻腔爆破"的学习，帮助学生更为自然流畅地进行口头表达，有效地提高语音面貌，增强学生演讲与辩论的自信心。此外，通过"汉语声调迁移学习法"

帮助学生攻克英语语调表征的难点，从而帮助学生更好了解到汉语的博大精深，培养文化自信。最后，以英汉语音对比为题，用本课所学内容自信大方地表达出汉语的语音特点以及所承载的文化特征，培养学生用英语向世界述说中国文化的能力。

本课的思政难点在于直接对学生进行显性的思想政治教育往往难以收到预想的效果，可能使得思政内容流于表面，成为形式化，甚至让学生觉得刻板与反感。对于这一点，教师采取循序渐进的方法将思政元素进行分解并有机融入教学过程中的各个环节，避免思政教育板块化、生硬化。

## 四、本课思政教学方法

本课基于"润物细无声"的教学思想，践行"立德树人"的教学理念；将培养学生自信心作为主要的思想教育目的，激起学生的民族自信与国族认同感。基于演讲与辩论活动的丰富性与主题性，设置与思政教育相关的话题，包括"爱国教育""民族意识""自信向上"等主题，在不断操练中，学生自发地感觉到祖国的强大、民族的崛起。同时，该课程鼓励学生大胆地进行自我展示，培养学生的综合素质。在学习专业知识的同时，训练学生自觉、自律、自信的优良品质，以隐性的教学手段提高学生思想政治品德，力求实践"润物细无声"的教育方法，坚持"立德树人"的教育理念。

具体而言，本课有意识地将思政教育与专业知识学习相结合，以"汉语声调迁移"的教学方法引导学生提高本国文化的自信心与认同感。通过演讲的训练，学生将更好地认同自己的中国身份，并为此感到骄傲与自豪。此外，本课通过语流音变与情绪表达两个专业目标，有效地训练了学生公开演讲的技能，大大减轻他们在公开演讲时的紧张与焦虑感，让他们能够更从容地面对复杂的演讲环境，发挥外语专业特长。

## 五、本课思政教学过程

### （一）课前探究自学

本节课前，需要学生做相关的准备活动，内容包括完成上节课的课程作业并将录音录像上传。预习内容为：（1）自行观看"英语演讲与辩论"

线上课程中关于发音一章的讲解，对语音连读有基本的了解；（2）复习第 1 课与第 5 课的内容，进一步巩固英语发音位置的相关内容，为本节课学习语流音变的发音机制作知识结构上的准备。

**（二）课中教学环节**

**环节一　课程导入：克服口头表达的紧张情绪**

首先回顾上一课的内容：展示 PPT 中"口语风格"和"书面风格"的两种表达方式，并要求学生复习这两种风格之间的区别。

教师在 PPT 上显示图片，一张为男孩奋笔疾书，另一张则是男孩紧张地站在舞台上，提问："为什么我们往往更擅长于写作而不擅于演说？"

在学生们表达出不同的意见后，教师点评这种现象最突出的原因之一便是公开演讲时往往会感到紧张。而紧张通常是由于缺乏自信而引起的，而增强自信的基础是准确的发音和适当的情感表达。由此引出本课的教学重点"语流音变"与"情感表达"。

**环节二　语流音变的概念与表征方法**

教师在 PPT 上展示俄语句子"Ребята, сегодня мы будем разговаривать о Русской литературе"，并举例说明该句子中的颤音/r/如何经过语流音变成为了闪音［ɾ］。教师让学生进行大舌颤音的模仿练习，并讲解其背后的伯努利效应的发音机制。学生进行模仿，随后进行颤音发音比赛，调动学生的学习积极性。该教学环节利用俄语颤音闪音化展现"语流音变"的具体表征。

此后，教师在 PPT 上展示一句英语"You shouldn't blame the students for breaking the important fountain in the garden, because they didn't do it"，并要求学生朗读。在这个过程中，教师提醒学生必须用最快速的方法进行朗读。教师使用秒表进行计时并公开展示在大屏幕上，邀请 2 位同学进行快速朗读的活动。简单实践后发现，学生如果只是关注语速的加快，很有可能出现吐词不清，所说内容可懂度低的问题。最后，教师进行演示，用最快的时间读完此句后仍保持高度的清晰度。

试读完成后，教师告诉学生朗读该句的秘诀是将"tn / dn"音位组合变化为鼻腔爆破。这样便可以极快的语速进行自然的发音。说明鼻腔爆破的内在机制：t∕d 和 n 均为齿龈塞音，如果它们连续发生，则说话者需要重复两次将其舌尖贴在齿龈位置上。当语速加快时，说话者通常没有时间两次执行相同的发音动作，因此，母语者倾向于只执行一次舌尖抬起动作，从而引起协同发音。

### 环节三　音乐学习法练习语流音变

教师说明语音学习与音乐训练之间的联系，介绍口拟节奏（beat-box）对于喉塞音的运用以及与鼻腔爆破之间的联系。首先利用歌曲 *We Will Rock You* 的前奏进行全班的口拟节奏训练，之后引导学生使用口拟节奏的方法将以上绕口令"唱"出来。给予学生 3 分钟时间自行练习，然后将练习结果以录音的形式通过超星互动平台上传至课堂，教师进行随机抽查，表现突出者获得平时成绩的加分。

随后，教师演示 2021 年团队发表在 *Frontiers in Psychology* 上的学术文章，并介绍当时团队如何通过 ERP 脑电实验检测失匹配负波中的峰值潜伏期和平均振幅参数，以此来验证音乐和语言之间的正相关关系。

### 环节四　演讲与辩论中的情感表达

学生分段朗读两段情感相关的文字，全班进行点评是否正确地表达出了文字中的情感要素。

第 1 段："Three days before starting college, I was standing in a packed courtroom, getting a restraining order from my ex-boyfriend and being cross-examined by his attorney. I came to Smith college broken, I would call my mom crying every day, go to sleep at 4 a. m. to delay the nightmares, and wake up in a cold sweat."

第 2 段："A couple of weeks ago, I was getting a haircut in a Boston Salon, and you know, I was talking to the hair stylist about, you know, where I was from, where I went to school, and as soon as I said Smith college, the woman sitting next to me whipped her head around, reached out her hand, gets real close, and goes, 'Class of 84'"。

学生进行简短的思考并进行回答，期待的答案是 Katie 既表现出了入学时悲伤的情绪，又表现出了奋斗之后取得成绩的喜悦，最后还使用了生活中的例子体现出了演讲中的幽默。该演讲者除了使用了语言信息进行内容的传达，更重要的是她的神态变化多样，语速节奏更是随着演讲内容在进行实时的调整，配合上她恰当的肢体语言，使得她的整个演讲十分具有感染力。随后针对 Katie 所使用的情感表达技巧进行小组讨论。完成后派代表上台进行总结，教师和同学进行反馈与点评。

**环节五　利用汉语声调学习英语语调**

教师让学生试读 PPT 上展示的单词"really"，用不同的情感来朗读此词。大部分情况下，学生无论在陈述还是疑问还是感叹语气下，对于此词的产出都大同小异，以此引出本环节问题——利用声调和音强变化实现同一语言内容不同的语用变化。

随后播放视频《老友记》中"really"的不同表征形式，以此和学生的朗读方式进行对比，发现问题所在。之后，教师向学生讲解英文中的升调与汉语中的二声在音高曲拱变化上有很大的相似性，但关键在于上升的位置不同，即汉语在词尾，英文在重音音节。而同样的道理也能运用于陈述句当中，则将英语单词的重点位置转化为汉语的四声也能达到很好的效果。而英语中的感叹调型则与本地汉语方言中的第三声相似（见图1）。

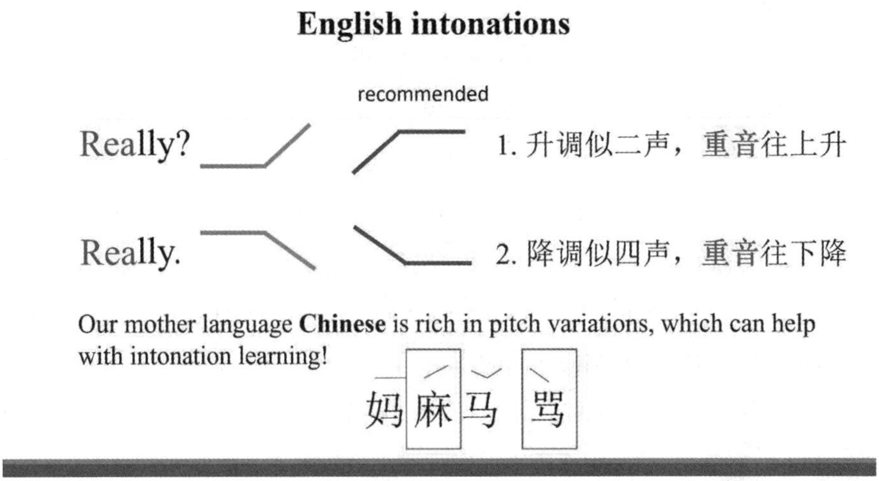

## English intonations

图1　利用汉语声调学习英语语调演示文稿图

该环节使用了汉语背景对英语语调的学习进行了正向迁移，让学生能够快速地理解音高曲拱变化的产出方式；此外，使用方言进行外语教学极具创新性，大大提高了学生的学习兴趣与热情。更为重要的是，该环节将帮助同学认识到汉语背景对英语的促进作用，增强学生的语言自信与文化自信。

**（三）课后作业与拓展延伸**

教师总结英语演讲中"鼻腔爆破"与"英语语调"的发音技巧与音系机制，强调本课的重点——语流音变与情感表达。

根据教学内容布置作——使用正确的语流音变，特别是鼻腔爆破以及合适的情感表达准备研究话题"英汉语音表征异同"，要求如下：

（1）通过反复操练使得语流音变更加自然，发音更加清晰连贯；

（2）通过阅读文献以及收集资料，了解英汉语音表征的异同点，并根据相关的发现设计有创造性的语音正迁移方案。

拓展延伸教学内容——自行收集更多可以利用汉语正迁移而学习的英语口语技巧，下节课进行分享。

## 六、教学反思

本课时围绕英语演讲与辩论中的两个方面——语流音变与情感表达进行全英文教学。首先复习上节课的内容，强调口头表达对于呈现方式有着更高的要求。随后，通过图片对比导入本课内容，引出问题"为何我们往往更擅于英语写作，而不擅于英文演说？"。学生表示对自己"中式口音"的不自信，害怕他人听不懂自己说什么，这正好契合本课的教学内容：通过语流音变改善发音；通过情感表达增加可懂度。该环节运用启发式教学手段，引导学生自己发现问题，反思自己为何在英语演讲与辩论时常常出现紧张不自信的问题。

随后，利用俄语"大舌颤音闪音化"演示语流音变。此环节运用了教师的俄语知识，以极具代表性的颤音加强了学生对于语流音变的直观感受。接下来，教师让学生用一口气、最快速的方式朗读英文绕口令，并发现问题"如何才能既流畅又清晰地进行口头表达？"，由此引出"鼻腔爆破"语流音变。教师提示学生可以使用流行音乐形式 beat-box 对该音变进行训练。随后邀请学生代表上台演示 beat-box 并领唱歌曲 *We Will Rock You* 练习鼻腔爆破。最后，将 beat-box 带入英文绕口令中进行操练，并将结果上传至班级群中进行成果验收。该环节极具创新性，巧妙地利用流行音乐，激发了学生们的学习兴趣。学生上台演示则锻炼了他们的舞台表现力，调动了课堂氛围。此外，该环节很好地对接到了本团队脑电实验的最新科研成果，培养了学生们的科研意识。

本课的第二大板块"情感表达"则是利用了对比教学法与母语迁移学习手段。先由学生进行文本朗读，再与原版视频进行对比，发现语调上的差距。此后组织小组讨论，由代表上台进行总结解决方案。该环节促进了学生自主发现问题、解决问题的能力。课堂的最后，利用学生的汉语声调学习英语的语调，帮助学生攻克语调变化的难题，反驳了学生"因为中式口音而不自信"的观点。课程以"英汉语音异同"主题演讲作为家庭作业结束，强调学生利用本课所学以饱满的情绪与流畅的表达描述英汉语音在口语表达上的异同点，基于本族文化拓展具有创新性的口语表达训练方法。

本节课秉承了"以学生为中心"的教学理念，强调一课一得，运用多元化的教学活动传递知识点并落实教学效果；全程保持高度的师生互动，利用了音频、视频以及手机应用等多媒体教学资源，开展了舞台展示、音乐学唱、小组讨论、自主练习等课堂活动，让学生切实提高了英文演讲的能力。同时，科研成果的融入与汉语正迁移的学习方法提高了课堂的高阶性，激发了学生的文化自信与国家认同，以隐性、自然的方法达成了课堂的思政教育目标。

（作者：杨雨萧，湖南师范大学外国语学院英语系副教授，曾获 2021 年高等学校外语课程思政全国优秀教学案例特等奖）

# "中国当代政治文献外译"课程思政教学设计样例

## 一、课程总览

**课程名称：**中国当代政治文献外译

**课程类型：**英语专业方向课

**教学对象与学时：**英语专业本科三年级与研究生，32 学时

**课程目标：**

本课程立足新文科背景下外语课程建设要求，结合师范院校人才培养特色，关切新时代英语语言文学类复合型人才培养需求，依托所在学校的国家"双一流"建设学科——外国语言文学学科资源优势，采用小班授课，意在打造教师主导与学生主体相联动、翻译实践与鉴赏相融合、翻译技能培训与政治立场培养相衔接的课程。

知识目标：通过对《习近平谈治国理政》第三卷（节选）中英不同版本的语言特点分析，帮助学生归纳作品的风格特征，熟悉作品的重点内容，把握习近平新时代中国特色社会主义思想的内核，认识中央文献外宣翻译对中国大国形象建设的推动作用，进一步提升学生理解和鉴赏政治文献英译的能力。

能力目标：结合政治学、哲学、史学等多学科知识进行译本分析，加强对社会主义核心价值观的理解和运用能力；通过对中英文政治文献语言表达特点的分析，挖掘作者和译者的情感价值，培养学生的批判性思维与明辨是非的能力，让西方文化对学生产生良性影响，提高学生批判思维能

力；通过课前思考、课中讨论、课后研究等过程，培养学生学术研究能力，实现翻译理论与实践的有机融合。

素质目标：通过结合翻译专业资格考试培训和政治文献翻译实践教学，激发翻译专业学生服务社会，奉献自身的意识；通过深入分析案例，剖析翻译与国家形象建构的内在联系，增强学生专业综合素质和爱国情怀，不断增强"四个意识"、坚定"四个自信"、做到"两个维护"。

## 二、本课课程思政教学目标

本课通过分析《习近平谈治国理政》第三卷（节选）的英译，分析翻译技巧，探索翻译与大国形象建构的关系。教学过程中，将知识技能目标与情感态度和价值观目标紧密结合，调动学生的主动性，将个人情感与政治文献中的社会实践相联系；始终站在马克思主义立场上，充分理解原文，实事求是地反映中国国情及其精神内核，并将其运用于社会热点现象和学科前沿探索；在把握英译原则、方法与技巧的基础上，进一步思考作品英译在建构大国形象中的功能与影响。

**基于习近平新时代中国特色社会主义思想的知识目标建构（基础）**。通过学习当下中国政府方针政策的中英文表述，解析习近平总书记讲话的内涵，结合马克思主义哲学理论，深刻理解"治国理政"的核心价值，吸收习近平总书记思想观点，认识哲学理论对现实问题的指导作用。

**突出翻译实践与批评能力提升（核心）**。通过挖掘新时代中国改革发展理念的背景，提高学生从唯物史观分析问题的能力；通过梳理习近平总书记讲话发言的特点，锻炼学生辩证思考能力；通过研讨英译本的翻译技巧，让学生领悟外宣翻译的文化传播效力；通过拓展政治学和哲学原理，提升学生跨学科创新能力，有效达到理论知识与实践应用相辅相成。

**强调协同育人的素质目标养成（目的）**。通过翻译策略与效果分析，引导学生理解译者的角色与政治立场对翻译取舍的具体影响，认识到坚定的唯物史观、社会主义核心价值观与爱国情怀在稳定政治文献翻译质量中的重要意义，从而实现专业技能与思政教育的协同。

### 三、本课课程思政教学重点和难点

本课以"习近平总书记言语风格特色整体梳理、新思想新表达的高度凝练、外宣翻译的原则分析、国家形象建构的传播途径"为逻辑主线，进行教学内容重构，并聚焦重点和难点思考解决措施。

重点一：理解习近平总书记言语风格的深厚意蕴

运用目的论、建构主义、形象学等原理，阐述政治话语是国际形象和利益的反映，引导学生理解习近平新时代中国特色社会主义思想的产生和外宣效果，分析书中大国形象的建构意义。

重点二：分析政治文献外译中的翻译方法与技巧

通过梳理习近平总书记讲话中不同类型的中国特色词汇的表达，探究不同类型表达所采取的翻译策略，从文化传播、形象外宣的角度看待中国政治文献的翻译要求。

难点一：新思想的理解与表达，彰显建构大国形象的外宣翻译意义

通过学习习近平的最新思想，反思《习近平谈治国理政》在四个大国形象构建上的现实作用。从总书记重要讲话的显性表述出发，挖掘文本内涵的隐性知识，综合应用哲学、历史、道德、传统文化和政治知识，加强学生对中国传统文化和当今政治的了解，提高对外宣传翻译中传播中国形象的社会责任感，凸显出大国形象外宣翻译的现实意义。

难点二：新时代的翻译与外宣，思考不同翻译原则的合理性

运用目的论、功能翻译学派、建构主义与形象学等科学原理，辩证分析《习近平谈治国理政》英译本中的大国形象建设与习近平新时代中国特色社会主义核心价值观的构建。明确新时代中国大国形象的题中应有之义，其核心在于国家、社会和人民共同创建的文明形象、东方形象、责任形象、社会主义形象。我们既要追求经济硬实力的发展，又要兼顾文化软实力的提升，通过外宣翻译实践培养学生科学思考、辨别真伪、沉着理性的能力，同时引导学生树立正确的价值观。

### 四、本课课程思政教学方法

运用"理论讲授法"，通过《习近平谈治国理政》中展示的四个大国形

象构建，反映新时代中国大国形象的四个维度，涵盖文化层面、社会层面、外交层面和制度层面，并从目的论、功能翻译学派、建构主义与形象学等角度鉴析英译本的翻译策略与方法，研讨影响大国形象外宣翻译的主要因素。

运用"问题导向法"，从提出问题、分析问题、解决问题的逻辑链出发，引导学生从翻译现象中挖掘现实内核，追问译者立场与措辞选择，思考特定译法可能产生的政治外交与社会影响，强调训练批判性思维与问题意识的重要性。

运用"案例分析法"，通过梳理《习近平谈治国理政》中的不同类型词句的翻译方法，总结政治文献外宣的核心原则和标准，从中西语言和文化的差异出发，培养学生双语驾驭能力和跨文化交际能力，增强学生的归纳思维和演绎思维。

运用"任务驱动法"，通过课前自主学习《习近平谈治国理政》中习近平总书记的讲话精神，课中进行新思想学习感悟分享和翻译技术评析，课后思考政治与翻译的互动关系，提高学生的学术积极性和创造性，增强学生的辩证思维能力。

## 五、本课课程思政教学的过程

### （一）课前探究"思"起来

自主学习《习近平谈治国理政》中核心思想，学习翻译基本理论知识，了解外宣翻译相关理论，学习相关哲学和政治学常识。

收集学生学习中的困惑和问题。通过学情分析，充分了解学生对相关理论和文本主要思想的掌握程度。

### （二）课中讲授"学"起来

课程衔接：启发学生回顾中西翻译理论和基本翻译方法策略，厘清不同文本类型的翻译要点和注意事项，初步认识政治外宣翻译的重要性。

问题导向：引导学生思考《习近平谈治国理政》展现了哪些大国形象特点，以及如何在外宣翻译中凸显大国形象，指导学生用社会主义核心价值观评价政治文本外宣翻译。

**环节一：《习近平谈治国理政》双语语言风格分析**

师生互动：研究整理《习近平谈治国理政》中不同特色词汇的翻译方法，课上分享讨论。

例句 1：让有为者<u>有位</u>、吃苦者<u>吃香</u>、流汗流血牺牲者<u>流芳</u>。（习近平，2020：157）

译文：Making sure that the capable <u>are in the right positions</u>, the hard-working <u>are duly rewarded</u>, and those who sacrifice themselves for the cause <u>are remembered by all.</u>

评析：在例 1 中，"有位""吃香""流芳"被翻译成一个比较简洁的比喻，以传达习近平总书记对那些做得好的人、吃苦耐劳的人和受害者的赞美，以确保他们能够得到应有的回报。这里的三个隐喻需要译者准确理解和澄清。比如"吃香"的字面意思可以理解为吃美食，而"流芳"的意思不能理解为一种香味。译者不仅正确理解了"职位"、"表彰"和"记住"这三个隐喻含义，而且保留了原句的平行修辞，并置了三个简单的句子，使句子更有说服力。

英语和汉语属不同语系。汉语强调句法，短语成分通过意义连接起来。通常使用四字结构和短句，但很少使用连词；而英语则强调假设，用连词构成极有逻辑的句子。因此，对于两种语言之间的一些差异，很难完全还原翻译时的表达效果。在原文的三个短句中，"有"在第一句中，两个"吃"在第二句中，三个"流"在第三句中，虽然它们是同一个词，但表达的意思不同。原始句子在音韵上也形成押韵。如果译文难以表达这种效果，译者会将其翻译成"正确的位置"、"奖励"和"记住"，以尽可能地保持原意和形式。由此可见，译文不仅真正传达了习近平总书记对那些做得好、吃苦耐劳的人的真情，同时也突出了中国特色社会主义核心价值观的要求，符合原文的定位，塑造了国家的正面形象。

教师讲授：点评学生译例，梳理主要翻译方法，挖掘外宣翻译和国家形象建构的关系。

例句 2：必须敢于啃<u>硬骨头</u>、闯<u>难关</u>、涉<u>险滩</u>，坚决扫除经济发展的体制机制障碍。（习近平，2020：235）

译文：We must have the courage to tackle <u>tough issues</u>, break through <u>logjams</u> and venture <u>risky areas</u> to remove institutional barriers to economic development.

评析：在例 2 中，"硬骨头"曾经被翻译成"chew tough bones"，但实际上，虽然可以表达一般的意思，但并不符合英语的表达习惯。因为"咀嚼坚硬的骨头"在英语中不是一个习惯表达。因此，在《习近平谈治国理政》第三卷中译为"tackle tough issues"或"solve the toughest problems"。同样地，译者对原隐喻的正确理解和采用显式翻译策略是为了使外国读者更好地理解原信息。

从上面的例子可以看出，显性是指通过翻译文本中的各种手段和策略，将源文本中晦涩或隐含的信息清楚地表达出来，以提高译文的可理解性。显性策略在翻译中的运用，一方面是因为汉语的形式化程度低于英语，汉语的意合思维特征不容易为英语读者所接受；另一方面，由于汉语和英语的表达差异，不可避免地要增加解释性的"明示"，以尽量减少信息传递过程中的损失。

**环节二：《习近平谈治国理政》英译传播的核心理念**

重点阐释：《习近平谈治国理政》所展示的大国形象

例句 3：筑信仰之基、补足精神之钙、把稳思想之舵。（习近平，2020：88）

译文：We should also try to guide them to strengthen their beliefs, reinforce the <u>marrow</u> of their faith, and maintain the <u>correct way</u> of thinking.

评析：在这个例子中，用"钙"来比喻理想信念，指出共产党员要有理想信念。中文"钙"相当于英文 calcium。然而在翻译中，它被翻译成 marrow，更接近英语母语者的思维方式。从意义和文体的角度出发，翻译传达了原文的核心精神。

在《习近平谈治国理政》第三卷的翻译中，大部分隐喻词都采用了显化的方法，以保证译文的可理解性，保持原词的生动性，体现原语的语气。《习近平谈治国理政》英译从修辞学和文化的角度考虑中央政治文学的翻译策略，完全符合当前"中国文化走出去"的政策。

例句4：决不能让制度规定成为"没有牙齿的老虎"。（习近平，2020：364）

译文：The institution must not become a "paper tiger".

评析：直译既强调原文的内容，也强调原文的形式。换句话说，在保持原文内容的同时，尽量使译文在术语、句法、修辞、文体特点等方面与原文保持一致。当汉语在英语中有对应的表达，且不影响表达效果时，直译可能是最好的方法。展现中国文化元素，弘扬中国语言风格，生动直观。

现在"纸老虎"往往翻译为scarecrow，但这里并没有沿用此翻译，而是直接借用了《毛泽东选集》中的英译，指的是"表面强大但实际弱小"的人或群体。为了避免目标读者的误解，译者直接使用了毛主席的著名比喻。译文既保留了原文的形象隐喻，又体现了中国新一代领导人简洁的语言风格，也很容易获得外国观众的理解和支持。

学生演绎：学生分别挑选部分章节的中英对照，分析双语表达的共性与差异，思考外宣翻译中如何做到"求同存异"，每位学生分享自己的研究成果。

教师点评：引导学生从分析翻译方法的运用上升到对政治形象外宣的方法路径的探索。学生更好地理解新时代新思想理念，了解当下国内外形势，分析译本创作目标，破除跨文化传播障碍，推进中西文化交流发展。

教师总结：第一，从国内政治、经济、文化、生态、民生等多方面政策措施来反映新时代文明大国形象；第二，从军事、外交、对外开放等政策彰显负责任的社会主义大国形象，结合目的论、功能主义、建构主义及形象学等理论知识，确定适当的翻译原则，不违背原文知识的客观性，注重理解的合理性与解释的普遍有效性，使译文符合原文文本的定向性，引导学生用马克思主义立场、观点、方法来分析翻译问题。

知识递进：《习近平谈治国理政》中大国形象外宣的鲜明主题

梳理《习近平谈治国理政》第三卷的主要语言特征，如隐喻的翻译、中国文化负载词的翻译、诗句的翻译等，从不同视角分析《习近平谈治国理政》英译传播的实践要求和现实价值，从马克思主义唯物史观出发领悟新时代国家政策对传统文化的传承和外宣，引导学生对翻译传播重要性的认识，触及学生情感。

深度探究：《习近平谈治国理政》中大国形象的翻译原则和标准

引导学生领悟在世界百年未有的大变局下，党和国家为中华民族伟大复兴战略全局指明正确发展方向，明确了坚持马克思主义和建设中国特色社会主义法治体系是国家富强、民族振兴、人民幸福的正确科学道路，并在此基础上思考宏观指导思想与翻译原则和翻译标准之间的相互关系，探索建立具有社会主义特色翻译理论的道路。

**环节三：《习近平谈治国理政》英译传播研究的发展脉络**

教师讲授：《习近平谈治国理政》不同翻译视角下的研究分析

阐述以不同视角研究《习近平谈治国理政》的意义所在，强调政治理论与翻译研究是跨学科研究的创新，有利于为新时代大国形象外宣提供理论借鉴。

教师讲授：政治文献翻译与大国形象建构的关系

阐述以《习近平谈治国理政》（节选）英译为例的政治文献翻译对大国形象建构的要求，并通过译例分析具体阐明，探讨国家翻译团队对政治文献翻译的总体翻译原则与翻译策略。

观点研讨：外宣翻译中的翻译伦理

通过交往伦理学知识的学习，理解跨文化交际中的两种倾向：过度自信和完全缺乏自信，引导学生在翻译实践与批评中建立自我反思和自我批判意识，思考什么是有意义的跨文化对话与交流。

例子5："五位一体""四个全面""一带一路"。（习近平，2020：2-3）

译文：Five-sphere Integrated Plan, Four-pronged Comprehensive Strategy, The Belt and Road Initiative.

评析：缩略语的翻译一般采用两种方法：第一种是信息还原，即翻译缩略语中所包含的信息。第二种是翻译成缩略语，并在缩略语后面加上注释。如果一个缩写在文本中重复出现，将其翻译成相应的缩写是明智的选择。注释作为翻译补偿的一种，是文化移植的基本组成部分。外国读者可能难以理解政治文献中提到的许多政治概念、发展目标和政策措施。外文翻译要"贴近外国受众对中国信息的需求"，填补外国人相关知识的空白。

因此，在直译后添加必要的注释是不可避免的。在这个例子中，"五位一体""四个全面""一带一路"是近年来我们领导人多次提到的政治概念。这些不再是话语的可见表现形式。它是构成思想的重要政治文化因素，是一套完整的具有特定思想取向和价值取向的语言体系。译者采用直译加注释的方法，不仅使译文更加简洁，而且通过注释清楚地解释了具体的政治概念，使语义更加清晰。

随着中国综合国际水平的不断提高，西方受众开始关注表达中国政治思想和政治主张的内容。在翻译政治文本时，要注意具有中国特色的政治表达的规范性和可理解性。因此，翻译人员必须具备国际视野、跨文化交际能力、政治洞察力以及较强的文化和语言技能。新概念、新思想、新定义，如中国道路、中国主张等，需要采用语义清晰的翻译策略，向世界解释中国智慧、中国方案等极具国际价值的资源，使世界焕然一新，进而建构中国话语，实现中国国家形象的自我塑造。

例句6：必须树立和践行绿水青山就是金山银山的理念。（习近平，2020：19）

译文：We must realize that lucid water and lush mountains are invaluable assets and act on this understanding.

评析：在中国古代，黄金和白银被用作货币。老百姓对金银的认知就是财富，所以金山银山更能体现财富。中国对生态文明建设的重视程度不亚于对经济建设的重视程度，而要把握好经济，更要把握好生态。这里采用意译的方法，使原文清晰，准确地传达了中国正在推进"五位一体"的规划建设，塑造了一个山清水美的东方之国的形象。

例句7：正是从这个意义上讲，民心是最大的政治。（习近平，2020：137）

译文：It is in this sense that we say people's support is of paramount importance.

评析：在这个例子中，原文用具体的事物来表达抽象的概念。例如，"民心"被翻译成"people's support"而不是"people's hearts"。众所周知，中国人经常用"心"来表达爱和支持，如"齐心合力"。因此，"心"被翻译为抽象的概念"支持"。而将"最大的政治"翻译为"of paramount important",省略了"politics"一词,因为西方国家对"politics"一词比较敏感,比如"politics"有一些贬义。"最大"按照具体的词汇概念不译为"最大的",而译为"至高无上的",突出了党和国家坚持人民的崇高地位,始终以人民为本,展现了人民当家作主的社会主义伟大国家形象。

例句8:愿意做到一个"无我"的状态,为中国的发展奉献自己。(习近平,2020:144)

译文:I am ready to put aside my own interests and devote my all to China's development.

评析:"无我"是一个包含中国元素的哲学概念。"我"看似是一个具体的东西,却蕴含着深刻的哲学思想境界。"无我"强调的是一个认知的概念,属于思维层面,即超越身体和自我(身体)层面的认知。"无我"其实指的是"物"与"人"的矛盾关系。正确处理个人与集体、公共与私人的关系,是为人民服务的根本精神。要翻译这一哲学命题,译者必须准确理解领导人的思想价值观。

例句9:要保证国家统一、法制统一、政令统一、市场统一。(习近平,2020:89)

译文:Only in this way can we ensure national reunification, uniform laws and policies and consistent market management.

评析:在这个例子中,有四个"统一",但是它们的语义是不一样的。因此,同一个词在英译中不能重复使用。"国家统一"翻译为 reunification 而非 unification,表明国家领土恢复统一。正确认识民族团结是一个重要的政治问题。"法制统一"和"政令统一"中的"统一"语义相似。译者将其翻译为"uniform",准确地表达了语义。"市场统一"中的"统一"翻译为一致,即 consistent。译文采用一个名词和两个形容词来表达原文的四个平行重复词"统一"。对原文的语义信息进行重构,使译文符合英语表达,从而降低目标读者理解的难度。这有利于让世界认识到中国是一个充满活力和希望的社会主义国家。

**环节四(结束语):新课理论总结与思政育人升华**

通过对《习近平谈治国理政》核心内容的梳理和分析,领会了习近平新时代中国特色社会主义思想的深刻精神，通过分析主要思想表述的翻译方法和策略，引导学生领会国家翻译的政治考量，增强学生对祖国文化和历史的了解和热爱，激发爱国情怀，让学生认识中国与西方国家的政治意识形态差异，进一步增进了对西方资本主义国家的认知，结合当下世界经济政治格局，疫情防控情况和局部战争问题展现了中国特色社会主义的优越性，强化"四个意识"、坚定"四个自信"、做到"两个维护"，在大国形象外宣过程中感受到祖国的强大和幸福生活的来之不易，以珍惜当下。

### （三）课后翻转"动"起来

**1. 思考拓展**

分析不同时期国家政治外宣翻译的影响因素，反思社会发展对翻译要求的影响。

**2. 文献细读**

TOURY G. Descriptive translation studies and beyond ［M］. Amsterdam and Philadelphia：John Benjamins Publishing Company，2012.

LEFEVERE A. Translation，rewriting and the manipulation of literary fame ［M］. London & New York：Routledge，2004.

吕俊，侯向群．翻译学：一个建构主义的视角 ［M］. 上海：上海外语教育出版社，2006.

习近平．习近平谈治国理政：第三卷 ［M］. 北京：外文出版社，2020.

（作者：刘云雁，湖南师范大学外国语学院英语系讲师）

# "商务英语翻译"课程思政教学设计样例

## 一、课程总览

**课程名称：**商务英语翻译

**课程类型：**大学英语拓展类课

**教学对象与学时：**非英语专业本科二年级，32 学时

**课程目标：**

"商务英语翻译"是非英语专业本科生的大学英语拓展类课程，是商务知识、翻译技能与跨文化交际能力的有机结合，兼具知识性与实操性。授课内容涵盖当前经济和商务活动中所涉及的商务英语各类文体，如商务名片与商号、商标、企业简介、商务信函、商务广告、公示语以及商务合同等。通过对不同的商务文体特征的分析，讲授相应的翻译方法、翻译规范、翻译技巧以及跨文化交际知识，帮助学生加强阅读、讨论、分析以及跨文化交际实践能力，力求使学生具备较强的商务英语翻译实践能力，同时引导学生树立文化自信，拓宽国际视野，锤炼工匠精神。

**课程特色：**

由经验丰富的翻译专业博士授课。以构建商务英语翻译实践能力为目标，旨在培养德才兼备，具有扎实的英语翻译基础、完备的国际商务知识、开阔的国际视野和较高的政治人文素养，具备熟练的综合语言应用能力，熟悉中外文化与涉外礼仪，能够有效进行跨文化商务沟通的应用型、复合型外语人才。

## 二、本课思政教学目标

"商务英语翻译"通过对相关商务知识、翻译技能与跨文化交际知识的学习，让学生掌握基础的商务知识以及相应的翻译理论和技巧，帮助学生提高知识储备，形成较强的商务英语翻译实践能力；通过丰富的课程实践，将学生的知识和技能充分结合，提高学生的商务英语翻译和跨文化交际能力；通过探究中西方商务交流活动，让学生具备对西方文化、商务交流的辩证审视和批判能力，同时坚定"四个自信"，在商务英语翻译过程中加强对中西方文化的了解，增强文化自信。

本节课以商务英语翻译中的"商务广告"为内容，让学生掌握商务广告的基本概念及分类、创意手法和不同种类，通过欣赏分析经典商务广告作品，培养学生对商务广告的独立观察能力、审美鉴赏能力以及较强的翻译能力，加强学生的人文素养和广告素养，开阔学生思路，引导学生形成健康良好的审美情趣、开放包容的思维能力、基础扎实的翻译能力。充分发挥课堂教学的育人功能、尽到教师的育人职责、激发学生的学习主体作用，培养学生的政治认同感、国家意识和社会责任感，引导学生自觉践行社会主义核心价值观，增强文化自信。

## 三、本课思政教学重点和难点

本课思政教学重点：本着"知识传授与价值引领相结合"的原则，通过自由开放式的讨论，让学生分享探讨自己印象深刻的中外商业广告，包括其广告产品、呈现方式、文化内涵、广告语言、广告翻译。通过参与讨论，提高学生对商业广告的鉴赏能力，感受商务广告中的文化差异、语言特色及美学价值，锻炼学生的艺术审美能力、价值判断能力、翻译实践能力。通过小组讨论、广告语翻译、广告语撰写、文献阅读与论文撰写等方式，让学生在实践与产出中加深对商务广告中的文化差异、语言特色和翻译技巧的理解，增强学生的批判思维能力和翻译实践能力。

本课思政教学难点：在本课程教学过程中，除了传授学生专业知识，培养学生翻译能力，还以潜移默化的方式，将价值引领融入其中。通过对广告赏析、商务广告基本概念及分类、语言特色、修辞手法、翻译方法的讲解，使学生对商务广告翻译有综合全面的了解。引导学生理解商务广告中的中西方文化及价值观念差异，解决翻译过程中存在的文化差异问题，认识中西方商务广告以及中西方文化的差异，加强对中华文化的了解和价值认同，坚定文化自信。

## 四、本课思政教学方法

（1）采取"任务驱动型"教学法：改革课程思政教学模式，线上线下有机结合。本课依托"商务英语翻译"课程，课前要求学生自主在线学习商务广告的相关背景知识，包括商务广告的发展、商务广告的不同类型；课中精心组织讨论，让学生分享探讨自己印象深刻的中外商业广告及其译文，并尝试分析说明其语言特色、修辞手法及翻译技巧等重点内容；课后督促学生通过阅读拓展材料、翻译经典中英广告、对比中英商务广告撰写小论文，努力培养学生在做中学、学中思、思中悟、悟中研的综合能力，构建"商务知识学习—商务翻译实践—相关文本阅读—商务翻译研究"的教学模式。

（2）采取"线上线下混合式"教学法：本课程在实现知识与技能、过程与方法、情感态度与价值观三维目标融合过程中，体现教学方法的与时俱进。充分利用互联网优势，如虚拟仿真实验室、线上会议平台、在线办公软件等技术手段，拓展师生教育与学习平台，创新课程形式，丰富课程内容。如在学生进行商务广告翻译及商务广告创作过程中，利用仿真实验设备及线上会议平台，让学生身临其境，展示翻译成果、探讨翻译思路，推进课程内容更加多元、立体，突出以学生为主体的教学模式，坚持成果导向教育教学理念，突出本课程的实践特色，让学生的知识视野、情感价值、创新研究能力得到综合提升。

## 五、本课思政教学过程

### （一）课前探究自学

（1）课前在线学习商务广告的背景知识。通过在线课程了解商务广告的发展历史、广告类型的分类、著名广告公司及广告案例、商务广告翻译技巧等。

（2）根据自己的生活经历，分享印象深刻的中英商务广告案例，赏析其广告创意、语言特色、修辞手法、文化内涵、翻译方法。

（3）提出疑问。教师在课前收集学生的疑惑，了解学生在探究自学过程中遇到的关于商务广告翻译的难题。

**（二）课中讲授分析**

**环节一　课程导入：经典广告赏析，广告类型辨认**

教师分享由学生提供的若干经典广告语及短片，学生对此进行赏析并翻译，活跃课堂气氛，调动学生学习兴趣。随后教师分享一张经典英文广告范例，引导学生讨论该广告类型，在广告作品中发现课程的知识点，调动学生知识储备，进而引出本节课学习内容。教师通过简明、生动、形象的语言向学生讲授课程所涉及的基本理论，充分发挥学生的主观能动性。

**环节二　知识学习：商务广告相关知识及翻译方法**

本环节主要学习商务广告的相关知识，让学生对商务广告有更加系统全面的把握。结合相关商务广告英汉互译例句，让学生能够进一步了解商务广告语言特色、文体特征、词汇特点、句法特点、修辞特点。

同时，商务广告的结构比较灵活，随着广告商的营销策略、广告目标、广告对象的不同而有所调整。

下面是全球最大的电脑软件提供商微软公司为其 Excel 和 Word 软件打的广告，通过这则完整结构（标题＋副标题＋正文＋商标＋口号）的广告，广告受众可以充分地认识到 Excel 和 Word 软件的优越性。

例 1：标题　We make it easier to get a 15% raise.

副标题　Princeton economist calculates that anybody who uses a computer earns 15% more than an equally skilled co-worker who does not.

—*Fortune Magazine*, August 24, 1992

正文　You have an important job to do. Maybe you write letters, memos or proposals. Maybe you analyze complicated data or track budgets. Maybe you compile reports combining some or all of the above.

Whatever kind of work you tackle with a personal computer, Microsoft Excel and Word for Windows can make it easier to accomplish.

After all, they were designed to work together perfectly. They look and feel very much alike, sharing text, graphics and data. Once you become familiar with one program, you'll intuitively understand the basis of the other.

For details, along with some case studies of people who have actually started using Microsoft Excel and Word for Windows, call (800) 426 - 9400. Ask for Department HZ3.

We can show you how to raise your prospects, if not your actual paycheck.

商标　Microsoft

口号　Making it easier.

围绕该广告，与学生就以下问题展开讨论：商务广告标题的特点是什么？副标题的作用是什么？广告正文介绍了哪些内容？行文风格是什么？运用了什么修辞手法？口号如何翻译更好？该广告是否突出了产品的特征和优点？通过系列问题的讨论，使学生对商务广告基础知识有全面的了解。

广告标题是广告主题思想的浓缩和核心，其作用是吸引读者或潜在客户，并且进一步引导读者阅读全文。成功的广告标题必须具有诱导性、独特性、简约性、针对性等特点（方梦之，2005：232）。

例2：To achieve your best, you need the best.

译文：要达到最佳状态，您需要最好的。

分析：这是 Nordic Flex Gold 健身器广告标题。这则广告把健身器的益处简单明了地表达了出来。

副标题的作用主要是补充主标题，突出要点，或对主标题的概念作进一步阐述，成为连接主标题和正文的桥梁。它的字体一般比主标题小，但比正文的字体大。

例3：The new towel from Grace, here are three reasons to nudge you along：Comfortable, Soft, Skin-friendly!

译文：洁丽雅生产的新型毛巾，有三个原因吸引你：舒服，柔软，亲肤！

分析："Comfortable, Soft, Skin-friendly!"为副标题，对主标题的概念作进一步阐述。

（1）广告正文

正文是广告最重要的组成部分，主要是阐述所宣传产品的特点以及相关信息。广告正文的用词必须简明扼要，语句精练。

（2）广告口号

广告口号一般用词精练、朗朗上口、鼓动性强，对产品或服务的特点进行高度概括，旨在牢固树立企业形象和商品形象，并在消费者心目中产生很深的印象。例如：全球著名的体育用品制造商耐克公司的口号是：Just do it（想做就做）；CNN 国际新闻网的口号是：The world's news leader（世界新闻的引领者）；阿迪达斯的口号是：Impossible is nothing（没有不可能），这些都是广为流传的经典口号。

（3）商标

商标是经注册登记后享有专利且受法律保护的商品标志。商标本身就是一种广告形式。例如："Ford"为美国福特汽车公司"福特"牌汽车商标；"Giant"为"捷安特"牌自行车商标。

（4）插图

广告插图（illustration）是指广告之中除文字以外的其他内容，它包括摄影照片、插画、漫画、图表、抽象的造型、符号等一切图形化的对象。插图在现代广告设计中是最重要的视觉要素，它对于树立企业和产品的品牌和形象起着重要作用，有"一图胜万言"的说法。图文并茂的广告，不仅使广告受众感受到视觉美，同时还使他们感受到语言的音乐美。

通过向学生讲解商务广告的构成，使学生对商务广告有了详细的了解。接下来通过经典广告双语对照例句，与学生讨论商务英语广告的词汇特点、英语广告的句法特点以及英语广告的修辞特点。在此基础上，教师向学生讲授英语广告的翻译方法，商务广告常用的翻译方法有：直译法、意译法、套译法、增补法、四字结构法等。此外，教师结合例句并分析商务广告的语言特色及译文的文化内涵。

此环节以教师讲授为主，主要是帮助学生加强对商务广告基础知识的掌握，了解商务广告的构成，商务广告语言特色、文体特征、词汇特点、句法特点、修辞特点以及翻译方法。通过基础知识讲解，使学生能够巩固学习内容，激发学生学习商务英语翻译的兴趣。

**环节三 案例分析：广告失败背后的文化差异**

商务广告对于推介产品非常重要，有时能够凭借一则好的广告开拓市场，赢得消费者的青睐。然而，如果在制作商务广告时不认真了解目标市场的文化与本国文化的差异，广告效果则会适得其反。下列有两则广告案例，要求学生观看后，试从文化差异的角度讨论分析这两则广告失败的原因。

案例一：日本的"立邦漆"广告

2004年9月《国际广告》杂志刊登了一则名叫"龙篇"的日本立邦漆广告作品，画面上有一个中国古典式的亭子，亭子的两根立柱各盘着一条龙，左立柱色彩黯淡，但龙紧攀附在柱子上；右立柱色彩光鲜，龙却跌落到地上。创意者显然是用广告来形容柱子和龙刷过立邦漆后都变成奇滑无比，以至于金龙从柱子上"滑"下来。然而，就是这样一则广告，几天来却在网上掀起了轩然大波，引起了中国人民广泛的愤怒。

失败原因分析：从这个广告策划的本意来讲，广告也许很有创意，但它却忽视了一个重要问题，就是广告与文化的联系。龙是中国的图腾，在一定意义上是中华民族的象征，拿中华民族象征的东西来做广告，甚至滑落成一堆，当然让人感到不舒服甚至产生厌恶。又因为这一广告是为日本品牌"立邦漆"做的广告，这就更不能不使人浮想联翩，总体上给人以一种被戏弄的感觉。

案例二：日本的"丰田霸道"广告

2003年第12期的《汽车之友》刊登了一则丰田新车广告：一辆霸道汽车停在两只石狮子之前，一只石狮子抬起右爪做敬礼状，另一只石狮子向下俯首，背景为高楼大厦，配图广告语为"霸道，你不得不尊敬"。众多网友在一些专业网站发表言论，认为丰田公司的两则广告侮辱了中国人的感情，伤害了他们的自尊。更有网友发出言语过激的评论。后来无论丰田公司本身，还是发表该广告的媒体，或是创作该广告的盛世长城，都一致对外"表示诚恳的歉意"。

失败原因分析：这则广告同样是忽略的文化因素对广告的影响。在运用狮子符号时过于轻率，导致了尴尬局面的出现。很多看到过这幅广告的中国人认为石狮子有象征中国的意味，丰田霸道广告却让它们向一辆日本品牌的汽车"敬礼""鞠躬"，让人联想到卢沟桥、石狮子、抗日三者之间的关系，使中国人愤恨。丰田的这则广告丝毫没有考虑到中国人的情感，而是煽起了中国消费者的民族主义，失败是必然的。

根据课程的教学内容，选取广告行业争议较大的作品案例，并对其进行分析和讨论，通过师生互动交流，训练学生的批判思维和思辨能力。让学生掌握和运用所学知识，对案例进行分析和讨论，同时引导学生领悟广告作品传达的文化差异和价值取向。此环节通过学生对广告案例进行开放式讨论，让学生体会到商务广告的感召力和文化重要性。在学习西方广告的同时，培养学生批判性思维能力，增强对母语及中国文化的认知，自觉加强本国文化的学习，发现中西文化的差异，提高跨文化交际能力，增强文化自信。

### （三）课后拓展延伸

#### 1. 词汇和术语拓展

学生加强对商务广告术语的积累和学习，加深对广告类型、广告分类、主要制作流程、人员分工等的了解。通过对四字广告语中英对照翻译的掌握，加强自身语言文化素养，提高自己的文化水平，加深对母语文化的认同。此环节侧重培养学生自主学习能力，提升自身语言文化功底。

#### 2. 文献阅读

［1］杨伶俐、高子涵：《商务英语广告的语言特色及其翻译策略》，《商务外语研究》2015 年第 1 期。

［2］张晓鑫：《国内外文化差异外商务广告英语翻译中的影响》，《科技资讯》2016 年第 14 期。

［3］大卫·奥格威：《一个广告人的自白》，中信出版社 2008 年版。

## 六、教学反思

"商务英语翻译"课程既是一门英语翻译实践课程，也是商务专业技能课程。"商务英语翻译"课程的教学目标不但包括提高学生运用翻译策略和技巧翻译各类商务文本的专业技能水平，更应加强学生在商务翻译实践中识别并尊重文化差异的素养，提升跨文化翻译能力，这一要求为探索和实践商务英语翻译课程思政提供了指导。商务英语翻译课程是商务英语专业的核心必修课，该课程是商务知识、翻译技能与跨文化交际能力的有机结合。

教师需要针对不同的商务文体特征，讲授相应的翻译方法、翻译规范、翻译技巧以及跨文化交际知识。在知识技能传授的过程中引领价值，帮助学生树立文化自信、拓宽国际视野、锤炼工匠精神。教师应从宏观层面提炼商务英语翻译课程中蕴含的文化基因和价值范式，同时从微观层面探索商务英语翻译教学与课程思政相融合的实践路径。在教学过程中应当兼顾商务知识学习与翻译能力培养，提升学生专业知识素养的同时，也需要进行价值引领、了解文化差异；教学过程应坚持以学生为主、以学生为中心的教育理念，摒弃教师满堂灌的授课方式，而是有效利用技术手段和现有资源，引导学生自主学习探索，让学生在学习与实践过程中拓宽国际视野、形成辩证思维、提高跨文化交际能力，树立正确的价值取向和远大的人生目标，提升个人综合素养，以适应时代发展要求。

（作者：侯奇焜，湖南师范大学外国语学院公共外语部讲师）

# "英汉翻译技巧与实践"课程思政教学设计样例

## 一、课程总览

**课程名称**：英汉翻译技巧与实践

**课程类型**：大学英语限选课

**教学对象与学时**：非英语专业一年级优秀学生［"大学英语（一）"期末期评90分以上学生］，48学时

**课程目标**：

"英汉翻译技巧与实践"是根据学校人才培养计划的特殊需要以及部分优秀学生的多元需求确定的，定位在"发展"这一等级。其主要目标如下：

知识目标：初步了解翻译的基本概念、基本原则以及翻译标准，学习掌握英汉互译常用方法与技巧。

能力目标：能恰当地运用翻译技巧且借助词典翻译较为正式的议论性书面材料、能对中外国情或文化的文字资料和所学专业的文献资料进行介绍，达到对原文理解准确、译文通顺、结构清晰的目标，基本满足专业研究和业务工作的需求。

素质目标：以人为本，弘扬人的价值，注重人的综合素质培养和全面发展。以知识传授与价值引领相结合为目标，将政治认同、国家认同、文化认同和道德认同等核心价值融入课程，构建全课程育人格局。

**课程特色**：

本课程是为非英语专业一年级学生开设的一门基础限选课，是"大学

英语"的拓展课程，由英译汉和汉译英两大课程模块组成。本课程是一门兼理论与实践于一体的课程，其教学目标是结合《大学英语教学指南》和学校人才培养计划的特殊需要以及部分优秀学生的多元需求确定的，定位在"发展"这一等级，对非英语专业一年级学生而言具有高阶性、创新性和挑战度。本课程在加强语言基础知识的同时，按照《教学指南》中"总体能力描述"和"语言单项技能描述"的要求，加强读、译等综合性应用能力的培养；在获取时代性知识的同时，培养学生批判性思维能力、讨论问题的能力和跨文化交际能力。课程采用线上、线下相结合的授课方式，构建一个以"学生为中心"且"理论、经验、实践"三大模块立体互动的翻译教学体系。2021 年"英汉翻译技巧与实践"获得湖南省一流本科课程（线上线下混合式）。

## 二、本课思政教学目标

本课教学选用"习语近人（立志篇）"中的句子作为翻译教学实践材料，体会"习语近人（立志篇）"文本背后的中华历史和文化积淀，并从中汲取力量，引导学生树立正确的世界观、人生观、价值观；教师站在立德树人的高度，在"润物细无声"中坚持知识传授与价值引领相结合，凝练与聚焦"英汉翻译技巧与实践"课程中的思政元素，增强学生的理想信念，使学生在学习中找到人生的方向。"立志"能让学生超过课堂所教的翻译理论和实践的知识维度，促使学生最大程度地发挥主观能动性，从而成为德才兼备、全面发展的社会主义建设人才。

## 三、本课思政教学重点和难点

本课思政教学重点：通过"习语近人（立志篇）"这一翻译教学材料（中英互译），引入直译和意译的概念，探讨翻译过程中对直译和意译的选择，理解直译和意译两大翻译方法在实践中的运用。在教学中，通过对翻译文本的理解和翻译方法选择的讨论，让学生将实践、经验和理论充分结合，感受翻译文本中传递的"立志"元素，即"志不立，天下无可成之事",每个人都需要有目标和志向,这样才会有拼搏向上的动力。

本课思政教学难点:如何将"习语近人(立志篇)"这一文本与思想政治教育结合起来,消除思政教育与翻译课程"两张皮"的现象;如何聚焦"立志",遴选本课知识点,构建创新性知识体系,同时打造高阶性和挑战度,实现习近平党建思想进教材、进课堂、进头脑(金课三进)的目标。

## 四、本课思政教学方法

本课采用专题嵌入和隐性渗透等教学方式,采用讲授法、讨论法、任务驱动法、自主学习法等教学方法,通过线上线下有机结合,在向学生传授课程知识的同时,加强理想信念,传播中华文化,帮助学生树立正确的价值观。本课要求学生课前自主在线学习《大学英语(二)》相关文本,选出长难句,自我体会直译和意译两大翻译方法并将"习语近人(立志篇)"这一文本的部分材料(精选短语和句子)通过QQ发送给学生进行课前翻译实践;课堂上,教师利用课前翻译实践材料,重温词义和句式结构的选择等翻译技巧,引入直译和意译,探讨翻译中直译和意译的区别、共同点、选择及互补。课后再实践即翻译"习语近人(立志篇)"全部文本来进一步地领悟直译和意译,在翻译实践中理解"理想坚定,信念执着,不怕困难,勇于开拓,顽强拼搏,永不气馁"的重要性,同时感悟中华文化的博大精深。

## 五、本课思政教学过程

本课教学设计以学生为主体,采用立体互动的3个模块:理论模块、经验模块和实践模块,即布置线上学习内容,精选线上课本中的长难句并结合"习语近人(立志篇)"部分材料进行翻译实践,在实践和笔记反思的基础上,引导和启发学生体会翻译方法和技巧,学而有所思,将经验模块的内容以概念形式固定下来形成相应的翻译理论体系。各模块之间是一个多维互动且开放的体系,再将理论和技巧运用到教师精选的文本中进行翻译实践,从而又积累丰富经验,三者相互渗透,相互转化,形成一个立体互动的翻译教学体系，从而达到教育理念中理论与实践、显性和隐性、知识传授与价值引领的统一。

**（一）课前自主学习**

（1）课前在线自主学习《新视野大学·英语读写教程2》（第三版）中"Unit 2 The ladder to success"，选出长难句，对照课文翻译文本，自我体会直译和意译两大翻译方法。

（2）在自我体会直译和意译两大翻译方法的基础上，进行"习语近人（立志篇）"这一文本的部分材料（精选句子）的翻译实践，在翻译实践中自我领悟直译和意译概念及选择等。

（3）分小组征集学生学习中的问题。小组长负责收集学生在线自主学习和翻译实践中遇到的主要问题。针对问题，教师采用直接在线答疑或课堂讨论答疑小组中存在的共性问题。

**（二）课堂讲授与实践**

**环节一　课程导入**

教师利用课前翻译实践材料（见表1），引入直译和意译概念，引导学生思考直译和意译的概念和区别。（8分钟）

表1　课前翻译实践材料

| "习语近人（立志篇）"课前翻译实践材料 | |
| --- | --- |
| 1 | 王阳明说"志不立，天下无可成之事"。 |
| 2 | 可见，树立远大的志向对一个人的一生具有多么重要的意义。 |
| 3 | 广大青年要培养奋斗精神，做到理想坚定，信念执着，不怕困难，勇于开拓，顽强拼搏，永不气馁。 |

首先，文化导入。教师指出"志不立，天下无可成之事"出自明代王守仁的《教条示龙场诸生》，喻指军事指挥员必须树立保家卫国的远大志向，必须立志。

其次，观看"习语近人（立志篇）"视频（2分钟），得出参考译文（见表2）。

表2　"习语近人（立志篇）"课前翻译实践材料参考译文

| "习语近人（立志篇）"课前翻译实践材料参考译文 | |
| --- | --- |
| 1 | Wang Yangming once said, "No ambition, no achievement". |
| 2 | It can be seen that setting lofty goals is of great significance to one's whole life. |
| 3 | The Chinese youth should foster a striving spirit, be firm with ideals, hold fast to beliefs, be brave enough to face difficulties and forge ahead and work hard in an unyielding manner. |

最后，让学生自查自己的译文与视频所给出译文的不同之处，感受词义选择和词性转换等翻译技巧以及四字格的翻译方法，引入直译和意译的概念，生生、师生重点探讨直译和意译概念和使用原则。

通过此环节，培养学生的自查能力、反思能力与决策能力，同时从习近平总书记对"志不立，天下无可成之事"的阐释中感受"立志"元素，强化目标潜意识。

**环节二　精讲精练（25分钟）**

翻译下列各句，体会直译和意译。

①For more than 500 years, generations of young Chinese have been inspired by Wang Yangming and his words on setting goals and realizing dreams—to make a difference by serving the people.

②就我个人而言，立志就是实现我的家庭理想和社会抱负。立志就是推动个人实现人生目标的动力。

③When you compare different aspirations in different cultural contexts, for example, here in China, the cultural background is Confucianism, which encourages people to do public service for the nation, do other countries and cultures share similar expressions and thoughts?

④我们青年一代有着一定的时代责任，需要去担当，有所作为。

⑤ The young generation should set up great ambitions and strive ahead, so as to make our due contributions to the progress of the society. By doing these, I will achieve my goals and ideals of life.

围绕这些句子翻译精讲精练，生生之间、师生之间展开进一步讨论，得出结论：

（1）"直译"就是既保持原文内容，又保持原文形式的翻译方法。特别要注意的是："直译"中要杜绝"生搬硬套的翻译"。

（2）"意译"就是只保持原文内容，不保持原文形式的翻译方法。也就是说，"意译"主要从意义出发，只要求将原文大意表达出来，不需过分注重细节，但要求译文自然流畅。特别要注意的是："意译"也不等于"信口开河，不着边际地翻译"。

（3）在翻译实践中，直译法应用得比较多是因为英汉两种语言之间存在着很多共同之处，词汇和句式的相同、相似之处占了很大的比重。然而两种语言能够完全对等的情况比较少，而且仅限于一些包含简单意思的短语、短句。大部分情况下只是部分对应或在总的语势上对应。这种情况下我们多采用直译手法。

（4）意译则不注重原文的句法、风格等细节，直接表达原文的意思。

此环节以学生为主体，营造课内互动合作学习氛围。通过精讲精练，锻炼学生翻译能力，培养学生语言实际应用能力和批判性思维能力，同时通过"立志"元素文本翻译的精选，潜移默化地加强青年目标、抱负、信念和家国情怀的培养。

**环节三　主题讨论（10 分钟）**

从"环节二"精讲精练的例句中，探讨、领悟、凝练翻译中直译和意译的区别、共同点、选择及互补。

两者共同点：目的相同。无论是直译还是意译，都是要准确表达原作者的本意，没有好坏之分。

两者的区别：直译对"忠于原文"的要求较高，这类翻译一般用于科技、法律等需要用绝对精确且不让人产生歧义的语言来翻译的文章。

直译和意译并非相互排斥的两个个体，而是可以相互补充的。一篇文章没有绝对直译和意译，在翻译中会互补。灵活使用这两种翻译方法，让译文更加传神达意，更好地服务受众。

此环节在主题讨论的基础上，教师凝练直译和意译的区别、共同点、选择及互补。通过此环节，培养学生独立思考，归纳和总结的能力，提升学生的综合素质。

### (三) 课后拓展延伸

**1. 家庭作业**

Translate the following into English or Chinese, using the skills or methods of translation we have just learned.

①青年是国家的未来，也是世界的未来。中国梦与世界梦息息相通，中华民族应该对人类社会做出更大的贡献。新时代中国青年要有家国情怀，也要有人类关怀，发扬中华文化崇尚的四海一家，天下为公的精神。

②Through 5000 years of its history, the Chinese have been through ups and downs, but some common aspirations have sustained the nation and kept alive its spirit. Facing a new era in the world, those aspirations could help the people meet the challenges and embrace the future.

③很多人认为中国正处于一个"分水岭时刻"，因为民族的复兴事业让很多年轻人意识到自己是这项宏图伟业的组成部分。

④The irony is that the U. S. and other countries are trying to contain or change China's system, but it's having the exact opposite effect. If you start looking at the statistics in terms of China and the faith of the people in their government especially after COVID-19, and not only the health aspects and handling of it, but also the economic recovery, you've seen a tremendous research in people's belief that the government is a good institution. The Chinese government's motto is to "Serve the People". So from the perspective, young people see that and they want to be part of it.

**2. 课外补充阅读**

张培基:《英汉翻译教程》，上海外语教育出版社 2009 年版。(阅读第二章)

## 六、教学反思

在非英语专业一年级学生中开设"英汉翻译技巧与实践"这门课程的目的在于:一方面，为满足国家战略需求，培养能为国家改革开放和经济社会发展服务的外语人才；另一方面，为满足学生专业学习、国际交流、继续深造、工作就业等方面的需要，帮助学生树立世界眼光、培养国际意识、提高人文素养，同时为知识创新、潜能发挥和全面发展提供一个基本工具。总之，本课程对迎接全球化时代的挑战和机遇、对大学生未来的发展，具有现实意义和长远影响。

本课程以学生为中心，既传授翻译知识与技能，又注重培养语言实际应用能力和自主学习能力，向以培养学生终身学习能力为导向的终身教育转变。在教学中，本课程充分落实了 2019 年中共中央办公厅、国务院办公厅《关于深化新时代学校思想政治理论课改革创新的若干意见》和 2020 年《大学英语教学指南》的要求，全面提升大学英语教学的广度和深度，丰富和拓展了课程内涵。改变了翻译教学主要通过课堂教学的途径来实施的单一教学模式，采用多种教学方法及手段，以学生为主体、以现代教育技术为依托、营造课内外互动合作的学习氛围、鼓励翻译理论的学习和技能训练并在翻译实践中检验教学和学习效果；与此同时在教学中加强理论阐释，融入对国内、国际热点问题的文本翻译，选择立足于社会主义核心价值观和优秀传统文化的翻译文本，加强人文素养，构建创新性知识体系，实现专业思政、课程思政，使"英汉翻译技巧与实践"这一课程成为本校落实立德树人根本任务的重要途径，成为习近平新时代中国特色社会主义思想进教材、进课堂、进头脑一体化设计的重要载体。

附录：

**1. "环节二 精讲精练"翻译实践参考译文**

① For more than 500 years, generations of young Chinese have been inspired by Wang Yangming and his words on setting goals and realizing dreams—to make a difference by serving the people.

译文：五百多年来，无数中国青年被思想家王阳明和他的这句话激励着去树立人生目标，实现远大抱负，那就是为人民服务，努力有所作为。

②就我个人而言，立志就是实现我的家庭理想和社会抱负。立志就是推动个人实现人生目标的动力。

译文：Ambition for myself is an ambition to fulfill my family's dreams, society's dreams. Ambition is just the drive that pushes you towards your goal.

③ When you compare different aspirations in different cultural contexts, for example, here in China, the cultural background is Confucianism, which encourages people to do public service for the nation, do other countries and cultures share similar expressions and thoughts?

译文：在不同的文化背景下比较关于立志的不同说法，例如在中国，儒家作为其文化背景，鼓励人们为国家和公众效力，那么在其他国家和文化中有类似的表达方式和思想吗？

④ 我们青年一代有着一定的时代责任，需要去担当，有所作为。

译文：We, as the young generation, hold the responsibilities of the times, and we shall accept our responsibilities and make achievements.

⑤ The young generation should set up great ambitions and strive ahead, so as to make our due contributions to the progress of the society. By doing these, I will achieve my goals and ideals of life.

译文：青年这一代就是要立鸿鹄志，做奋斗者，为社会发展做出自己应有的贡献。我就这样实现了我的人生目标和理想。

**2. 家庭作业参考译文**

① 青年是国家的未来，也是世界的未来。中国梦与世界梦息息相通，中华民族应该对人类社会做出更大的贡献。新时代中国青年要有家国情怀，也要有人类关怀，发扬中华文化崇尚的四海一家，天下为公的精神。

译文：Young people represent the future of the country and that of the world. The Chinese dream is closely connected to the world's dream, and the Chinese nation shall make greater contributions to mankind. Chinese youth in the new era shall care for their motherland and also mankind. They shall carry on the spirit of building a world equally shared by all, an ideal upheld by the Chinese culture.

② Through 5000 years of its history, the Chinese have been through ups and downs, but some common aspirations have sustained the nation and kept alive its spirit. Facing a new era in the world, those aspirations could help the people meet the challenges and embrace the future.

译文：在五千年的历史长河中，中华民族经历了风风雨雨，但正是一些共同的夙愿使得中华民族生生不息，精神长存。面对一个新时代的世界，这些愿望可以帮助人们直面挑战，拥抱未来。

③ 很多人认为中国正处于一个"分水岭时刻"，因为民族的复兴事业让很多年轻人意识到自己是这项宏图伟业的组成部分。

译文：Many people say China is now at a "watershed moment", because it's national rejuvenation that makes a lot of young people feel that they are part of this great undertaking.

④ The irony is that the U. S. and other countries are trying to contain or change China's system, but it's having the exact opposite effect. If you start looking at the statistics in terms of China and the faith of the people in their government especially after Covid-19 , and not only the health aspects and handling of it, but also the economic recovery, you've seen a tremendous research in people's belief that the government is a good institution. The Chinese government's motto is to "Serve the People". So from the perspective, young people see that and they want to be part of it.

译文：颇具讽刺意味的是美国和其他一些国家正试图遏制或改变中国的体制，但它的效果却正好相反。如果你关注与中国相关的统计数据和人们在新冠疫情发生后对于中国政府的信任度，你会发现，无论是在维护公众健康和控制疫情方面。还是在恢复经济方面，大量的调研都表明人们相信政府工作开展得相当出色。中国政府的宗旨是"为人民服务"。从这个角度说，年轻人看到了这一点并且愿意成为其中一员。

（作者：邓玉荣，湖南师范大学外国语学院英语系副教授）

# "英汉文化比较与翻译"课程思政教学设计样例

## 一、课程总览

**课程名称：** 英汉文化比较与翻译

**课程类型：** 英语专业选修课

**教学对象与学时：** 英语专业本科三年级，48 学时

**课程目标：**

本课程强化价值引领、知识传授和能力培养"三位一体"的教育目标，凸显英汉文化和语言的差异与对比理念，旨在通过全方位文化和语言差异性对比与分析，培养学生双语差异意识、跨文化交际意识、文化传播意识以及英汉语转换能力，切实培养、提高学生的翻译能力。

知识目标：通过本课程的学习，学生能够了解并掌握英汉习语对比与翻译、英汉拟声词对比与翻译、英汉颜色词对比翻译、英汉称谓语对比与翻译、英汉模糊性数字对比与翻译、英汉语言系统对比与翻译、英汉句子结构对比与翻译、形合与意合、英汉旅游文体对比与翻译以及英汉语言差异与翻译腔等章节的知识，并能分别阐述上述差异的文化、历史成因及表现形式，在此基础上掌握英汉互译的策略和方法。

能力目标：通过英汉语言和文化差异性的全方位对比与分析，培养学生双语差异意识、跨文化交际意识和文化传播意识，切实培养、提高学生的翻译水平、跨文化传播能力以及参与文明对话的能力。

组织目标：通过英汉语言和文化层面的对比学习，帮助学生构建全面

的语言文化观，了解翻译的文化传播价值，树立中国文化自信，关注并推动中西文化之间平等、双向交流。使学生既能以开放的心态面对异质文明，又能把中华文化持续有效地介绍给世界。

## 二、本课课程思政教学目标

本课程发挥中西对比的特色，从语言、文化对比视角出发探讨语言现象、归纳总结翻译的转换技巧与机制，以提高学生的翻译能力、跨文化传播能力以及培养学生的文化自信为宗旨。通过中西对比、译例分析，培养学生的文明互鉴能力。培养学生以包容开放的态度看待中西语言和文化的差异，使学生在中西文明互鉴中能够坚守中华文化立场。帮助学生了解翻译的职业操守、增强职业道德观。增强课程育人的针对性和时效性，提高学生职业发展能力。

### （一）帮助学生构建全面的语言文化观，树立文化自信

以英汉对比为纲，从文化视角出发，全面对比、分析英汉语言在词汇、句法、文体等层面的差异以及这种差异产生的经济、文化、社会、历史原因。帮助学生了解文明的多样性，构建全面的语言文化观，使他们既能以开放的心态面对异质文明，又能把中华文化持续有效地介绍给世界，进而朝着构建人类命运共同体的宏伟目标前进。

### （二）培养学生的全球视野以及文化传播的使命感

通过系统的英汉语言、文化对比学习，帮助学生在充分理解和认识本土和他者语言、文化的基本特点及其异同的基础上，能够站在他者文化的角度，反思本土文化，在自我表述和跨文化沟通时能够兼顾充分性和可接受性，确保表述和沟通的有效性，增强文化传播的使命感。

### （三）提高学生的翻译职业素养

通过英汉语言、文化对比与研究，以项目为导向，使学生在"做中学"，从而提高学生的语言、文化敏感度以及双语转换意识，切实提高学生的翻译能力。系统地向学生推介中国的译家译论译作，发挥译者的榜样力量，帮助学生了解翻译的职业操守，增强职业道德观。

## 三、本课课程思政教学重点和难点

### （一）以课程思政驱动课程内涵建设与创新发展

将课程思政分目标跟本课程的知识结构相结合，围绕"历史传承、时代精神、人文素养、全球视野和职业素养"五个维度重新进行教学设计，从教学目标、教学内容、教学方法和教学评价四个角度出发，聚焦"知识积累，技能提升，价值塑造、就业拓展"四大教学目标进行本课程的教学改革与创新。以英汉对比为纲，聚焦语言、文化与翻译三者的关系，通过全方位、多维度的英汉语言、文化对比与分析，帮助学生积累语言、文化、翻译知识，提高双语转换能力和跨文化沟通能力，引导学生在文化比较与文化自述过程中树立全面的文化观，培养文化自信和家国情怀。以中国本土翻译家的职业精神和事迹教育学生，充分发挥榜样的力量，帮助学生了解翻译职业操守、增强职业道德观，从而实现就业扩展。

### （二）教学评价兼顾专业教育和思想政治教育效果两个维度

对本课程的思政教学效果采取动态评价的方式，坚持德育为先，以学促德。专业教育的"育才"成效可通过行程性评估方式进行测评，注重学生的学习过程管理以及阶段性学习效果的观测和反馈。通过作业批改、课堂观察以及期末测试对学生的双语差异意识、跨文化交际意识、文化传播意识以及英汉语转换能力进行评估。课程思政教学是学生情感认知成长，世界观、人生观、价值观塑造的过程，其改变和成长具有隐形性、长期性和不易量化等特点。教师可通过课堂观察、访谈，问卷调查，阅读学生的学习日志等方式对思政教学的"育人"效果进行测评和监控，并依据评价结果对教学进行及时的修正和调整。

## 四、本课课程思政教学方法

### （一）精选译例，自建译例库

译例精选反映中国传统文化、社会主义优秀文化和中国革命文化的笔译素材，在译例的对比和点评过程中，鼓励学生对外宣翻译策略进行总结和思考，引导学生对翻译策略背后的文化态度和立场进行探讨。引领学生利用多模态资源，精选课程思政素材，自建译例库，进行译例共享。

**（二）设置"译家译论译作"专题板块**

以严复、林纾、朱生豪、杨宪益、许渊冲等中国本土翻译家的职业精神和事迹教育学生，充分发挥榜样的力量，培养学生的使命感、责任感和爱国精神。向学生推介三美理论、译介学、变译论、生态翻译学等中国的本土翻译理论，培养学生的学术自信和推动中国学术走出去的自觉意识。组织学生学习中国翻译协会颁布的《译员职业道德准则与行为规范》，帮助学生了解翻译职业操守、增强职业道德观。

**（三）开展线上线下相结合的混合式教学**

发挥多媒体技术在价值引领、情感传递和道德示范方面的优势，充分运用多媒体技术和多模态资源：社会背景知识获取、文本信息核查、翻译策略借鉴以及译文质量测评都可以通过与多媒体资源交互得以实现。充分运用微课、慕课等线上优质的教学资源，以中西方语言和文化为核心，强调比较与对比，培养学生的学习兴趣，提高学生的专业素养和人文素质，帮助他们形成正确的价值判断。综合运用项目教学法、虚拟情景教学、比较教学法等多元化教学方法。通过"做中学"，帮助学生在完成翻译项目的过程中提高笔译实操能力；将"比较"贯穿整个课程的学习过程当中，始终凸显英汉文化和语言差异与对比理念，通过全方位文化和语言差异性对比与分析，培养学生双语差异意识、跨文化交际意识、文化传播意识以及英汉语转换能力，切实培养、提高学生的翻译能力。

**（四）构建线上线下混合式育人育才双轨教学评估机制**

（1）线下教学过程中通过情景问答、课堂讨论等环节考量学生的语言表述能力、翻译策略、跨文化策略使用效果，通过访谈、课堂观察和回答问题，了解学生的文化态度和价值判断能力。

（2）运用学习通等线上教学平台发布问卷调查，收集课程学习日志，方便学生对本课程学习内容、过程、方法、重难点和效果进行反思，也为教师及时了解学生思想动态、情感变化提供依据。运用中国大学生 MOOC、智慧树等线上教学平台跟踪学生的学习进度，通过线上单元测试快速检测学生的学习效果，通过平台讨论区留言、QQ、微信等社交软件及时了解学生的学习动态，发现并解决他们的学习和思想问题。具体教学评估机制见表1：

**表1 教学评估机制表**

| 构成部分 | 专业教育 | 思想政治教育 |
|---|---|---|
| 评价内容 | 语言运用能力<br>翻译策略<br>跨文化策略 | 文化自觉<br>核心素养 |
| 评价方式 | 练习<br>测试<br>课堂观察 | 访谈<br>学习日志<br>测试<br>课堂观察 |
| 评价主体 | 学生自评<br>师生/生生互评 | 学生自评<br>师生/生生互评 |

## 五、本课课程思政教学的过程

### （一）本课课程思政教学理念及思路

（1）以课程思政驱动课程内涵建设与发展

围绕学生翻译实操能力、中外人文交流能力和国际传播话语能力的培养深挖本课程的课程思政元素，运用多媒体技术和多模态资源开展混合式教学实践与研究。

（2）凸显学习的整体性

本课程以文化—语言—翻译三者之间的关系为主线，从整体主义课程观出发，设置英汉文化对比与翻译和英汉语言对比与翻译两个环节，依据知识目标、人文目标和能力培养目标进行反向设计，培养学生的翻译实操能力。

（3）兼顾人文性和技术性

本课程兼顾学生人文性素质提高和技术性实操能力培养，采用合作式、探究式、体验式学习，注重学生价值判断能力、翻译实操能力、文本细读能力、文献查阅能力和归纳总结能力等综合能力的培养。

（4）促进学生对知识的主动建构

鼓励学生"做中学"，通过译例比对、文本细读、文献学习和小组讨论，培养学生的自主学习能力和独立思考能力，调动学生的积极性，提高学生学习的有效性。

**（二）本课课程思政教学设计实例分析**

（1）课前阶段

利用自建线上课程资源，完成线上自主学习和课前预习；完成语料收集，对中、西旅游文体的特征及异同形成基本认识。

发布旅游文本《丝绸之路》的英译任务，鼓励学生通过分组查阅相关背景知识、准备双语平行文本，设计制作丝绸之路背景介绍 PPT，做好译前准备工作。这一过程可以训练学生搜索、筛选有用信息的能力，培养学生语言知识和百科知识的自主学习能力。教师通过提问的方式引导学生进行思辨，引导学生在中国旅游文本材料的挖掘和学习过程中，油然而生一种民族自豪感和文化自信，培养学生的爱国热忱和坚定的中华文化立场。

通过线上教学平台可跟踪学生的学习进度和效果，通过单元测试监测学生的学习效果，通过平台讨论区留言，及时了解学生的学习动态，发现并解决学生的学习和思想问题。

（2）课中阶段

**环节一：中西旅游文体特征分析**

通过语料收集、中西对比和小组讨论，运用合作式和探究式学习方法，由学生总结、概括中西旅游文本在功能、语篇、句法和词汇层面的共性与差异，并以小组为单位，进行研究成果的分享与汇报。引导学生关注中西语言和文化之间的差异与共性，运用自身文化知识来分析、对比和表达观点，在这个过程中加深对中华文化的理解，提升跨文化思辨能力。

教师对学生的分享进行反馈和点评，通过平行文本的比照和分析，总结、归纳中西旅游文体的特征：中文旅游文本言辞华美，行文工整，强调表情功能，多用诗词典故；英文旅游文本风格简约，表达直观，客主分离，重视信息功能。

**环节二：中西旅游文本翻译策略**

通过课堂练习和译例分析，引导学生在充分了解中西旅游文体特征及差异的基础上，照顾译文受众的文化心理、语言表述习惯和方式，用语法正确、符合目标语惯用法的翻译方法完成翻译任务。运用建构主义、接受美学、目的论、生态翻译学、功能对等理论以及多模态话语分析理论的相关知识，结合新时代的翻译需求和跨文化交际的目的，引导学生兼顾信息表述的充分性和译文读者的可接受性，综合、合理运用翻译策略。在译例的对比和点评过程中，启发学生对旅游外宣翻译策略进行总结和思考，引导学生对翻译策略背后的文化态度和立场进行探讨。

**环节三：中国旅游文本外宣翻译**

引导学生了解新时代中国旅游文本的多样性，包括公示语、宣传册、旅游地图、旅游广告、景点介绍、城市或景点宣传片等。通过红色旅游翻译、城市宣传片翻译等译例分析，帮助学生了解新时代赋予旅游文本外宣任务的使命感以及旅游文本外宣翻译的重要性，了解旅游文本外译对于中国国家形象建构的历史、文化、经济价值，培养学生的责任感和爱国精神，帮助学生了解翻译的职业操守，增强职业道德观，提高学生职业发展能力。

通过语言能力提升、方法论和认识论层面赋能，帮助学生通过跨文化的方式，提高"用外语讲好中国故事"的能力，进行自我表述以及文化和民族自塑，展现真实、立体、全面的中国，传播中国文化和价值观，让外国人也能信服、信任并接受中国文化，从而加强国际传播能力，达到平等交流、文明互鉴的目的。

**环节四：项目驱动实操练习**

聚焦《丝绸之路》篇章翻译练习。教学第一阶段邀请学生分小组进行PPT 展示，用英语讲述中国丝绸之路的历史沿革、作用和影响以及"一带一路"的倡议。在完成任务的过程中，通过中西对比和英语讲述，深化对本土文化的理解，强化文化和国家认同。"用外语讲好中国故事"既能促成外语知识技能的主动建构，又能驱动学生主动关注、深入理解中国文化和国情，提高他们的文化自信和文化自觉。教师根据内容完整度、PPT 制作水平以及公众演讲的流利度、逻辑性等方面的表现给出反馈和建议。

第二阶段使用项目教学法，学生分小组完成《丝绸之路》外宣翻译任务。并参照翻译质量评价标准，进行生生、师生点评，对翻译过程和质量进行复盘，对不同译本进行对比和价值判断。

在整个翻译过程中，始终凸显跨文化交际意识，既要坚守中华文化立场，又要兼顾传播的效度和信度，即实现信息的充分性和可接受性共存，并在此翻译原则的指导下进行翻译策略的选择和运用，从而达到加强国际传播能力、促进文化双向交流的目的。

（3）课后阶段

①思考拓展

请收集我市某个 AAAAA 级景区的旅游文本，并基于旅游文体特征和旅游文本外译的主要翻译原则对译本进行分析并撰写翻译质量报告。

②文献阅读

［1］Bassnett，Susan. Translation Studies［M］. Third Edition. Shanghai：Shanghai Foreign Language Education Press，2004.

［2］Bassnett，Susan，Andre Lefevere. Constructing Cultures：Essays on Literary Translation［M］. Clevedon & London：Multilingual Matters Ltd，1998.

［3］刘全福. 英汉语言比较与翻译［M］. 北京：高等教育出版社，2011.

［4］穆雷. 英汉翻译基础教程［M］. 北京：高等教育出版社，2008.

## 六、教学反思

运用课程思政教育教学理念全程推进"英汉文化比较与翻译"课程改革，充分发挥翻译专业课程的育人价值，符合翻译类课程的课程性质，有助于学生形成正确的价值判断，从而实现教书与育人的协同共振。为了达成这一目标，要加强作为教育主体的教师的思政素养以及学生的思政自主学习能力的培养。本课程涉及两种语言和文化的对比，蕴含丰富的思政元素。要从历史传承、时代精神、人文素养、全球视野和职业素养五个视角出发，充分挖掘本课程的思政元素，将课程思政分目标跟本课程的知识结构相结合，重新进行教学设计，促进专业教育与思政教育的有机融合。围绕思政育人、知识积累、技能提升和拓展就业四大教学目标，以英汉对比为纲，创新线上线下混合式教学方法，构建线上线下混合式育人育才双轨教学评估机制，对课程思政教与学的实际效果进行评价，从而培养学生的家国情怀、文化自信、中外人文交流能力和国际传播话语能力，达成"德育为先，以学促德"的目标。

（作者：阮广红，武汉学院外国语学院商务英语系副教授，第二届"智慧树杯"课程思政示范案例教学大赛二等奖）

# "法汉翻译"课程思政教学设计样例

## 一、课程总览

**课程名称：** 法汉翻译

**课程类型：** 法语语言文学专业方向课

**教学对象与学时：** 法语专业三年级本科生，32 学时

**课程目标：**

本课程根据"新文科"背景下外语课程建设要求，通过翻译理论方法的讲解及翻译文本实践的综合技能训练，提高学生外语水平和中文水平的同时，有助于提高学生文化、历史、文学等方面的知识水平，致力于培养新时代外语翻译复合型人才。

（1）知识目标

通过系统讲解翻译基本理论和方法、分析翻译练习文本，学生能够掌握基础的翻译理论知识，并完善其知识结构。另外，选取的翻译材料涉及多领域内容，如历史、文化、文学等，丰富学生跨学科知识。

（2）能力目标

以翻译理论知识为先导，法汉语言对比为基础，翻译技巧为主干，通过范文赏析、译文对比、练习和讲评等具体措施为学生打开思路，提高双语转换能力，使学生们掌握必要的翻译知识与技能。通过课前小组合作讨论、课中师生探究、课后自我总结等环节，培养学生团队合作和科学研究能力。

（3）素质目标

通过各种文体的文本进行翻译实践，提升学生法汉语言及文化差异认知能力、译文鉴赏能力和基础翻译能力，引导学生进行跨文化思考，全面培养学生的译者素质。

## 二、本课课程思政教学目标

本课翻译主题为"筷子的功用"，课程思政目标如下：

第一，培养学生跨文化意识。通过学习一篇关于筷子的法语文章，了解法国著名作家和批评家罗兰·巴特对中国人的餐具——筷子的认识。讲授中西文化差异，对比分析中西餐具背后不同的文化内涵和历史底蕴，增强学生跨文化意识，发展跨文化交际能力。

第二，传承文化基因，厚植文化自信。通过对筷子的探讨，展示中国饮食文化的多元性，系统、全面、深入地学习和研讨中国饮食文化。激发学生对中国饮食文化的兴趣，培养学生的人文情怀，鼓励学生热爱中华优秀的传统文化，做中国优秀饮食文化的传承者。

第三，增强学生传播中国优秀文化的意识。通过课后中国文化相关文章的汉法翻译练习训练学生翻译技能，培养学生传播中国文化的责任与意识，形成发展完善自己、服务社会、服务国家三者有机统一的价值观。

第四，提高学生职业发展能力。在法译汉的训练中，讲解翻译基本技巧，提高学生翻译能力。对译例的优劣进行评析，提高语言分析与综合能力，培养译员基本素质，增强课程育人的针对性和实用性。

## 三、本课课程思政教学重点和难点

思政教学重点：从本单元筷子的功用这一主题切入，帮助学生理解法语原文的用词深意，引导学生结合文章主题加深对中国饮食文化的理解。同时讲解个别表达背后所蕴含的法语思维方式，以及如何转换为贴切简洁的中文表达。另外，通过对比中西方不同的餐具——筷子和刀叉背后的文化内涵，从他者的视野深入理解筷子在使用过程中体现的优点，鼓励学生继承和发扬中华优秀传统文化。

思政教学难点：在翻译课程教学中开展思政教育要避免"填鸭式"、突兀的说教，应该充分考虑学生的思维习惯、认知方式以及心理需求等因素。以细雨润无声的方式进行思政教育，使学生能够积极主动地接受，并内化于心，外化于行，让思政教育与翻译课程教学有机融合，将文化自信这一精神内涵巧妙地融入教学过程中，使其自然成为课程的组成部分，潜移默化地影响学生，从而达到翻译课程思政教育的目的。

## 四、本课课程思政教学方法

运用"理论联系实际的讲授法"，注重对学生的引导，以学生为中心，发挥学生的主体能动性，把翻译理论和现实问题紧密结合起来。以问题引出理论，用理论分析问题，调动学生的学习兴趣和积极性。教师选择一个学生熟悉、感兴趣的事物——筷子的使用作为切入点，对现实问题进行深入浅出的分析，以引出相关理论；将理论与现实问题相联系，以理论分析现实问题作为教学重点。

运用"即时讨论法"：在课堂教学中选择部分内容，给学生短暂的时间进行阅读并思考讨论如何翻译，鼓励学生阐释对内容的理解，分享自己的翻译版本。设置多样化的互动、交流的形式，比如设置问题、讨论、学生发言。学生在快速思考的过程中运用学过的翻译技巧去理解、分析问题。在思维锻炼的过程中，提高学生思考和分析问题的能力。

运用"任务驱动法"，通过课前自主预习翻译篇目、课中阐释对文章的理解及译文分享、课后翻译练习拓展活动，以任务的完成检验及对学习过程的总结去提升学生学习的主动性，使学生主动构建探究、思考、应用的高智慧学习体系，增强学生的求证思维和递进思维，见表1。

**表1　思政教学方法**

| 本课课程思政教学方法 | |
| --- | --- |
| 1. 理论联系实际的讲授法 | 以问题引出理论，用理论分析问题，翻译理论结合现实问题 |
| 2. 即时讨论法 | 阅读思考，讨论翻译问题 |
| 3. 任务驱动法 | 课前预习，课中练习，课后复习 |

## 五、本课课程思政教学的过程

本课程的思政教学过程贯穿课前、课中和课后的各个环节。

### (一) 课前预习"思"起来

**1. 课前自主预习翻译选段**

提前给学生发放本节翻译课需要用到的翻译材料,让学生自主阅读第一、二段,总结主旨大意,查询各类资料,思考如何翻译这类文章。

**2. 分组讨论翻译策略**

要求学生在本次课前每6人组成一组,通过合作的学习方式,利用网络资源、线下图书馆等资源,查阅相关文化背景,引导学生进行自主翻译,通过小组间讨论优化翻译。

**3. 学生预习问题汇集**

通过学情分析,汇总学生预习问题,充分了解学生在自主翻译过程中遇到的困难,以便在课堂上有针对性地答疑解惑,"对症下药"地进行重点讲解。

### (二) 课中讲授"学"起来

**1. 课程衔接**

启发学生从上一次课关于"企鹅"文章的翻译实践中总结已学的翻译理论和翻译技巧:省译法,增译法,转换词性等方法。

**2. 问题导入**

引导学生思考筷子在中国饮食文化的地位:筷子为什么是中国饮食文化的象征?外国人如何看待筷子?

**环节一:小组讨论翻译展示**

(1) 分组展示

各小组派学生代表上台讲述他们对文章大意的理解,特别是对选段中重点关键词,如 l'index、sournoise、la neige alimentaire 等词的翻译,并进行汇报展示,提高学生语言分析与综合能力。

(2) 学生自评

各小组汇报完毕,其他同学可对该组的翻译版本质疑或发表自己的看法和意见，小组学生代表回答问题。

（3）教师总结

教师根据每组学生的翻译展示给予点评。对译例的优劣得失进行适当的评析，针对学生翻译中可能存在的"漏译""错译"问题给予详细解释。另外，因本篇目为文学作品，若学生在翻译过程用词过于口语化，应引导学生使用更严谨的书面语言翻译。最后，引导学生走进文字，了解词汇的深度内涵、分析作者创作理念。

**环节二：翻译材料精讲**

（1）走近作者

深入介绍作者：法国作家、文学评论家——罗兰·巴特；简单介绍结构主义，重点阐释他的符号学理论；简要讲解语言学基本知识：索绪尔《普通语言学教程》的能指与所指，罗兰·巴特作品《神话学》的二级符号系统，文化符号学和文学符号学。

（2）结构梳理

鼓励学生用思维导图的方式梳理文章结构，引导学生在翻译的过程要注意文章逻辑的严密性，提醒学生翻译成汉语时要体现逻辑结构。《筷子》一文针对筷子的"Fonctions"展开，见表2。

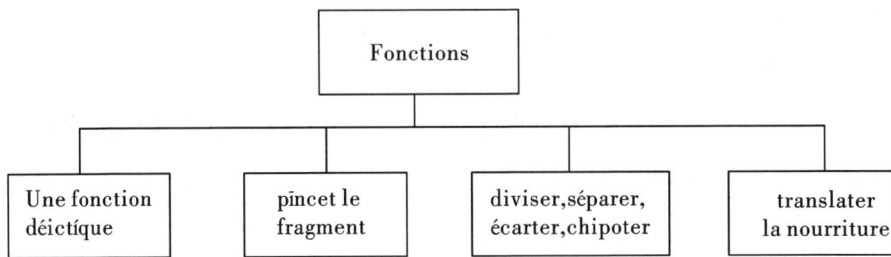

表2　翻译文本结构思维导图

（3）分段落讲解

进入文本，一一探究本篇目翻译的重难点，以及前面提及的关键词：l'index, sournoise, la neige alimentaire。

第一段：作者介绍"筷子"第一个功能：其背后大有深意。通过对比筷子和刀叉，暗含使用筷子更自由的观点。在翻译时，学生要体会文字背后的含义，结合上下文以及作者意图进行巧妙处理，灵活翻译。

第二段：对于 des petites filles sournoises、la neige alimentaire、chirurgiens 这样的名词，不能简单地进行字对字，词对词的翻译。更好的方式是在脑中构建对应的画面，试图构思出更符合作者意图的翻译，见表3。

表3　翻译文本难点词语

| 第一段 | En propre |
| --- | --- |
| 第二段 | Une fonction déictique，l'index，séquence machinale |
| 第三段 | Des petites filles sournoises，des chirurgiens |
| 第四段 | La neige alimentaire，son substitut prédateur |

### 环节三：中西文化差异探究

（1）问题导向

结合翻译材料，联系实际让学生思考我们日常使用的筷子的优点和缺点，并对比思考东西方使用不同餐具背后体现的文化内涵。

①筷子和刀叉相比，有何优点和缺点？

②为什么中国人用筷子，而西方人用刀叉？

（2）生生互动

（3）教师点评和总结

筷子一头圆，一头方。圆形象征天，方形象征地，对应天圆地方。西方流行分餐制，中国人遵循太极和阴阳理念。学生要正视中西方文化差异，培养跨文化意识。同时鼓励学生继承和发扬中华优秀传统文化，做传播中国文化的大使，以文明为鉴，共建人类命运共同体。

### 环节四：中法关系材料口译

（1）口译训练

选取一段中法联谊会的发言稿，邀请两名同学上台进行交传训练。一名同学担任中方发言人，另一名同学担任法语翻译员。口译文本见表4。

表4　现场口译训练文本

| 中法交流材料口译 | | 尊敬的大使、参赞，女士们先生们： |
|---|---|---|
| | 第一段 | 春天是播种的季节，15 年前的春天，中法合作的第一颗种子在我们大学种下，在中法政府的支持和中法两国的努力下，以及各位学者、学生和在座各位的参与和培育下，这颗种子已经扎根、发芽、成长、开花、壮大，并结出丰硕的成果。 |
| | 第二段 | 这一成果的重要体现之一就是我们大学的一大批留学生回到了中国，回到了我们学校，在各自的学科领域取得了成绩，有些成了学科带头人。但是他们仍然关心支持学校和法国的交流合作，希望合作能日益发展。 |
| | 第三段 | 今天，在学校留法回国的学生的建议下，我们决定成立一个中法联谊会，我们学校通过联谊会和在法的人员取得联系，和他们的师长和同事沟通。联谊会将举办一些联谊活动和学术活动，为中法两国在文化、科技、文艺、经贸上的合作做出有成效的贡献。 |

（2）学生评价

其他同学给两位同学的表现提建议。

（3）小组讨论

教师提问学生在代表国家形象进行大型会议口译的注意事项以及口笔译要求的不同之处。请学生分组进行讨论。

（4）师生总结

①总结本篇常用的口译表达，见表5。

表5　总结口译常用法语表达

| Son excellence |
|---|
| Votre visite signifie une nouvelle étape à notre coopération. |
| permettre |
| Être couronné de succès |
| grandir / fleurir / arroser /cultiver |
| fructueux |
| y contribuer |
| locomotive |

②总结口笔译的区别。师生一起总结口译与笔译的不同之处。鼓励学生在平时学习法语时，多积累近义词表达，在翻译时避免重复。

③总结现场口译的问题。学生上台口译时，心态过于紧张，各种身体小动作过多。另外，口译翻译的核心是传递信息，可以适当"得意忘形"。学生在口译过程中思考时间过长，纠结于找更合适的表达，导致口译过程不流利，花费时间过长。平常翻译学习过程中，除了学习翻译技巧，还要拓宽知识面，培养译员基本素质。

结语：理论总结与思想升华

总结本课及本单元学习内容，进一步引导学生结合所学内容进行深入思考，鼓励学生灵活运用所学知识，将之应用于翻译实践。通过翻译理论与翻译实践的有机结合，以学生为主体的课堂教学，让学生主动地探究中国饮食文化的一环——筷子。鼓励学生更加深入了解中国传统文化，学会如何用外语传递中国声音，讲好中国故事。这样才真正实现思政教育的调节、转化、育人功能。翻译技能的学习和实践能够培养学生的译员素质，增强课程育人的针对性和实用性。

**（三）课后练习"动"起来**

**1. 思考拓展**

选取另外一个代表中国传统文化的物品。思考它和外国同类用具的异同之处，从中挖掘物品背后的文化特征和内涵，进行思考分析。

**2. 练习巩固**

完成关于"粽子"的汉译法练习。

（作者：方丽平，湖南师范大学外国语学院法语系副教授）

# "旅游法语"课程思政教学设计样例

## 一、课程总览

**课程名称：**旅游法语

**课程类型：**法语专业选修课

**教学对象：**法语专业三年级本科生

**课程学时：**32 学时

**课程目标：**

本课程旨在让学生了解旅游行业、学习导游业务知识，并掌握导游工作的业务流程及相关的法语表达方式，提高法语水平。本课程将旅游知识与语言知识融为一体，依据新时代高校外语复合型人才培养的要求，在传授语言知识和旅游专业知识的同时，注重对学生能力的培养和价值观的塑造，促进学生知识、能力、素质的全方位发展。

知识目标：通过课程学习，帮助学生了解旅游方面的基本知识，主要是导游工作的基本内容和基本要求，包括机场接待、宾馆入住、饭店就餐、景点讲解、突发事件处理等各个环节；通过兼具人文性、思想性、教育性的教学内容，帮助学生掌握与导游业务知识相关的法语表达，熟悉法语导游词编写的要点和国内著名景点的基本概要。

能力目标：在掌握基本导游知识的基础上，通过听、说、读、写、讨论、解决问题和角色扮演等教学手段，培养从事涉外旅游行业所需的法语听力、口语、写作等基本专业技能；根据具体教学内容，灵活运用案例教学法、情景教学法、实践教学法等多种教学方法，提高学生运用语言的能力和与不同游客进行有效沟通的能力。

素质目标：将课程思政元素贯穿教学全过程，培养学生爱国爱党、敬业爱岗的基本素养。在专业教学中融入对思想价值观的引导，培养具有开阔的国际视野、深厚的家国情怀、高度的民族人文和强烈社会责任感、过硬专业技能的外语复合型人才。

## 二、本课课程思政教学目标

本课主要内容为导游基本知识讲解及导游词的编写（以故宫博物院为例）。本课程以学生为教学主体，以工作过程为导向，课程思政目标如下：

第一，通过讲解旅游业和旅行社方面的基本知识，为学生提供与主题相关的法语单词与专业表达，帮助学生在学习语言知识的同时，了解旅游行业，学习导游业务知识，实现语言与内容的有机结合。

第二，根据本单元所涉及的知识，提供相应图片和视频资料，增强学生对国家自然、人文旅游资源的了解，增强学生的爱国情感、国家认同感和民族自豪感，培养学生良好的职业道德和职业素养，引导学生践行中华民族文化自信内涵。

第三，通过给学生布置课后任务，鼓励学生自主选择感兴趣的国内景点，编写具有鲜明个性的导游词。引导学生正确认识中国的文化与历史，增强文化自信。在学生了解景点基本信息后，帮助其用法语介绍特色景观，提升学生的语言运用能力，做讲好中国故事、传播中国精神的实践者。

## 三、本课课程思政教学重点和难点

### （一）思政教学重点

从本单元的主题切入，帮助学生掌握旅游业相关的基本知识。通过导游常识介绍、语言交际、法语语言技能拓展、导游词创作与讲解等课程环节，帮助学生掌握与导游业务知识相关的法语表达，熟悉法语导游词编写，提高学生的法语语言运用能力和跨文化交际能力。

## （二）思政教学难点

通过课堂模拟，帮助学生明确导游的职业素养，强化学生的责任意识、服务意识和安全意识；通过教师的价值引导，增强学生明辨是非的能力，树立正确的价值观念，确立导游职业的自信心和自豪感；通过课程学习，帮助学生认识到导游在讲解过程中要传递的价值观念，增强学生对祖国大好河山的热爱，树立文化自信，讲好中国故事，传播中国声音。

## 四、本课课程思政教学方法

本次教学秉承以学生为主体、教师为主导的教学理念，将培养学生的知识目标、能力目标、育人目标有机结合，最大限度地发挥学生的主观能动性，促进学生的全面发展，使其成为兼具丰富专业知识、出色语言技能与良好道德品质的外语人才。围绕教学目标，结合多媒体技术和传统教学方法，利用小组讨论法、讲授法、任务驱动法和情景模拟法等让学生探索导游服务和导游迎接服务的知识和技巧，将培养学生的知识目标、能力目标和育人目标有机结合起来，在教学实践中培养学生爱国敬业、专注创新的工匠精神，提高学生的综合素质，见表1、表2、表3。

**表1　"小组讨论法"设计表**

| 小组讨论法 | |
|---|---|
| 环节一 | 学生通过共同讨论，探究导游在迎接旅游团时需要做的准备工作，之后各小组派1~2名代表发言。 |
| 环节三 | 学生5人分为一组，设定情景，进行角色扮演，并在课堂上进行分享。 |
| 环节四 | 学生讨论所学导游词的精华之处，总结导游词编写的要点和该景点的基本概要。 |
| 课后 | 学生选取国内著名景点，结合本课所学内容，编写该景点的导游词，进而提高其自主学习能力，以小组为单位在下次课上进行课堂展示。 |

**表2　"讲授法"设计表**

| 讲授法 | |
|---|---|
| 环节二 | 讲授导游在迎客时所需要做的准备工作，包括熟悉接待计划，如旅游者人数、年龄、旅游团成员的特殊要求和注意事项；同时落实接待事宜，如日程安排、交通工具、食宿安排等。 |
| 环节四 | 讲授导游词范例中的重点单词、表达和重要语句，总结导游词编写的要点和该景点的基本概要，提炼出一篇优秀的导游词所具备的主要要点。 |

**表3　"任务驱动法"设计表**

| 任务驱动法 | |
|---|---|
| 课前 | 自学《旅游法语》课本中旅游业与导游概述内容，掌握相关的法语表达，了解导游服务的性质、特点和原则等。 |
| 课中 | 讨论：假如你是长沙国际旅行社的导游员，下周一要接待一个来自法国的20人旅游团，年龄在50岁左右，接团时，导游员需要做什么工作？学生通过共同讨论，之后各小组派1~2名代表发言。 |
| 课后 | 要求学生利用线上资源进一步查漏补缺，巩固所学知识，运用所学知识，小组合作撰写某一景点的导游词，下堂课进行分享。 |

## 五、本课课程思政教学过程

本课程把思想政治教育贯穿于教学之中，挖掘专业知识体系中所蕴含的思想价值和精神内涵，旨在实现思政教学与专业教学的有机结合。本课的思政教学过程可整理如下：

### （一）课前

**1. 自主学习**

自学《旅游法语》课本中有关旅游业与导游概述内容，掌握相关的法语表达，如组团社、地接社、旅游运营商等。了解导游服务的性质、特点和原则等。引导学生对课程做积极的准备，提高学生的自主学习能力，为探究新知过程的学习打下基础。

**2. 小组合作**

为促进学生利用所学知识，要求学生在本次课前每5人组成1组，回答以下两个问题：第一，旅游业可以带来哪些好处？第二，在你看来，国际旅游的前景如何？通过小组合作学习方式，学生可利用线上、线下资源，查阅相关资料，并自己总结材料，形成小组报告。通过该活动，让学生们带着问题思考和找寻答案，激发其主观能动性，提高学生的自主学习能力与思辨能力，培养学生的团队意识和沟通交流能力。

## （二）课中

### 环节一：小组讨论分享与情景导入

（1）小组讨论分享：要求各组派 1~2 名代表分享本小组讨论情况，就结果进行口头报告。教师针对报告情况进行点评，肯定学生的创新观点，并鼓励学生大胆用法语表达，锻炼学生的口语能力。

（2）情景导入：假如你是长沙国际旅行社的导游员，下周一要接待一个来自法国的 20 人旅游团，年龄在 50 岁左右。接团时，导游员需要做什么工作？

学生通过小组讨论，共同探究导游在迎接旅游团时需要做的准备工作，之后各小组派 1~2 名代表发言。通过用情景模拟引导学生实践和创新的方式，培养学生真诚服务、敬业爱岗的职业素养和大胆创新、勇于探索的精神。

### 环节二：导游业务知识学习与讨论

带领学生学习课本中题为"迎客服务"的文章，首先引导学生获取、整理文本信息，了解语篇的主要内容。帮助学生完成主题与语言的进一步实践与应用，促成思维层面的分析与语言层面的表达。引导学生了解导游在迎客时所需要做的准备工作，包括熟悉接待计划，如旅游者人数、年龄、旅游团成员的特殊要求和注意事项；同时落实接待事宜，如日程安排、交通工具、食宿安排等。培养学生认真负责、一丝不苟的工作态度，提升学生在工作中的主观能动性、积极性和创造性。

在对课文内容的正确理解后，让学生就与课文内容相关的五道思考题展开讨论，以课文中的专业表达为基础，进行语言产出训练，提高学生运用语言的能力。

### 环节三：语言表达与角色扮演

为学生提供游客迎接等有关导游服务的重点单词、短语和其他表达，让学生了解导游相关知识的法语表达，为其利用法语进行游客接待工作奠定基础。

在讲解法语表达时，围绕单元主题，提供与接待游客相关的例句，之后根据所学知识设计相关练习，既巩固所学知识，又能启发学生对导游的职业素养进行思考，把语言作为学习内容的媒介，把内容作为学习语言的源泉。

完成词汇和表达的学习之后，布置学生完成小型输出任务。以学生为主体，实现语言与内容的进一步结合与应用。

综合练习1：提供30个与接待游客相关的导游行为的法语表达，通过组织讨论，把这些表达分为导游在接待过程中能做和不能做两类。通过这一练习，巩固学生对导游接待相关法语表达的掌握，同时培养学生热情大方、整洁端庄的服务修养，了解导游人员的职能。

综合练习2：学生5人分为一组进行角色扮演。假如导游刚刚讲解完一个景点，但有一位游客因拍照掉队，抱怨没有听到讲解，要求导游再次进行讲解，其他游客表示不满。如果你是这名导游，你会怎么做？小组讨论，编写对话，并在课堂上进行分享。通过角色扮演，引导学生了解导游人员热情友好、为游客着想的职业要求，培养学生正确的职业道德。

**环节四：导游词学习**

**1. 学生阅读与讨论**

为学生提供故宫博物院的法语导游词，引导学生自己总结有关景点的重点单词、短语和其他表达。阅读后，让学生讨论该篇导游词中的精华之处，总结该景点的基本概要及导游词编写的要点。通过该篇导游词的学习，增强学生对国家著名历史遗迹的了解，增强学生的爱国情感、国家认同感、民族自豪感和文化自信；帮助学生认识到导游员在讲解过程中要传递的价值观念，增强学生对祖国大好河山的热爱，树立文化自信。

**2. 教师总结**

从这篇导游词中，可以提炼出一篇优秀的导游词所具备的主要要点：第一，讲究口语化。导游语言是一种具有丰富表达力、生动形象的口头语言，在导游词创作中要注意多用日常词汇，避免晦涩难懂的书面语和音节拗口的词汇。第二，重点突出。每个景点都有代表性的景观，每个景观又都从不同角度反映出它的特色内容。导游词需在照顾整体的同时突出重点。第三，重视品位。创作导游词需注意提高品位，一方面要强调思想品位，因为弘扬爱国主义精神是导游义不容辞的职责。导游不仅仅是坚定的爱国主义者，而且也要通过自己的讲解与服务，使来华旅游的国外友人深深感受到中华民族的自信心和自尊心，另一方面也要讲究文学品位，适当地引经据典，得体地运用诗词名句能够提升导游词的文学品位。

结语：

教授学生旅游方面的基本知识，介绍中国著名的旅游景点，提高学生在旅游专业领域方面的语言技能，了解导游工作的基本内容和基本要求，以及创作导游词的基本原则，以提高学生综合运用法语的能力。教育学生热爱祖国，弘扬中华传统文化；提高学生的政治意识和大局意识，"讲好中国故事"，弘扬中国精神。

## （三）课后

要求学生选取国内著名景点，结合本课所学内容，编写该景点的导游词，进而提高其自主学习能力，以小组为单位在下次课上进行课堂展示。

本课的具体教学环节和主要思政元素可以整理如表4：

表4　教学环节和主要思政元素

| 教学环节 | 内容 | 主要思政元素 |
|---|---|---|
| 课前准备 | 自主学习与小组讨论 | 团队意识，自主学习能力等 |
| 环节一 | 小组讨论分享与情境导入 | 团队意识，职业素养，职业教育等 |
| 环节二 | 导游业务知识学习与讨论 | 工匠精神，职业教育，社会主义核心价值观等 |
| 环节三 | 语言表达与角色扮演 | 职业道德，传统美德，社会主义荣辱观，跨文化交际能力等 |
| 环节四 | 导游词学习 | 中华传统文化，文化自信，爱国主义教育等 |
| 课后任务 | 导游词编写 | 创新意识，知行合一，自主学习能力，团队协作能力等 |

（作者：方丽平，湖南师范大学外国语学院法语系副教授）

# "西班牙语口译"课程思政教学设计样例①

## 一、课程总览

**课程名称：**西班牙语口译

**课程类型：**西班牙语专业核心课

**教学对象与学时：**西班牙语专业本科三年级，32 学时

**课程目标：**

本课程的主要目标是在培养学生双向口译能力和职业素养的同时，力求更加注重对学生家国情怀、政治认同、思辨能力和人文精神的培养，引导学生拓宽文化视野、厚植文化自信、传承中华优秀传统文化。具体目标如下：

（1）掌握语言运用能力：对口译的基本概念、策略和技巧有较全面的了解；能够集中精力、有效地记忆语篇意义且能够较好地掌握和运用交传口译技巧；具备良好的双语表达能力，能够较为流畅、准确地用目的语表达源语的意思且使之符合目的语文化语境。

（2）形成综合文化素养：坚定对中华优秀传统文化的热爱之情，具备中西语言及文化差异认知能力、译文鉴赏能力和交替传译能力；学会跨文化思考，提升跨文化理解与交际能力。

① 本文为2021年湖南省普通高等学校教学改革研究项目"课程思政视阈下西班牙语专业青年教师专业技能提升研究"（项目号：HNJG-2021-0402）阶段性成果。

（3）养成职业素养：树立良好的译员职业道德、秉持专业精神、端正态度、忠实传译、保持中立、保守秘密、遵守契约、合作互助、妥用技术。

**课程特色：**

采用线上和线下混合教学和实训模式，重构口译教学和训练材料。增加了中华优秀传统文化内容和反映我国外交政策方针、对外交流思想等时政题材的内容。以问题引领课堂，引导学生从辨析的角度学习和了解西方文化，通过启发学生思辨式谈论深化思政教育，从而实现以显性引导和隐性塑造相结合的方式培养学生的家国情怀和国际视野。

## 二、本课课程思政教学目标

本课以"欧洲和中国古典文学"为主题，以"中国古典文学"为口译训练内容，所用教材为《新编西班牙语口译教程》（外语教学与研究出版社2021年版），旨在：

（1）让学生掌握与欧洲和中国古典文学相关的基础西班牙语词汇、短语，欧洲古典文学的基本知识以及汉西互译的基本翻译技巧和方法，培养学生对中国古典文本西译本的分析鉴赏力和口译实操能力。

（2）通过改革传统口译课堂以技能为中心的教学模式，强化口译课堂的思辨性是本课程设计的重中之重，力求达到技能与思辨并重的课堂效果。

（3）通过加入中西对比分析视角，比较分析文本中体现的中西方思维方式、价值观念等的异同。通过对西译本的分析，引导学生品读汉语原文，让学生充分感受中华传统文化精髓，培养学生的跨文化视角并引导学生正确认识中国，在涵养文化自信的同时提升学生用西班牙语讲中国故事的能力。

## 三、本课课程思政教学重点和难点

### （一）本课课程思政教学重点

通过课前词汇、表达方式的预习和课上开放式口译训练，让学生了解与欧洲和中国古典文学相关的知识，熟悉相关词汇、表达方式、句型以及领悟口译技巧和策略；围绕《论语》西译本中关于"君子""仁"等概念的表达和论述进行口译实践和分析探讨，提升学生对中华传统美德相关概念的翻译能力，引发学生对人生、对知识的思考。

### （二）本课课程思政教学难点

《论语》作为中国哲学典籍，蕴含深厚的中国传统文化精髓。在口译教学过程中，如何通过不同译本对比的学习方式引导学生领略中西方不同译者的翻译策略和立场，领悟中国哲学对共建人类命运共同体的思想价值，是本课课程思政的难点。

## 四、本课课程思政教学方法

本课程采用线上实训课和线下面对面教学相结合的混合式教学模式。教学过程中主要采取以下教学方法：

### （一）"翻转课堂"

课前将中西古典文学相关词汇和表达方式以及翻译理论知识和主题背景文化知识作为课前预习内容布置给学生，并要求学生课前录制好目标文本的影子练习、原文复述、大意概述等基础口译技术内容并上传至相关学习平台，为课中阶段知识内化打下基础。

### （二）将"任务驱动法"和"讲授法"相结合

在"练"中"评"，以"评"促"练"。教师在点评环节适时进行发散式提问，引导学生在课中感悟、比较与反思中西文化异同、在对中国文化西语表达有更多认知和积累的同时深化对中国文化的认同感，增强学生家国情怀和传播中国文化的使命担当意识。

### （三）将"跨文化比较方法"与"讨论法"相结合

增加译文比较分析环节，以学生分析研讨为主，教师提炼归纳为辅，实现对传统教师单向式灌输教学方式的突破。通过选取不同文化背景的译者对同一文本的翻译，采用学生实训（口头文本）—分析—教师归纳的课堂结构，让学生更加直观地认识到历史文化语境、翻译目的等因素对译文的影响，从而形成跨文化意识、提升思辨批判能力。

## 五、本课课程思政教学过程

### （一）课前探究自学

（1）预习、背诵并熟练掌握课本和补充材料中与欧洲和中国古典文学（如《全唐诗》《诗经》《论语》等）相关的词汇和短语。

（2）预习、高声朗读口译材料，尤其需注意语音、语调、语速。

（3）录制好目标文本的影子练习、原文复述、大意概述等基础口译练习并上传至相关学习平台。

（4）预习本课口译难点分析和翻译提示、阅读翻译理论、策略和技巧。

（5）阅读教师课前布置的欧洲和中国古典文学主题相关材料（《俄狄浦斯王》和《堂吉诃德》选段），激发学生对这一主题的关注并通过阅读形成自己的观点。

### （二）课中讲授分析

**1. 环节一　课程导入，检查课前词汇、短语预习**

教师采用汉西交替的抽查方式检查学生课前相关词汇和短语预习情况，通过快速提问来考查学生的熟练程度并且迅速让学生进入高强度的口译训练状态。

**2. 环节二　"古典文学"相关内容交传训练**

训练 1：

由教师和学生配合完成汉西双向的交传训练：教师说汉语（或西语）原文，学生进行口译（教案译文仅供参考），学生由教师随机选择。

◆原文：La historia literaria de España no es tan larga como la china, porque el español nació bastante tarde, alrededor del siglo X, al igual que otras lenguas romances como el francés, el italiano y el portugués, que son derivaciones del latín vulgar.

◇译文（学生 A）：西班牙文学的历史不像中国文学那么悠久，因为西班牙语产生的时间比较晚，大约在 10 世纪前后。西班牙语和其他罗曼语系的语言，例如法语、意大利语和葡萄牙语一样，都来源于通俗拉丁语。

◆原文：是的，一个国家的文学是以其语言为基础的。尽管许多欧洲国家的语言产生年代比较晚，但其文学却有一个共同的渊源，那就是古希腊罗马文学。

◇译文（学生 A）：Es verdad, la literatura de un país se basa en la lengua del mismo. Sin embargo, aunque la lengua de numerosos países europeos nació tarde, su literatura comparte un origen común, que es la literatura grecolatina.

◆原文：Esa literatura se gestó y se desarrolló durante más de 1.000 años, del siglo IX a. C al siglo II d. C., alcanzando su mayor esplendor con la época de Homero, la Ilíada y la Odisea, del silgo VIII a. C.

◇译文（学生 B）：古希腊罗马文学的产生和发展持续了1000多年，从公元前9世纪到公元2世纪，最辉煌的作品是产生于公元前8世纪的《荷马史诗》、《伊利亚特》和《奥德赛》。

◆原文：今天我们了解到几乎所有的文学体裁，包括史诗、抒情诗、戏剧和散文，都产生于古希腊和罗马，这些文学作品覆盖的题材非常广泛。

◇译文（学生 B）：Prácticamente todos los géneros literarios que conocemos hoy día la épica, la lírica, la dramática y la prosa, nacieron en el mundo grecolatino, con una abundantísima temátcia.

◆原文：Aparte de la literatura, los antiguos griegos nos han dejado muchas obras clásicas de historia, medicina, matemática y filosofía。

◇译文（学生 C）：除了文学，古希腊人还给我们留下了许多历史学、医学、数学和哲学方面的经典著作。

◆原文：早期的文学和史学，甚至哲学具有同源性。远古时代的一些文人很博学，他们既擅长文学，又懂哲学、医学和数学。

◇译文（学生 C）：Las primeras obras de literatura, de la historia, e incluso de la filosofía, compartían el mismo origen. Algunos ilustres letrados de la antigüedad eran muy eruditos y no solo dominaban la literatura, sino que tenían conocimientos sobre la filosofía, la medicina y la matemática.

古希腊罗马神话是世界古典文化的瑰宝之一，是西方文化的起源和一份丰富的文学遗产。古希腊罗马文学与希伯来文学一同构成了西方文学的源头。在词汇典故、人物形象、主题以及手法上，古希腊罗马文学都对后

·

世欧美文学的发展产生了重大影响。在这一环节中，教师需完成两项任务：①通过一对一口译训练和结合翻译理论与策略进行点评、分析，促进学生口译技能的提升；②借课前布置的阅读与口译训练材料《俄狄浦斯王》引导学生思考俄狄浦斯强烈的行动意识：虽然故事悖谬的结局隐喻人类与"命运"抗争的悲剧性，但正是这种困兽犹斗的抗争意识将人的主体性上升到了自觉意识的高度，在这种希腊式悲剧精神中高扬着的是人的主体意识和自由意志。由此引导学生回望我们革命先辈身上永不屈服于所谓"命运"或"时务"的坚定意志，勉励学生在面对人生逆境时坚定信念和理想。

训练2：

学生以两人为一组，以汉西交替的方式继续进行交传训练，教师进行语音监听。

◆原文（学生A）：El Imperio Romano siguió el esplendor de la literatura griega con grandes figuras como Séneca, Virgilio, Horacio y Ovidio.

◇译文（学生B）：罗马帝国延续了古希腊文学的辉煌，涌现了塞涅卡、维吉尔、贺拉斯、奥维德等文学巨匠。

◆原文（学生A）：欧洲文学、艺术的发展一直令世人瞩目，经常走在前沿，启蒙运动、浪漫主义、现实主义、自然主义、先锋派，都对世界文学产生了重大影响，起到了引领作用。

◇译文（学生B）：El desarrollo de la literatura y el arte en Europa siempre llamaban la atención mundial y frecuentemente se mantenía a la vanguardia. Movimientos como la Ilustración, el Romanticismo, el Realismo, el Naturalismo y el Vanguardismo, influyeron en forma muy significativa sobre la literatura mundial, cumpliendo la función de liderazgo.

◆原文（学生A）：Pero a finales del siglo XIX y a comienzos del siglo XX, el modernismo hispanoamericano se destacó en la evolución de la literatura mundial. Posteriormente la nueva narrativa hispanoamericana, el boom literario y el post boom han deslumbrado al mundo con obras de verdadero talento.

◇译文（学生B）：而在19世纪末和20世纪初，拉美现代主义在世界文学中脱颖而出。此后出现的拉丁美洲新小说、"爆炸"文学和"爆炸"后文学的天才佳作令世人耳目一新。

欧洲古典文学相关训练完成后，教师与学生就以下问题展开讨论：汉语和西班牙语属于同一个语言系统吗？中国最早的文学作品是什么？与古希腊罗马文学相比，中国古典文学的产生时间更早还是更晚？你知道哪些中国古典名著、古代先贤名字的西班牙语表达？以问题引导学生展开关于中国古典文学产生和发展的思考，带着问题和思考进入训练3。

训练3：

◆原文（教师）：El idioma chino pertenece a otro sistema lingüístico, la familia sino-tibetana, con una historia de más de 3.000 años. Su historia literaria es igualmente milenaria.

◇译文（学生C）：汉语属于另一个语言系统，即汉藏语系，距今已有3000多年的历史。其文学史也是非常悠久的。

◆原文（教师）：是的，中国最早的文学作品是《诗经》，这是一部诗歌总集，收录了自公元前11世纪至公元前5世纪，即西周初年至春秋中叶500多年的诗歌总计305篇。《诗经》中的一些诗歌可以追溯到公元前11世纪，那么这些诗作比产生于公元前9世纪的古希腊的《荷马史诗》还要古老。

◇译文（学生C）：Así es. La primera obra literaria de China es conocida con el nombre de *el Clásico de la Poesía*, que era una colección poética general, en la cual están recopilados 305 poemas creados desde el siglo XI al siglo V a. C., o sea, desde comienzos de la dinastía Zhou de Oeste hasta mediados del Período de Primavera y Otoño, abarcando más de 500 años. Algunos de esos poemas se remontan al siglo XI a. C., por tanto eran más antiguos que la época de Homero, que data del siglo IX a. C.

◆原文（教师）：值得一提的是，春秋战国时期是一个思想非常活跃、百家争鸣的时代，出现了许多著名的文学家、哲学家和军事家，包括孔子、老子、孟子、墨子、庄子、列子、孙子等。

◇译文（学生D）：Es de destacar que los tiempos de Primavera y Otoño y los Reinos Combatientes eran de inusitado florecimiento ideológico caracterizado por la "competencia entre Cien Escuelas", con la aparición de numerosos literatos, filósofos y estrategas, como Confucio, Laozi, Mencio, Mozi, Zhuangzi, Liezi y Sunzi.

◆原文（教师）：De estas grandes figuras, las que se conocen mejor en el Occidente son Laozi y Confucio. El primero por ser el fundador del taoísmo, que aboga por la naturalidad, espontaneidad y el curso natural de las cosas, el "gobernar sin hacer nada".

◇译文（学生 D）：在这些著名人物中，西方了解比较多的就是老子和孔子。老子是道家学派的创始人，主张尊重事物的本性、顺其自然，也就是"无为而治"。

◆原文（教师）：孔子非常重视伦理道德，强调仁义礼智信，温良恭俭让。显然，中国哲学属于伦理道德型。如果说西方的哲学追求本体论的本质，中国的哲学则重视美德。

◇译文（学生 D）：Confucio priorizaba la ética y la moral, resaltando la benevolencia, justicia, ritualidad, inteligencia, honestidad, cordialidad, bondad, cortesía, austeridad y condescendencia. Evidentemente la filosofía china es de carácter ético y moral. Si decimos que la filosofía occidental busca la verdad ontológica, en China, se enfatizaba la virtud.

本环节中，教师通过对学生译文进行分析，引导学生回溯中国古典文学的发展历程、品读具体文本（课前布置的中国、西班牙古典文学阅读材料：《堂吉诃德》选段和《西游记》《红楼梦》选段），从而体认中西文化差异。比如，在语言文字方面，学生会发现自己基本可以读懂四百多年前的《西游记》或《红楼梦》，甚至是成诗于一千多年前的唐诗，但用现代西班牙语来读十七世纪的《堂吉诃德》却十分不易，需要注解才能读懂。这正是因为中国文字是方块字，是意音文字，富于弹性和持久性。从古代汉语到现代汉语，虽然读音发生了很大变化但是方块字本身没有特别大的变化。西班牙语却不同，它是拼读文字，拼写直接反映读音，读音变化其拼写也会变化，意思也会发生变化。由此可见，相较于西班牙语，我们的汉语不仅历史悠久且更具有弹性和持久性，教师可以借此引导学生增强文化自信和提升文化认同感。

**3. 环节三　中西译者的译文比较**

本课节选了《论语》的两个西班牙语译本进行比较，一本是常世儒教授的译本，[①]一本是西班牙译者阿方索·科罗德隆（Alfonso Colodrón）对照汉学家西蒙·莱斯（Simon Leys）的英文译本翻译的版本。[②]通过分析不同文化背景的译者对译文进行的不同处理方式，培养学生的跨文化意识和提升学生用西班牙语讲中国故事的能力。

◆原文：子曰："富与贵，是人之所欲也；不以其道得之，不处也。贫与贱，是人之所恶也；不以其道得之，不去也。君子去仁，恶乎成名？君子无终食之间违仁，造次必于是，颠沛必于是。"

◇译文A：El Maestro dijo：《Ser rico y tener rango es lo que todo el mundo codicia；pero si la única forma de obtenerlo va contra sus principios，debe desistir de su propósito. La pobreza y la oscuridad es lo que todo el mundo odia；pero si para escapar de ella tiene que ir contra sus principios，debe aceptar su suerte. Si un caballero traiciona la benevolencia，¿cómo puede hacerse un nombre？Ni siquiera por un momento debe un caballero apartarse de la virtud；se aferra a ella a través de las pruebas，se aferra a ella a través de las tribulaciones》.

◇译文B：El Maestro dijo：《La riqueza y el honor son lo que desean los hombres，pero si no lo pueden conseguir por la Vía correcta，el caballero no los acepta. La pobreza y la humildad son lo que aborrecen los hombres. Pero si no pueden deshacerse de esa adversidad por la Vía correcta，tendrían que conformarse con su suerte. Si un caballero abandona las virtudes，¿cómo podrá engrandecer su prestigio？El caballero no se aparta de la benevolencia ni por un instante tan breve como el que se tarda en comer，ni en la premura de tiempo y precipitación，ni en la tribulación de las andaduras》.

在两个译本中对"君子"一词的翻译，译者都选取了西班牙语中的caballero（骑士/绅士/贵族/品德高尚的人）一词。"君子"是孔子眼中德行最高的榜样，应是每个人修身养性、陶冶情操和品性的标杆，确实与西班牙语文化语境中对"caballero"的理解有很多相通之处。因此完全可以采用

①　CHANG, SHIRU. Analectas［M］. Barcelona：Herder Editorial, 2020.

②　COLODRÓN, ALFONSO. Analectas［M］. Madrid：Edaf, 2005.

符合目的语语境的这一词，这便是译者作为跨文化工作者兼顾双边文化语境的考量。在翻译"不以其道得之"这句话时，不同于西方译者"ir contra sus principios"（违背自己的原则）的处理，常世儒则选择用专有词汇（大写的Vía），来突出和强调儒家之道："人仁之道"。儒家之道并非简单的"原则"，它是建立在"仁"（译文benevolencia）这个核心上的道德伦理和行为规范。可见，常世儒对儒家之道的翻译是基于中华传统文化和哲学内涵的更佳的处理方式。这一环节主要以师生开放讨论的方式进行，学生先就原文给出自己的翻译，教师进行点评和分析，再由师生共同探讨中西方译者的不同处理方式，引导学生学会在充分考虑目的语文化语境的情况下采用更合适的翻译策略来弘扬中国传统经典中所涵括的优秀文化内核。

**（三）课后拓展延伸**

教师课后组织学生开展线上"口译工作坊"，提高口译训练频率。工作坊的主要目的是在训练学生语言转换能力的同时，引导学生关注中西方思维方式、价值观念、伦理道德等方面的共性和差异，深刻体会中华优秀传统文化精髓，讲好中国故事。本课课后工作坊训练内容：关于"湘绣"的视译练习（汉译西）。

视译材料：

视译：湘绣的定义和起源

湘绣是以湖南长沙为中心，具有鲜明的湘楚文化特色的刺绣产品的统称。作为中国的四大名绣之一，湘绣已经有2000多年的历史。

最早在春秋战国时期，湖南地区就有相应的刺绣工艺，并且刺绣工艺还非常高超。1958年长沙楚墓出土的龙凤图案绣品是湘绣起源的有利佐证。

译文示例：

- 湘绣是以湖南长沙为中心，具有鲜明的湘楚文化特色的刺绣产品的统称。作为中国的四大名绣之一，湘绣已经有2000多年的历史了。

- El bordado de Hunan, o bordado de Xiang (Xiang Xiu), es el nombre general para los productos de bordado que surgen y se producen principalmente en Changsha , Hunan , con características distintivas de la cultura Chu . Como uno de los cuatro estilos de bordado más disitnguidos en China, el bordado de Xiang cuenta con una historia de más de 2000 años.

- 最早在春秋战国时期，湖南地区就有相应的刺绣工艺，并且刺绣工艺还非常高超。1958年长沙楚墓出土的龙凤图案绣品是湘绣起源的有利佐证。

- El bordado de Hunan se remonta a Períodos de Primavera y Otoño y de Reinos Combatientes y en aquel entonces, ya ostentaba una técnica notablemente avanzada. El descubrimiento de los bordados con patrones de dragón y fénix en 1958 en la tumba del antiguo estado Chu de Changsha consiste en una prueba convincente del origen del bordado de Hunan.

· 积累中国历史文化相关词汇（或概念）的西班牙语表达方式。
· 思考拓展：同学们认为应该如何翻译中国文化语境下的 "龙""凤"？

## 六、教学反思

在全球化不断深入的背景下，世界文化多样性日益彰显，各种价值观不断相互碰撞、交融。如此新形势下的口译工作，在传播中华文化和推动文明互鉴、共建人类命运共同体的进程中具有重要且积极的作用。因此，服务于西班牙语口译人才培养的"西班牙语口译"课程的内涵和外延都已不再是单纯的职业导向型翻译技能训练，而是以培养能够服务国家和地方发展战略、适应全球化需求，同时具备价值判断力和思辨能力，能够促进文化交流和文明互鉴的口译人才为本课程的宗旨。传统口译课堂易囿于单纯的语言技能训练，授课教师必须打破传统教学模式、教学方法的限制，通过重构教学内容和以学生为中心、教师为主导、任务驱动型的教学模式将思政元素贯穿课前（译前准备）、课中（课堂实训）和课后（译后反思和线上拓展训练）三个阶段。选取教学方法时，教师应根据不同的口译材料灵活选用案例教学、角色扮演等教学方法，并且将问题意识和分析、比较意识贯穿教学，按照提（引）出问题、分析/讨论问题、解决问题的思路推进教学环节，使学生在实操、讨论、互评、反思和总结中训练和提升语言表达能力、逻辑思辨能力、跨文化交际能力以及用西班牙语讲中国故事的能力。

（作者：邢鸿儒，湖南师范大学外国语学院欧阿语系西班牙语专业讲师）

# "职场韩语" 课程思政教学设计样例

## 一、课程总览

**课程名称：**职场韩语

**课程类型：**韩语专业必修课

**教学对象与学时：**韩语专业本科生三年级，32 学时

**课程目标：**

"职场韩语"是山东外国语职业技术大学应用韩语专业的一门必修课，是一门理论实践一体化课程，也是应用韩语专业的职业能力拓展课程。该课程开设在第五学期，旨在培养学生在韩语语境中的职场交际、沟通及处理日常事务的能力，从而有较强的能力来处理涉外职场中所遇到的问题，熟悉韩语语境中的职场韩语的核心内容。

本课程主要讲授与职场生活有关的各种实用性极强的韩国语话题，内容既涵盖求职前的准备，又涉及如何提高入职后的职务能力，围绕公司结构、各种与职场生活相关的内容与基本术语，囊括了职场韩语的基础知识，以培育社会主义事业建设者和接班人为宗旨，同时围绕政治认同、伦理建构、文化素养等思政内容，融入个人成长、中华优秀传统文化、培育和践行社会主义核心价值观等中国社会文化知识，来提升学生思辨能力，以达到思政育人教学目的。

知识目标：探讨韩国社会公司构成、业务管理与工作模式；锤炼学生听、说、读、写等方面的基本功；同时兼顾中韩在政治、文化、社会意识

形态等方面的异同，引导学生思考原因。

能力目标：借助原汁原味的语言材料，传授必要的语言知识（如词汇、语法、篇章结构），通过真实的信息交流活动，培养学生的基本语言技能和语言表达能力；以"内容依托教学法"和语言"输入"与"输出"认知理论为指导，融技能课程知识化、知识课程技能化于一体，用双语建构对象国（区域）知识，即要求每一个学生做一个专题性的PPT，阅读老师指定的文献，撰写专题性论文，实现输入输出的有机切换，以达到"外语理解＋中韩语表达＋专业思维"三丰收。培养学生具有较强的交际能力、国际化意识、批判性思维能力、思辨能力和写作能力。

素质目标：通过对当代韩国职场基础知识的传授、讲解和讨论，帮助学生更深入、全面、直观、具体地了解韩国。将韩国职场作为他们认识和了解当代韩国社会的窗口，从中窥探韩国职场的运作模式，体会儒家文化在韩国的传播与变异。同时结合中国国情和青年学生独特的学情特点，融思政元素于文化对比中，培养具备一定反思性、理性化、思辨性、预判性和批判性思维能力的社会主义事业的建设者和接班人。培养学生形成正确的世界观、人生观和价值观，加强对中国文化的了解，增强文化自信；拓宽国际视野、提高跨文化交际能力，并在学习过程中培养职业精神和职业道德。

## 二、本课课程思政教学目标

本课程将思政教育贯穿到韩国职场的教学中，有机融入社会主义核心价值观、中华优秀传统文化内容，培养学生的国际视野与天下情怀，在学习专业知识的同时，养成正确的世界观、人生观和价值观。培养学生在中韩文化的对比中，尊重文明多样性，从理论与实践、中国与世界等维度批判性地看待韩国职场文化、更好地理解和认同本国文化，弘扬中国传统文化和中国特色社会主义观念。本课关于性格与部门的教学课程思政育人目标包括以下几个方面。

### （一）系统的知识目标凝聚价值共识

系统掌握求职前需考虑的要素，引出重点，即需要大家"知己知彼"，方能"百战不殆"。在专业课的讲解过程中适当穿插中国文化的讲解，有效地使学生加强对中国文化的了解，树立文化自信，凝聚起弘扬中华优秀传统文化和为中国崛起而努力学习的价值共识。

**（二）综合的能力目标增强文化自信**

在引导学生进行性格测试后，进一步分析四个颜色性格适合的岗位与部门，鼓励学生秉承开拓进取的精神，积极融入职场。同时引入一些职场术语、句型以及语法点，培养精于听说读写译的语言人才。此外，比较中韩职场异同，进一步升华"知己知彼，百战百胜"的主题，将目标提升为培养了解对象国的国际化人才，以期学生在与韩国人交往交流中能够古为今用、融会贯通，同时传承中华文脉，坚定文化自信，积极践行社会主义核心价值观。

**（三）全面的素质目标落实行为自觉**

在讲解完按照自己的性格选择合适的部门后，引导学生选择适合自己的部门，并为之付出努力，因为中国文化提倡"既来之则安之""干一行爱一行"，教育学生不能朝思暮想，这山望着那山高，应该做好本职工作，努力在自己的工作岗位上发光发热，做出自己的成绩；同时爱岗敬业也是"社会主义核心价值观"的重要内容，教育高职院校学生爱岗敬业是职业教育中必不可少的教学内容，有助于培养具有良好职业道德的高素质外语人才。

## 三、本课课程思政教学重点和难点

### （一）课程思政教学重点

将中国文化巧妙结合在专业课的学习过程中，使学生既能学习到专业知识，又能学习到相关中国文化，有效地培养学生的文化自信，同时提高学生的跨文化交际能力。培养学生正确的价值观，特别是培养学生爱岗敬业的职业精神，增强学生的民族文化自信心，强化学生的跨文化交际能力。

### （二）课程思政教学难点

**1. 知识讲授和价值观引领相结合的思政教育**

性格与部门这节课更多是站在理论的高度上对未来的职业进行一个理

性规划，其中涉及的知识点较为常规，大多为记忆性内容，但其实践意义是极高的。就业是最大的民生，是每位学生毕业以后都会面临的选择。找工作从本质上说是企业与个人的双向选择，在这样的情况下，了解自身情况并充分发挥自身优势方能实现效益最大化，这就需要求职时"知己知彼"。

**2. 课程教学中思政教育的润物细无声**

充分了解当代大学生的学习兴趣、偏好和特点，兼顾中华优秀传统文化与社会主义核心价值观，将思政元素有机融入关于韩国求职的讲授中。就本节课而言，在论及求职时，强调"知己知彼，百战不殆"的作战观，鼓励学生发挥自身所长，大胆争取心仪的岗位。同时也强调，入职以后要爱岗敬业，遵循职场规范，团结合作，脚踏实地地做好自己分内之事，引导学生在实践中弘扬和培育社会主义核心价值观，抓住机遇、努力拼搏，为实现中华民族伟大复兴不懈奋斗。要做到这一点不仅需要授课教师具备扎实的双语水平，同时还要求其思维活跃、乐于并善于学习，能够敏锐抓住授课中的知识点进行启发式、发散式教学，这是本课的难点所在。

## 四、本课课程思政教学方法

根据授课内容将社会主义核心价值观等中国特色理念有机嵌入内容的讲解中。

### （一）任务驱动法

引导学生独立思考、探索；以学生为主体，教师为主导，将学生个性化的学习与教师集中教学指导有机结合起来；引导学生主动查阅资料，掌握相关知识，培养学生的自主学习能力。

### （二）翻转课堂法

利用线上线下思政教学资源，运用云课堂、智慧树等新信息技术手段，以启发式讨论、小组任务活动、展示汇报等多种教育手段与方法，动态化调整课程思政元素，在实践中提升教学效果。

### （三）问题引导法

通过不断提问，引导讨论走向深入。通过讨论"知己知彼，百战百胜"

引出只有准确把握自己的性格并具体了解公司各部门的业务，才能找到适合自己的部门。问提问学生"知己知彼，百战百胜"的出处是哪部中华典籍，引导学生了解"知己知彼，百战百胜"原句，并对《孙子兵法》进行简单介绍：是中国最早的兵书，也是世界上最早的军事著作。在专业课的讲解过程中适当穿插中国文化的讲解，有效地使学生加强对中国文化的了解，树立文化自信，培养跨文化交际的能力。

## 五、本课课程思政教学过程

### （一）本课课程思政教学理念及思路

秉承触类旁通、学以致用、与时俱进的教学理念，本课课程思政课从以下五个方面展开，具体介绍如下。

### （二）本课课程思政教学设计实例分析

#### 环节一　课前预习

利用自建线上课程资源，完成线上自主学习和课前预习；完成资料收集，对韩国求职流程与韩国职场有基本认识；阅读老师指定材料，由学习组共同完成"职场与性格"PPT 教案策划；师生多次沟通修改补充完善，确定 PPT 终稿。

#### 环节二　课程导入

韩国独立短短七十余年，迅速实现经济腾飞，跻身亚洲四小龙行列，取得了经济发展上的"汉江奇迹"。在文化输出方面，韩国也毫不落后。高度发达的娱乐业为世界输送了无数优秀偶像团体，也将引领潮流的 K-Pop 音乐带向世界，以此激发学生对韩国的兴趣，同时引入课前要学生观看线上App 有关中华文化走向世界的话题，引导学生有意识思考，如何从中吸取经验为我国文化走向世界所用。同时指出，韩国光鲜的背后也存在许多问题，最为突出的就是职场霸凌。论资排辈是韩国职场的老操作，新人在进入公司，与上司及同事相处时必须说敬语，引导学生在思考背后原因时对比中韩职场异同。

#### 环节三　思政元素嵌入

引导学生说出有关颜色性格的关键词与韩国职场中需要注意的事项，

讲解相关知识，并进行总结：韩国职场"礼"的溯源、前后辈观念与职场礼仪、敬语、半语与平语的使用。通过对以上问题的条分缕析，帮助学生客观地看待自身与职业选择，脚踏实地，树立正确的就业观，并引导学生培养积极乐观、爱岗敬业的精神。

启发式提问等方式组织课堂讨论；利用学习通 App 关注学生讨论结果。首先，引导学生追根溯源，揭示韩国职场重视礼仪的现象，从不同视角分析中国文化对韩国民族的塑造力与影响力；然后，指导学生思考韩国在二战以后迅速崛起的原因：良好的外部环境、强烈的民族自豪感、科技创新与教育的重要作用、政企合一的特殊企业管理模式……最后，在润物细无声中指引学生探索中国的富强之路，为中国文化走出国门、走向世界献计献策，鼓励学生为中国崛起、实现中华民族伟大复兴贡献青春力量。

通过对比文化教学模式，系统解读韩国文化与中华文化的相似之处，探寻中华文化对韩国文化与韩国国民性塑造的影响，把中华民族优良传统文化融入韩国职场文化教学之中；加强学生对中华优秀传统文化的全面了解，加强学生的文化自信，让他们成为弘扬中华优秀文化传统、传播中国智慧、传递中国声音、讲好中国故事的文化使者。

**环节四　学习启示**

习近平总书记寄语青年："要深刻理解把握时代潮流和国家需要，敢为人先、敢于突破，以聪明才智贡献国家，以开拓进取服务社会。要实学实干、脚踏实地、埋头苦干、孜孜不倦、如饥似渴，在攀登知识高峰中追求卓越，在肩负时代重任时行胜于言，在真刀真枪的实干中成就一番事业。"

结合前面讲授的相关知识点，引领广大青年学子树立正确的世界观、人生观、价值观与就业观；融技能课程知识化、知识课程技能化于一体，着力培养"三通"型人才，提升学生的综合素养和国际视野，为中国特色社会主义现代化建设贡献青春力量。

**环节五　课后拓展延伸**

鼓励学生上网查找资料，深入了解韩国职场这一话题，在巩固所学的同时，扩大学生的知识外延，培养学生的文化迁移与运用能力，培养、建立和加强学生的文化自信，培养民族文化的优越感和自豪感。

## 六、教学反思

学习韩国文化，有助于深入认识世界近现代文明史的宏观面貌和多样性特征，并形成符合历史实际的唯物史观。学习职场韩语，有助于通过韩国职场现状及其传统礼仪了解韩国社会文化特点及其发展轨迹，深入洞察韩国社会的职场文化。同时，在学习韩国社会及职场文化的过程中不断培养学生独立思考与对比分析的能力，启发学生的批判性思维能力，助力学生思考中国的社会经济发展与未来趋势，鼓励他们积极投身于中华民族伟大复兴的建设中。思政教育任重而道远，需细水长流地坚持，做到润物无声，"职场韩语"课程是一门培养合格大学生、培养社会主义事业接班人的重要课程，任课教师需不断打磨课程思政重点与亮点，借助中国悠久深厚的传统文化，紧密结合国际国内现实情况，春风化雨式地将职场韩语课程思政教学进行到底，取得预期的成效。

（作者：王艳，山东外国语职业技术大学外语学院讲师，首届"智慧树杯"课程思政示范案例教学大赛优秀奖）

# 后 记

课程思政的理念缘起于习近平总书记 2016 年在全国高校思想政治工作会议上的重要讲话。习近平总书记强调："要用好课堂教学这个主渠道，思想政治理论课要坚持在改进中加强，提升思想政治教育亲和力和针对性，满足学生成长发展需求和期待，其他各门课都要守好一段渠、种好责任田，使各类课程与思想政治理论课同向同行，形成协同效应。"历经 8 年探索与实践，湖南师范大学外国语言文学学科在"守好一段渠，种好责任田"方面认识不断深化，着力点日益清晰，取得了一系列课程思政成果，如郑燕虹教授获批首批教育部课程思政教学名师、其领衔的团队获批教育部课程思政示范团队、"中外比较文学研究专题"被评为教育部课程思政示范课程、6 个课程思政案例在全国英语类专业课程思政教学设计案例征集活动中获奖、杨雨箫副教授在外语课程思政优秀教学案例全国交流活动中获得冠军等等。

为了更好地深化课程思政理念，推进课程思政建设，实现外语教师"人人会思政""处处讲思政""课课有思政"的教育教学常态，学科专门资助立项课程思政系列项目，鼓励各语种老师设计课程思政案例、开发课程思政微课堂等等。此书便是汇集老师们的优秀课程思政教学设计样例而成。除此之外，案例集还收录了十余个在智慧树课程思政示范案例中获奖的作品。案例集至少体现了以下特点：其一，编写团队汇集了来自湖南、湖北、山东、上海、河南、安徽等高校的优秀教师，既有普遍性，又有代表性。其二，案例覆盖面广，涉及英语、法语、俄语、韩语、西班牙语、日语等多个语种，涵盖专业基础课、核心课、选修课等所有课型。其三，案例可操作性、可复制性、可推广性强，既有宏观的课程思政目标、难点、重点，又有具体的教学实施过程。

《外语课程思政案例集》得以出版，首先要感谢总主编郑燕虹教授，她率先示范，撰写的课程案例不仅入选教育部外指委课程思政示范案例、获全国英语类专业课程思政教学设计案例征集活动特等奖，也成了我们其他案例撰写者学习的范本。其次要感谢方丽平副教授，她在审读案例、统一体例方面花费了不少精力。再次要感谢湖南师范大学出版社编辑部主任李阳博士，他出版经验丰富，给我们提出了许多宝贵意见。

案例集从征集到出版，用时两年多。虽然我们已经多次审读，但因作者广、图片多，肯定有不少疏漏、不规范之处。我们期待在使用中浸润同学的心田，给同行提供借鉴之时，也欢迎读者朋友提出宝贵意见。

刘　白

2024 年 10 月于湖南师范大学外国语学院